SUPERCOMMUNICATORS

超级沟通者

与所有人连接的秘密

How to
Unlock the Secret Language
of Connection

CHARLES DUHIGG

[美]查尔斯·都希格 ○ 著　白瑞霞 ○ 译

中信出版集团 | 北京

图书在版编目（CIP）数据

超级沟通者 /（美）查尔斯·都希格著；白瑞霞译.--
北京：中信出版社，2025.1. -- ISBN 978-7-5217
-6959-3

Ⅰ. C912.11-49

中国国家版本馆 CIP 数据核字第 20244L3C22 号

Supercommunicators: How to Unlock the Secret Language of Connection
Copyright © 2024 by Charles Duhigg
Simplified Chinese translation copyright © 2025 by CITIC Press Corporation
ALL RIGHTS RESERVED
本书仅限中国大陆地区发行销售

超级沟通者

著者：　　［美］查尔斯·都希格
译者：　　白瑞霞
出版发行：中信出版集团股份有限公司
　　　　　（北京市朝阳区东三环北路 27 号嘉铭中心　邮编　100020）
承印者：　北京通州皇家印刷厂

开本：787mm×1092mm 1/16　　印张：19.25　　字数：250 千字
版次：2025 年 1 月第 1 版　　　印次：2025 年 1 月第 1 次印刷
京权图字：01-2024-4753　　　　书号：ISBN 978-7-5217-6959-3
　　　　　　　　　　　　　　　　定价：69.00 元

版权所有·侵权必究
如有印刷、装订问题，本公司负责调换。
服务热线：400-600-8099
投稿邮箱：author@citicpub.com

献给

约翰·都希格、苏珊·卡米尔、哈利、奥利和利兹

目录

致中国读者的信 　　　　　　　　　　　III
序　　　　　　　　　　　　　　　　　V

三种对话类型

　　第 1 章　匹配原则：招募间谍时失败而归　　3
　　运用指南 I　建立有意义对话的四大原则　　29

务实对话：这究竟是关于什么的？

　　第 2 章　每一次对话都是一次协商谈判：
　　　　　　勒罗伊·里德的审判　　　　　　37
　　运用指南 II　提出问题 留意线索　　　　　69

情感对话：我们的感受如何？

　　第 3 章　倾听的疗愈：情感丰富的对冲基金经理们　79

第4章 如何听到他人未言明的情感：
　　　《生活大爆炸》 105
第5章 在冲突中建立连接：同反对者谈论枪支 133
运用指南Ⅲ 线上线下的情感对话 163

社交对话：我们是谁？

第6章 我们的社会身份塑造了我们的世界：
　　　说服反疫苗者接种疫苗 175
第7章 如何更安全地展开最困难的对话？
　　　网飞遇到的问题 203
运用指南Ⅳ 让困难的对话更容易 235

后　记 243
致　谢 255
关于研究来源及研究方法的说明 257
注　释 259

致中国读者的信

中国的读者朋友们：

你们好！

感谢大家对《超级沟通者》的兴趣，很高兴与你们分享这本书，也很开心有机会向你们解释为什么这本书对我而言如此重要。当然，我相信它对我们所有人来说都具有同样深远的意义。

在中国，就像在美国一样，人与人之间的连接从未像今天这样重要。无论我们是在工作中建立关系，还是在生活中与朋友和家人加深联系，抑或需要跨越文化和语言的鸿沟，有效沟通的能力都是一种"超能力"。《超级沟通者》讲述的正是如何发现这种力量——理解如何倾听、表达并建立联系，从而改变对话、加深关系。

这本书能与中国的读者见面，最让我兴奋的是它的普遍适用性。有效的沟通能超越国界，它是商业、教育和个人关系成功的核心。沟通使我们弥合差异，建立信任，并创造有意义的变革——这些技能在我们生活的任何地方、我们所说的任何语言中都是宝贵的。中国一直拥有深厚的彼此连接的传统，也是伟大沟通者所能取得的成就的典范。

感谢你们让我有机会分享这本书。我希望《超级沟通者》能够激励你们在生活的各个领域建立更强大、更有意义的联系。我也期待听到书中的这些理念如何引起你们的共鸣，以及你们如何利用这些理念与周围的人建立更深的联系。

最诚挚的问候！

2024年12月18日

序

费利克斯·西加拉有个众人皆知的特点，那就是他特别善于沟通，甚至可以说有些超乎寻常。人们喜欢和他说话，因为每次对话结束时，大家都会觉得自己变得更聪明、幽默、风趣了。即使你和他看似毫无共同之处[1]（当然这种情况极为罕见），你也会在和他交谈之后感觉这个人很懂你，就像你和他之间建立起了某种莫名的连接，因为你总能在对话中发现你们有相似的看法、经历或者共同的朋友。

正因如此，科学家们挑选了他作为研究对象。

费利克斯在美国联邦调查局已工作了整整20年。大学毕业后，他曾在军队服役，后来加入美国联邦调查局，成了一名特工。在此期间，他的上级第一次留意到他总是能够与他人非常轻松自如地相处。很快，他便层层晋升，最终成了一名高级行政长官，全面负责谈判工作。他能说服不情愿做证的证人开口做证，让潜逃的罪犯主动自首，也能安慰那些受伤的家庭。有一次，一位男子将自己与6只眼镜蛇、19只响尾蛇和1只鬣蜥关在了一个房间里，费利克斯最终说服了他，不仅让他平和地走了出来，还促使他揭发了那个动物走私团伙的其他成员。费利克斯对我说："关键的技巧就是让他从蛇的角度去看待问题。他这个人很古怪，但真心热爱动物。"

美国联邦调查局有一个专门应对人质危机的谈判小组。每当出现特别复杂的情况，他们就会联系像费利克斯这样的专家。

当年轻的特工前来向费利克斯请教时，他都会分享一些自己的经验教训。例如，永远不要假装自己有其他身份，要始终坚守警察的本色，永远不要操纵或威胁对方。多问问题，当对方情绪激动时，要学会与之共情，或哭或笑，或抱怨或庆祝。但是，究竟是什么让他的工作如此出色，就连他的同事也不知道其中的奥秘。

2014年，一组由心理学家、社会学家和其他研究人员组成的科学家团队接受美国国防部的委托，向美国军官教授谈判、协商的新方法和技巧，希望能让接受培训的军官在沟通时变得更加出色。科学家们让不同的军官说出几位自己合作过的最优秀的谈判者，费利克斯的名字总被反复提及。于是，他们找到了费利克斯。

在科学家们的想象中，费利克斯应该是个高大英俊、眼神温和、声音浑厚的人。可是，走进来的这位男士俨然就是一副中年父亲的模样：留着小胡子，腰部有些赘肉。他声线柔和，略带鼻音。怎么说呢……实在是太不起眼了。

在简单的自我介绍和寒暄之后，其中一位科学家向他解释了这个研究项目的性质，并提出了一个非常宽泛的问题："能不能给我们讲一讲你是如何理解沟通的呢？"

"嗯，可能行动胜于语言吧，"费利克斯回答说，"这么说吧，对你来说，你记忆当中最美好的时刻是什么时候呢？"

这位科学家是一个大型实验室的主管，管理着数百万美元的研究经费和数十名员工。而且，他也不像是那种白天闲来无事爱回忆往事的人。

他沉吟了一下，说："可能是我女儿的婚礼吧，因为我们全家人都在场。嗯，几个月后，我母亲就去世了。"

费利克斯接着问了几个问题，中间不时地穿插着自己的回忆。他对那位科学家说："我妹妹是在2010年结婚的，但现在已经不在了，因为癌症。那段时间特别艰难。但她走的那天特别漂亮，是我想要记住的她的样子。"

在接下来的45分钟里,他就一直这样和大家聊着天。他问了在场的科学家一些问题,也时不时地讲一讲自己。当有人分享自己的生活时,他也会讲述自己的故事作为回应。有一位科学家提起了与自己青春期的女儿之间的问题,费利克斯就说起他有一个无论如何努力都难以相处的姑姑。当一位科学家问起费利克斯的童年时,他说自己小时候特别害羞,父亲是一名推销员,而祖父是一名诈骗犯。他通过模仿他们学会了如何与他人建立关系。

就在预定的谈话时间即将结束的时候,一位心理学教授说道:"今天和你聊得很开心,只是我还是不太明白,为什么会有那么多人建议我们和你聊一聊?"

"你的问题很好。"费利克斯回答道,"不过在我回答之前,我想先问你一个问题:你提到自己是一位单亲妈妈,在照顾孩子的同时还要兼顾事业,你肯定付出了很多,那么对于那些正准备离婚的人,你想说些什么呢?"

那位女士沉默了一会儿,说:"我可以回答你的问题,我有很多建议。当我和我的丈夫分开的时候……"

此时,费利克斯轻轻地打断了她。

"其实,我并不需要答案。"他说,"我想指出的是,在这个坐满了同行的房间里,在不到一小时的聊天之后,你愿意谈论自己生活中最私密的一部分,就已经说明了一切。"费利克斯解释说她之所以会如此放松,也许是因为他们之前一起创造的对话氛围或环境:他一直在认真倾听,提出的问题触及了每个人内心柔软脆弱的地方,让大家愿意敞开心扉分享自己的心路故事。费利克斯在鼓励科学家们分享他们是如何看待这个世界的同时,也让他们看到了自己在认真倾听。每当有人讲到动情处时，甚至在他们自己都没有意识到自身有情绪波动的时候，费利克斯都会通过表达自己的感受来予以回应。他解释说所有这些他在对话过程中做出的小小举动都在创造一种信任的氛围。

"这里面包含着一些技巧，"他对科学家们说，"但并没有什么神奇之处。"他的意思是说，每个人都可以通过学习成为一名超级沟通者……

• • •

如果某一天你过得很不开心，或者在工作中搞砸了一笔交易，与伴侣吵了架，又或者深感沮丧与疲惫，这个时候你会想打电话给谁呢？你会想要和谁倾诉呢？也许，有那么一个人，他/她会让你感觉好起来，与你一起思考某个棘手的问题，或者陪伴你共度某个心碎或喜悦的时刻。

那么，此时此刻，请问问自己：他们是你生活中最有趣的人吗？（也许不是，但是你如果留意，就会发现他们比你认识的大多数人都爱笑。）他们是你认识的最有意思或者最聪明的人吗？（更有可能的情况是，即使他们并没有说出什么真知灼见，你也会预期自己在和他们交谈之后会变得更聪明。）他们是你最风趣、最自信的朋友吗？他们总能给出最好的建议吗？（极有可能都不是，但是，就在你挂掉电话的那一刻，你会感觉自己更平静、更放松，更能做出对的选择。）

那么问题来了，他们究竟做了些什么让你感觉好起来了呢？

这就是本书想要回答的问题。在过去的 20 年里，有一系列的研究都在探究为什么有一些沟通进展顺利，而有一些则让人苦不堪言。

这些研究成果可以帮助我们认真地倾听，真诚地表达。我们知道，人类的大脑进化出了渴望连接的机制：当我们与某人"合拍"时，我们会瞳孔放大，脉搏同步，获得情感共鸣，甚至说出对方想说的话。这种令人感觉美妙的现象被称为神经振荡－外界节律同步化（neural entrainment）。有时，它会自然发生，但我们并不知道为什么。一旦发生，我们会备感幸运。然而有时，即使我们渴望与某人建立连接，也只能一次次地失望而归。

很多人害怕与人交流，会因此感到压力很大。剧作家萧伯纳曾经说过："沟通的最大问题在于，人们把没能传达的思想、情感想当然地认为已经沟通过了。"[2] 不过，科学家们找到了许多成功沟通的秘诀。他们发现，留意对方的身体语言有助于更好地倾听，提问的方式有时比提问的内容更加重要。而且，承认社会差异的存在要比佯装它们不存在更加可取。人们的每一次讨论，无论话题有多么理性，都会受到情绪的影响。在每一次对话开始时，将讨论看作一种协商谈判，而奖品就是弄清楚每个人想要什么，这有助于对话的顺利进行。

当然，任何对话最重要的目标都是建立连接。

• • •

我之所以写这本书，部分原因在于我个人在沟通方面遇到过挫折。几年前，有人请我帮忙管理一个比较复杂的项目。尽管之前我从未担任过任何管理职务，但我和很多老板共过事，拥有哈佛商学院金光灿灿的MBA（工商管理硕士）学位，而且还当过记者，我想沟通对我来说岂不是小菜一碟！

然而，事实证明，一切都困难重重。我擅长制定日程表、规划物流，可是在与人建立连接方面却一次又一次地受挫。有一天，一位同事对我说，同事们觉得我忽视他们的意见，无视他们的贡献。他们说："我们感到很失望。"

我说我听到了他们的意见，然后就开始提出各种可能的解决方案：要不我们开个会？或者制定一份框架清晰的组织架构图，上面标注清楚每个人的职责？又或者，我们——

"你根本没有在听我们讲话。"他们打断了我，"我们需要的不是更明确的分工，而是更好地彼此尊重。"原来，他们想要和我聊的是在工作中如何对待彼此，而我却一门心思在想实际操作。他们告诉我他们需要的是同理心，而我却没有听到他们的心声，只是在提供解决方案。

类似的情景有时也会在家中上演。比如我们一家去度假，我总会执着于一些细节：没有预订到想订的房间，飞机上的那个家伙一直把座椅往后调……我的妻子会在听我念叨的同时提出一个非常合理的建议：你为什么不想一想这趟旅程积极美好的一面呢？听她这么说，我很生气，因为我觉得她一点儿也没有顾及我的感受，我想要的是支持，我希望她告诉我——我有权利生气！而不是在这个时候提出什么合理的建议。有时候，我的孩子想和我说话，可是我因为忙于工作或者其他事，听得心不在焉，他们会扫兴地转身离去。如今回想起来，我才发现自己忽视了对我而言最重要的人，但当时我并不知道要如何去做。这些沟通中的挫败让我备感困惑。身为一名作家，我不是应该很擅长沟通吗？为什么我会那么难于和最重要的人建立连接并用心倾听他们的意见呢？

也许很多人都有这样的困惑。每个人都曾在某些时候没能好好倾听朋友或同事的表达，理解他们真正的意思，聆听他们真实的心声。我们也都曾有过不知道要如何才能让他人理解我们的时刻。

我写这本书，就是试图解释为什么人与人的沟通会出现问题，以及我们可以采用什么样的方法来改进。本书主要有以下几个核心观点。

第一个核心观点是，大多数讨论包含三种不同类型的对话。第一种是有关实际问题和决策选择的对话，围绕着"这究竟是关于什么的"展开。第二种是情感对话，聚焦于"我们的感受如何"。第三种则是社交对话，探究的是"我们是谁"。随着对话的进行，我们在这三类对话中来回切换。然而，如果我们与对方没有在同一时间进行同一类型的对话，我们就会很难彼此呼应，产生共鸣。

此外，每一种对话类型都有其自身的逻辑，需要一套相应的沟通技巧。因此，想要进行有效的沟通，我们应该先学会判断对话的类型，并了解它们的运作方式。

<u>三种对话类型</u>

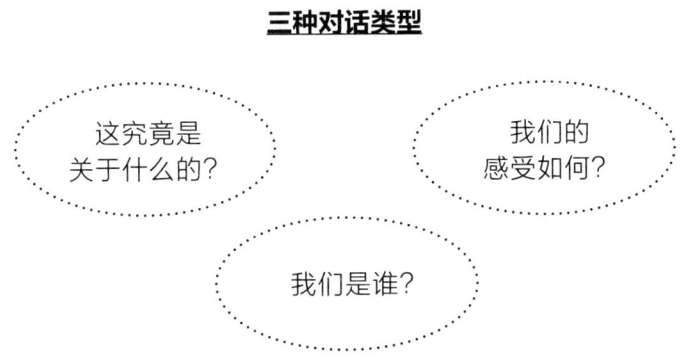

本书的第二个核心观点是：如果想要展开最有意义的讨论，我们的目标应该是进行"学习性对话"。具体来说，就是在了解身边的

人是如何看待这个世界的同时，帮助他们理解我们的想法。

最后一个重要的观点更像是我学到的经验，即任何人都可以成为一名超级沟通者。事实上，如果我们学会了释放自己的本能，我们当中的很多人就已经是超级沟通者了。我们都可以学会如何更加用心地倾听，如何与他人建立更深层次的连接。在接下来的章节中，你将会看到网飞的高层、《生活大爆炸》的创作者、情报人员、外科医生、NASA（美国国家航空航天局）的心理学家和新冠病毒的研究者如何通过改变自己的说话方式和倾听方式，与看似与他们截然不同的人建立了连接。你可以将在这个过程中学到的技能运用在日常生活的对话之中，例如，与同事、朋友、恋人和孩子交谈，在咖啡店和咖啡师聊天，又或者在公交车上与那位总和你打招呼的女士寒暄。

我们比以往任何时候都更加迫切地需要学会进行有意义的对话。我们的世界正在变得越来越两极化，大家越来越难以彼此倾听。如果我们知道如何坐下来互相沟通，那么即使不能解决所有的分歧，至少也能找到互相倾听和表达的方式，从而和谐共存、共同成长。

每一次有意义的对话都蕴含着无数个微小的选择。在某些转瞬即逝的瞬间，恰当的问题、脆弱的坦白、善解人意的言语都会改变对话的走向。我们可以抓住这样的机会，透过正在谈论的话题理解他人的真实需求，知道如何说到对方的心坎儿里。

这是一本探索我们如何沟通、彼此连接的书，在对的时间，恰如其分的对话可以改变一切。

三种对话类型

对话就像空气，是我们日常生活中不可或缺的一部分。我们每天都在和家人、朋友、同事、陌生人，甚至是宠物一起聊天说话。我们通过短信、电子邮件、线上论坛和社交媒体互相交流，彼此沟通，大多数时候是用文字交流，偶尔也会使用表情包。

一次富有意义的对话会让我们感到身心愉悦，感觉某种重要的信息或感悟被揭示或分享了出来。奥斯卡·王尔德曾说过："归根结底，无论婚姻还是友谊，连接所有陪伴关系的纽带都是对话。"

不过，再有意义的对话，如果进展不顺利，也会让人觉得糟糕透顶、沮丧失望、心烦意乱，甚至感到自己错失了某个宝贵的机会。于是，我们带着困惑、难过，以及不知道对方到底有没有听懂我们的意思的不确定感遗憾离场。

导致这种差别的原因究竟是什么呢？

正如我们将在下一章中阐述的那样，人类的大脑进化出了渴望连接的本能。然而，要想持续与他人协调一致，就需要理解沟通的运作方式。更为关键的是，如果想要建立连接，我们需要与他人在同一时间进行同一类型的对话。

超级沟通者并非天生有什么特殊之处。他们只是会更加深入地思考如何展开对话，分析为什么有的对话会成功而有的会失败，并探索在每一次对话中让彼此更亲近或更疏远的无数个微小选择。当我们学会识别在对话中出现的每一次机会时，我们也就懂得了如何以全新的方式说话与倾听。

1

匹配原则

招募间谍时失败而归

吉姆·劳勒不得不承认自己在招募间谍方面表现得非常糟糕。很多个夜晚,他都在担心自己会被解雇。这是他唯一热爱的工作,两年前,他才成为一名美国中央情报局(CIA)的案件专员。[3]

那是1982年,劳勒30岁。在加入美国中央情报局之前,他曾就读于得克萨斯大学法学院,但成绩平平,后来也做过诸多枯燥乏味的工作。有一天,对人生方向备感迷茫的劳勒给他曾在校园里有过一面之缘的美国中央情报局的招聘人员打了一个电话。接着,他参加了一次面试、一次测谎测试、十几次在不同城市举行的面试和一系列似乎旨在找出他知识盲点的各种考试。(哦,天哪!劳勒心想,有谁会记得20世纪60年代的橄榄球世界冠军是谁呢?)

不管怎样,劳勒走到了最后一轮。但实际情况并没有很好。他的考试成绩在中等以下,没有任何海外经验,不懂外语,也没有任何军事背景或特殊技能。但面试官留意到,劳勒为了这次面试自费坐飞机来到华盛顿特区;尽管他在面对大部分问题时都显得毫无头绪,但他会坚持到底;面对挫折,他也始终展现出一种令人钦佩但又不合时宜的乐观主义。因此,那位面试官问劳勒,你为什么会如此渴望加入美国中央情报局呢?

"因为我一直想要做一些重要的事情。"劳勒回答道。他渴望报效国家。此话一出,劳勒就立刻意识到自己有多可笑。谁会在面试时大谈"渴望"呢?于是,他停下来,深吸了一口气,说出了内心最真实的想法。"我感到生活空虚,"劳勒告诉面试官,"我想成为某种有意义的事情的一部分。"

一周后,美国中央情报局打电话通知他面试通过。劳勒立即接受了这份工作,前往中央情报局位于弗吉尼亚州的培训机构佩里营地,接受开锁、秘密交接和隐蔽监视等培训。

令人意想不到的是,营地在课程设置方面对"对话艺术"格外重视。劳勒在培训期间才意识到,原来美国中央情报局的工作在本质上是一个沟通、对话的工作。执勤人员的任务不是暗中尾随他人或在停车场里进行监视,而是在派对上与人寒暄,与使馆的工作人员交朋友,与外国官员建立关系,以期某一天可以私下交流一些关键性的情报。沟通是如此重要,它位列美国中央情报局培训方法的首要位置:"在寻找建立连接的方式时,一名案件专员的目标是让潜在的情报来源相信,最好是充分地相信,他是这个世界上为数不多,甚至是唯一一个真正理解自己的人。"[4]

· · ·

劳勒在国外的最初几个月过得很痛苦。他尽力想要融入当地的社交圈子,参加正式的晚宴,去大使馆附近的酒吧喝酒。可是,一切毫无进展。有一次,他在滑雪后认识了一位某国大使馆的工作人员。在两个人吃过几次饭、喝过几次酒之后,劳勒终于鼓起勇气询问自己的这位新朋友,是否有兴趣透露点儿在大使馆内听到的小道消息,以此来赚些外快？对方回答说自己收入还可以，而且大使馆管理严格，所以不方便参与。

劳勒接着又准备发展苏联领事馆的一位前台接待员。原本一切进展顺利，直到一位上级将他拉到一边，对他说这位女士实际上是克格勃的特工，正在试图反向策反他。

后来，终于出现了一个挽救劳勒职业生涯的机会。美国中央情报局的一位同事向他提到了一位来自中东的年轻女士，这位女士在她国家的外交部工作，最近正在欧洲旅行，名叫雅思明。同事说雅思明度假期间主要居住在她一位已经移民欧洲的哥哥那里。几天后，劳勒设法在一间餐厅与她偶遇。他介绍自己是一名石油投机商。在两个人对话的过程中，雅思明提到自己的哥哥总是很忙，没有时间陪她到处走走，她感觉很孤独。

劳勒趁势邀请她第二天一起午餐，吃饭时聊起了她的生活：她是否喜欢自己的工作？在一个刚经历了政治革命的国家，她是否生活困难？雅思明说她讨厌那些刚上台的宗教激进分子，想要离开自己的国家，搬到巴黎或纽约生活，但这需要很多钱。而她就连这次短期旅行的费用，都是省吃俭用了好几个月才凑够的。

劳勒觉得机会来了，他提到自己的石油公司正需要一名顾问，并解释说这是一份兼职工作，完全可以在她完成外交部的本职工作之后再做。而且，他还会提供签约奖金。劳勒对我说："我们点了香槟来庆祝，我感觉她开心得都快要哭了。"

午饭过后，劳勒匆匆赶回办公室找到了上司。谢天谢地，他终于招募到了自己的第一位情报人员！"上司对我说：'恭喜你，总部肯定特别高兴。现在你需要告诉对方，你是美国中央情报局的一名工作人员，需要她提供她国家政府的情报。'"劳勒觉得此时就和盘托出并不可取，如果现在就这么做，雅思明肯定不会再和他多说一句话。

劳勒的上司解释说，让一个人在不知情的情况下为美国中央情报局工作是不公平的。因为一旦雅思明的政府发现了她的行径，她很可能会被监禁，甚至是被杀害，所以她必须明白其中的风险。

于是，劳勒继续同雅思明见面，并试图找到一个合适的契机来亮明自己的真实身份。随着两个人的相处时间越来越长，雅思明也越来越坦诚。她为自己国家的政府下令关闭报馆、禁止言论自由的做法而感到羞愧。她告诉劳勒自己鄙视那些将女性在大学研究某些课题定为非法，迫使女性必须在公共场合戴头巾的官僚。她说当初自己想要成为公务员的时候，从未想过事情会变得如此糟糕。

劳勒将雅思明的种种不满看作一个信号。一天晚上，在两人共进晚餐时，劳勒坦白了自己的身份，他并非什么石油投机商，而是一名情报特工。他为隐瞒身份而道歉，但之前提供的兼职机会完全是真的。那么，她会考虑为美国中央情报局工作吗？

"我一边说，一边看她的反应。只见她的眼睛越睁越大，开始抓住桌布连连摇头，不，不，不，就在我最终停下来的那一刻，她哭了，哦，我知道我搞砸了。"劳勒对我说，"她告诉我这样做会引来杀身之祸，所以她绝对不可能帮我。"劳勒无法说服她考虑自己的提议。"她当时只想立即离我而去。"

劳勒将这个坏消息告诉了自己的上司。他的上司说："我已经告诉了所有人你成功地招募了她！我告诉了分部主管、站长，他们又上报了华盛顿。现在，你却对我说你没有成功？"

劳勒不知道接下来要怎么办。"不管花多少钱，或者给出什么样的承诺，都不可能让雅思明冒着生命危险为我做事。"劳勒对我说。

剩下的唯一一条有可能的出路就是赢得她的全面信任，让她觉得他懂她，而且会保护她。但是，如何才能做到这一点呢？"在营地接受培训的时候，老师教导我说，在招募的时候，你必须让对方感到你关心他/她，也就是说你必须做到真正地关心对方，而这又意味着你必须以某种方式和对方建立起连接。问题是，我并不知道如何才能做到这一点。"

• • •

我们如何才能和另外一个人建立起真正的连接呢？如何通过一次对话让一个人甘愿冒险接受一份工作或者外出赴约呢？

让我们首先降低问题的难度。如果你试图与自己的老板建立连接，或者结交一位新朋友，那么如何才能让对方放下内心的防卫呢？要说些什么才能表明你在认真倾听对方的表达呢？

在过去的几十年里，随着研究人类行为及大脑的新方法的出现，这类问题已经促使研究人员几乎探究了与交流沟通有关的所有领域。科学家们仔细观察并分析了人类大脑接受信息的全过程，发现人类运用语言建立连接的方式既强大又复杂，远超出人们之前的认知。我们的沟通方式，说话、倾听时无意识做出的各种选择，提出的问题以及暴露的脆弱，甚至是说话的语音语调，都会影响到我们信任的人、想要说服的人以及试图结交的人。

同时，还有大量的研究表明[5]，每一次对话的核心其实都是关于建立神经振荡－外界节律同步化，即交流双方在身心上的和谐统一（从呼吸频率到皮肤上泛起鸡皮疙瘩都要完全同步），这影响着我们说话、倾听和思考的全过程，却经常会被我们忽略。有些人与其他人交流时,哪怕是关系亲密的朋友,也难以达到这种同频的状态。但是,还有一些人,我们称之为"超级沟通者",似乎可以毫不费力地与任何人达到神经振荡-外界节律同步化的效果。大多数人介于这两者之间。我们如果了解沟通交流的整个过程,就可以学会以一种更有意义的方式建立连接。

对吉姆·劳勒来说,他与雅思明建立连接的前景似乎并不乐观。"我知道,我最多还有一次说服她的机会",劳勒对我说,"我必须找到突破的办法。"

当我们的大脑连接时

博·西弗斯在2012年加入了达特茅斯社交系统实验室。当时,他还和几年前一样是一副音乐家的打扮。有段时间,他早上一起来就匆匆赶往实验室,顶着一头毛躁的金发,穿着一件不知道哪次爵士音乐节上发的破旧T恤。在他每次风驰电掣般经过校园保安身旁的那一刻,对方总是禁不住地怀疑,这个人究竟是在读博士还是大麻贩子。

西弗斯走了一条不同寻常的常春藤盟校之路。他先是考进了一所音乐学院,主修打鼓和音乐制作。那时的他对音乐之外的任何事情都提不起兴趣。不久之后,他就认识到,无论自己多么努力,都不可能达到依靠打鼓谋生的程度。于是,他开始另觅他途。西弗斯一直以来都对人与人之间的交流感兴趣。他尤其喜欢舞台上有时会出现的那种纯粹的、无须言语的音乐对话。总有那么一些时刻,当他和其他的音乐人一起即兴演奏时,大家突然间完全契合,彼此交融。那种感觉就像是在场所有的人,从表演者、观众到混音师,甚至是酒保,一起进入了心神交汇的同步状态。他偶尔也会在深夜的讨论或成功的约会中获得这种感受。于是，他报名学习了一些心理学课程，并最终成功申请到师从塔莉亚·惠特利读博的机会。惠特利博士是研究人类如何彼此连接的顶尖神经科学家之一。

"我们为什么会和某些人心有灵犀，和其他一些人则很难打成一片？这一直是科学界尚未解答的难题。"惠特利在《社交与人格心理学指南》（Social and Personality Psychology Compass）杂志上发表的一篇文章中写道[6]。当我们在交谈过程中与他人充分共鸣时，我们会有一种非常愉悦的感觉。之所以会这样，是因为在一定程度上，我们的大脑在进化的过程中生发出了对这种亲近感的渴望。这种想要建立连接的渴望推动着人类建立社群，保护后代，结交新的朋友和伙伴。这也是人类得以生存繁衍的关键性因素之一。她进一步指出："尽管困难重重，但是人类始终拥有与他人建立深刻关系的独特能力。"[7]

其他多位研究者也对人类如何建立连接颇感兴趣。在西弗斯开始阅读学术期刊之后，他发现德国马克斯·普朗克人类发展研究所的学者在2012年对演奏《谢德勒 D 大调奏鸣曲》的吉他手的大脑进行了扫描观测。[8]他们发现，当音乐家们分开弹奏时，每个人只专注于自己的乐谱，大脑的神经活动并没有显示出趋同性。而当开始合奏时，他们颅骨内的电脉冲就开始同步了。在研究者看来，这就好像这些吉他演奏家的大脑开始融为一体。更重要的是，这种连接会流经他们的身体，表现出相同的身体反应：相似的呼吸频率，瞳孔同时放大，心脏开始以相似的模式跳动，甚至皮肤上的电脉冲也会同步。[9]当合奏结束，乐谱开始进入不同的篇章或进入独奏时，之前"大脑之间的同步现象就会完全消失"。

西弗斯留意到其他的研究指出，当人们一起哼唱、并排敲击手指、合作解决难题或互相讲故事时，也会出现同样的现象。[10] 在普林斯顿大学的一项实验中，十几个人一起听一位年轻的女子讲述高中舞会那晚发生的一个曲折、漫长的故事。[11] 研究人员跟踪测量了他们在整个倾听过程中的神经活动。他们对讲述者和倾听者同时监测，看到后者与前者的思维活动开始同步，经历相同的紧张与不安、幽默与喜悦，仿佛他们是在一起讲述这个故事。部分听众与讲述者的互动尤为紧密，其大脑反应几乎与讲述者的大脑活动完全一样。在实验后的询问环节，研究人员发现那些同步度极高的参与者能够更清晰地区分故事中的角色，回忆起更加细微的细节。大脑同步程度越高，对交流内容的理解也就越深入。2010 年，普林斯顿大学的研究者在《国家科学院院刊》（The Proceedings of the National Academy of Sciences）上发文指出："诉说者与倾听者之间的神经连接程度预示着沟通的成功程度。"[12]

超级沟通者

所有这些研究都在阐明一个基本的事实：想要进行沟通，我们首先需要与对方建立连接。[13] 我们之所以理解彼此的表达，是因为我们的大脑在某种程度上已经同步。在那一刻，我们的身体——脉搏、面部表情、体验到的情感，甚至是出现在脖颈和手臂上的刺痛感，都开始同步。[14] 也就是说，是神经的同步状态在帮助我们更聚精会神地倾听，更清晰自如地表达。[15]

有时，这种同频互动只发生在两个人之间；有时，它会发生在一个团队或一群观众当中。但是，无论何时发生，交流双方的大脑和身体都会变得相似，这从神经科学的角度来说，就叫达到了神经振荡-外界节律同步化。

 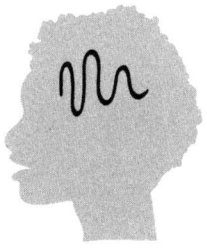

如果神经不同步，我们就很难沟通。

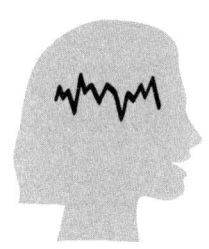 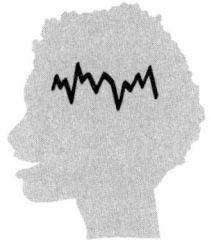

如果想法趋于一致，我们就能更好地互相理解。

研究人员在仔细探究神经振荡－外界节律同步化是如何发生的时候，发现有些人特别擅长与他人达到同频共振的状态。也就是说，有些人在与他人建立连接方面表现得尤为出色。

像西弗斯这样的科学家并不会将这类人称为"超级沟通者"，而是更喜欢用类似"高中心度参与者"或者"核心信息提供者"这样的术语来称呼他们。西弗斯对这类人的特点表述得很清晰：他们是朋友们都会打电话咨询意见的人，是被大家推选担任领导的同事，是每个人都欢迎他们加入聊天的朋友（因为他们会让聊天变得更有趣）。西弗斯曾经与某些超级沟通者同台表演，也曾经与他们一起参加派对，或在选举时为他们投过票。偶尔，在他自己身上也会出现超级沟通者的奇妙时刻，尽管他并不清楚自己究竟是如何做到的。[16]

在西弗斯研读过的材料当中，似乎还没有人能解释为什么有些人要比另一些人更擅长建立连接，引发共鸣。于是，他决定自己做一项实验，看看能否找出其中的奥秘。[17]

• • •

首先，西弗斯与同事招募了数十名志愿者，让他们一起观看一系列经过设计的、让人难以理解的电影片段，[18]例如，一些外语片，或没有前后剧情的电影片段，为了增加难度，研究人员还专门去掉了配音和字幕。也就是说，参与者看到的是一幕幕令人困惑的无声表演，比如一位秃头的男子正怒气冲冲地同一位体态臃肿的金发男子对话。他们是敌是友？一个牛仔正在洗澡，门口有个男人一直在看着他。他们是兄弟还是其他关系？

在参与者观看电影片段的同时，研究人员对他们的大脑进行了实时监测，发现每个人的反应都略有不同。有的人看得一头雾水，有的人则兴致勃勃。每个人的大脑扫描结果都不一样。

接着，每位参与者被分配到不同的小组，并被告知要和其他小组成员一起回答几个问题，例如"秃头的男子是在和那位金发男子生气吗？""站在门口的那个男人是否正在和洗澡的那个牛仔调情？"

每个小组花了一个小时讨论。之后，同一小组的成员重新观看电影片段，并一同接受大脑扫描。

这一次，研究人员发现同一小组成员的神经脉冲趋于同步。他们在小组讨论中对观影内容以及情节要点的探讨，让他们的大脑反应趋于一致。

 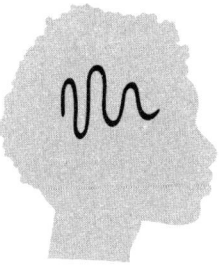

当人们分开时，譬如单独看电影，
他们的想法各不相同。

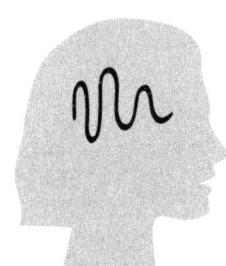 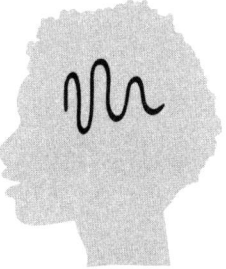

当他们说话交流时，想法就开始同步。

研究人员接着发现了第二个更有趣的现象：一些小组的同步程度要比其他小组的更高。这些小组的成员在第二次大脑扫描时表现出了惊人的相似性，就好像他们在以完全相同的方式思考。

西弗斯因此怀疑，同步程度高的小组中是不是存在一些特殊人物，他们能让团队中的人更易于协调一致、达成共识。那么，他们究竟是什么人呢？他首先假设团队中有一位强有力的领导者，是他让大家更易于团队协作。在一些小组中，的确有人一开始就显露了领导风范。例如，D 小组中的 4 号参与者就是如此。他在大家观看一个小孩寻找父母的片段时，对大家说："我觉得这个故事会有一个美好的结局。"4 号参与者非常健谈，而且坦率直白。他给自己的队友设定了明确的原则，确保大家能一起完成任务。除了担任领导者角色，4号参与者会不会也是一位超级沟通者呢？

西弗斯在查看数据之后发现，那些表现强势的领导者并没有帮助大家达成共识。事实上，有强势领导者存在的小组反而在神经振荡－外界节律同步化上表现得最糟糕。4号参与者并没能让他所在的D小组更好地达成共识。在他主导谈话内容之后，大家反而四分五裂。[19]

反观表现出最强神经振荡－外界节律同步化的团队，其中往往有那么一两个人，他们的行为表现与4号参与者截然相反。他们的发言次数并不像强势领导者那么多，即使开口说话，他们也多半是在提出问题。他们会重复其他人的观点，坦诚地说出自己的困惑或者拿自己开玩笑。他们会鼓励其他的小组成员，例如，他们会说："这个想法真棒！再多说几句！"他们听完其他人讲的笑话后会哈哈大笑。他们并没有显得更健谈或者更聪明，但是当他们发言时，每个人都会仔细倾听。不知为何，他们会让其他人更容易说出自己的想法，让整个对话流动起来。西弗斯将这一类人称为"高中心度参与者"。

举例来说，以下是两位高中心度参与者在讨论刚刚提到的电影场景时的对话片段[20]，电影片段中的角色扮演者分别是演员布拉德·皮特和卡西·阿弗莱克。

1号高中心度参与者：这个场景是怎么回事？①

2号高中心度参与者：不知道，我也没看明白。（笑了）

---

① 这段对话中有不少旁白和交叠的对话，为了使其更加简洁、清晰，我对这次对话进行了整理。我删除了口误、语气词，以及与当前话题无关的讨论，但是没有改变原话的含义或添加任何新的内容。在整本书中，所有的对话记录都以这种方式进行了删减，这在文末的注释中有提及。

3号参与者：卡西正在看布拉德洗澡。你看他盯了他那么久，我觉得卡西一定对布拉德有意思。（大家都笑了。）单箭头的爱。

2号高中心度参与者：这个我喜欢！我不太确定你说的"单箭头"是什么意思，但我觉得是这么回事儿！

3号参与者：就像得不到回报的爱！

2号高中心度参与者：嗯，是这个意思，没错。

1号高中心度参与者：你觉得接下来会发生什么呢？

3号参与者：我感觉他们会一起去抢银行。（笑声）

1号高中心度参与者：这个想法好！我好喜欢！

2号高中心度参与者：哈哈，我想知道其他人的想法。（笑声）

高中心度参与者在对话过程中的提问频率往往是其他参与者的10~20倍。当小组讨论陷入僵局时，他们会引入一个新的话题或者用一则笑话打破沉默，化解尴尬，让在场的每个人都感觉轻松、舒适。

高中心度参与者之所以与众不同，关键就在于他们能根据不同的交流对象实时调整对话方式。[21]他们会巧妙地捕捉并映射出他人情绪和态度的微妙转变。当对方态度严肃时，他们会同样沉稳；当氛围轻松时，他们则率先引领欢声笑语。他们能够根据交流对象的反应灵活地调整自己的立场和想法。

在讨论过程中，如果一位参与者抛出了一个出人意料的严肃话题，比如电影片段中的某个角色已被抛弃，并且通过语气暗示他/她可能有过类似的经历，因而能够感同身受时，一位高中心度参与者就会立即调整语气予以回应：

2号参与者：你觉得这部电影会有一个什么样的结局？[22]

6号参与者：我觉得不会是好结局。

高中心度参与者：你觉得不会是好结局吗？

6号参与者：是的。

高中心度参与者：为什么呢？

6号参与者：说不上来。这部电影看上去要比……更灰暗。

（众人沉默）

……

高中心度参与者：那你觉得可能会是一个什么样的结局？

……

6号参与者：可能，那个侄子和父母都去世了，诸如此类吧，他们……

3号参与者：他刚被抛弃了。

高中心度参与者：哦，你是说那一晚他们被抛弃了。

对话结束时，整个小组的气氛凝重了起来，大家开始讨论被人抛弃会是一种怎样的感受。这为6号参与者分享自己的情感和经历留出了空间。小组中那位高中心度参与者很快就与6号参与者产生了共情，这促使其他的小组成员也做出相应的调整和回应。

西弗斯及合著者在发表研究成果时指出，高中心度参与者更"倾向于及时调整自己的想法来配合整体团队的节奏"，并且"在通过促进沟通来增强团队的一致性方面发挥着非同寻常的作用"。[23] 他们并不是简单地人云亦云，而是以"润物细无声"的方式，引导正在交流的人更认真地倾听或更清晰地表达。他们会配合小组成员之间的交流方式，让或严肃或欢快的讨论自然发生，并带动其他人积极响应。他们会对其他人如何回答其听到的问题产生深刻影响。事实上，高中心度参与者提出的观点往往会成为整个小组的共识。这是一种无形的影响力。实验结束后的调查表明，很少有人意识到小组中高中心度参与者对他们的选择产生了怎样的影响。当然，并非所有的小组都有这样的灵魂人物。而那些拥有高中心度参与者的小组的成员关系更加密切，大脑的扫描结果也更加一致。

西弗斯随后将研究视角转向了高中心度参与者的个人生活。他发现，他们在很多方面都表现得异于常人：拥有更庞大的社交网络，更有可能被推选为领导者或被委以重任。人们会在探讨严肃议题或者寻求建议时，主动寻求他们的帮助。[24] 西弗斯对我说："这实际上很合情合理，如果你易于沟通，那么自然会有很多人愿意与你交流。"

换言之，高中心度参与者就是超级沟通者。

三种思维模式

因此，如果想要成为超级沟通者，我们需要仔细倾听对方的表达和言外之意，提出正确的问题，识别并回应对方的情绪，同时让对方了解我们的感受。

听上去是不是很简单？

当然不会如此简单。事实上，要做到以上几点中的任何一点都不容易，更不要说全部做到，那简直就是不可能完成的任务。

为了理解超级沟通者是如何与人沟通的，我们首先有必要了解大脑在我们沟通时是如何运作的。研究人员已经探究了人类大脑在不同对话类型中的运作规律。他们发现，不同的神经网络和大脑结构在不同的对话类型中表现出了不同的活跃程度。简单来说，对话类型大致可以分为以下三种。

三种对话类型

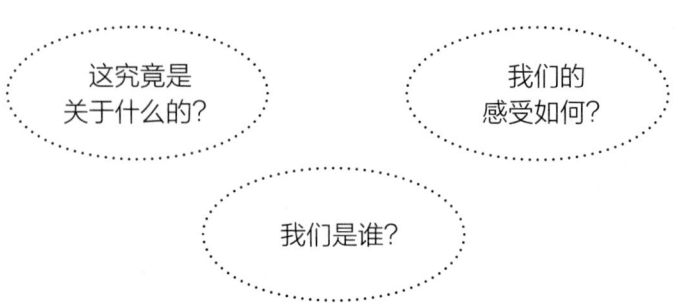

对于这三种对话类型——务实对话、情感对话和社交对话,我们可以分别用三个问题进行阐释:这究竟是关于什么的?我们的感受如何?我们是谁?每一种对话类型将启动不同的思维模式和心智处理程序。也就是说,我们在进行一个有关选择的务实对话(围绕着"这究竟是关于什么的"展开)时所激活的大脑区域,与我们在进行一个情感对话(围绕着"我们的感受如何"展开)时所激活的大脑区域是不一样的。如果我们的思维模式与对话类型不能同步,我们就无法互相理解。[25]

第一种思维模式,即决策选择的思维模式,与"这究竟是关于什么的"对话类型相关。当我们思考和分析具体的实际问题时,比如做出选择或分析计划时,我们就会启动这种思维模式。当有人问"山姆的这个成绩,可怎么办"时,我们大脑的前额叶控制网络,即我们思想和行动的指挥中心,就会开始变得活跃。我们会做出一系列的决定,大多是潜意识的,我们不仅会评估对方的用词,还会考虑其背后有可能隐藏的动机或欲望,比如"谈话是严肃的?还是开玩笑的?""我是应该发表意见呢,还是听听就好?"我们在思考未来、商议选项、探讨知识观念、确定讨论内容、明确对话目标以及讨论方式时,就会进行"这究竟是关于什么的"对话。

三种对话类型

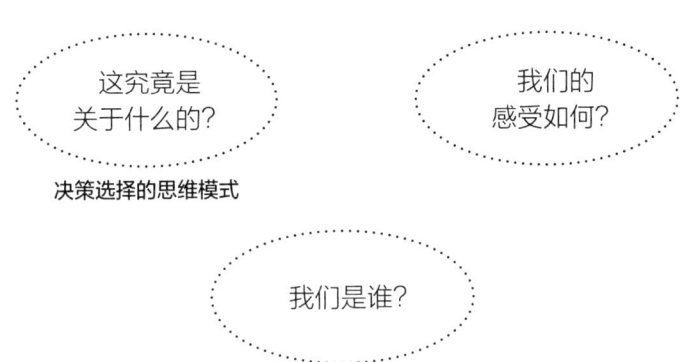

第二种思维模式,即情感思维模式,会出现在"我们的感受如何"的对话中。这类对话会启动大脑的神经结构,诸如伏隔核、杏仁核和海马体等。这些神经结构会帮助我们塑造信仰、情感和记忆。当我们讲述一个有趣的故事、与配偶发生争执,或在沟通过程中体验到一股莫名的悲伤或骄傲的情绪时,我们的情感思维模式便在发挥作用。当一位朋友向我们抱怨他的老板时,我们能够感受到他其实是在寻求理解,而非建议。这是因为我们对于"我们的感受如何"非常敏感。[26]

三种对话类型

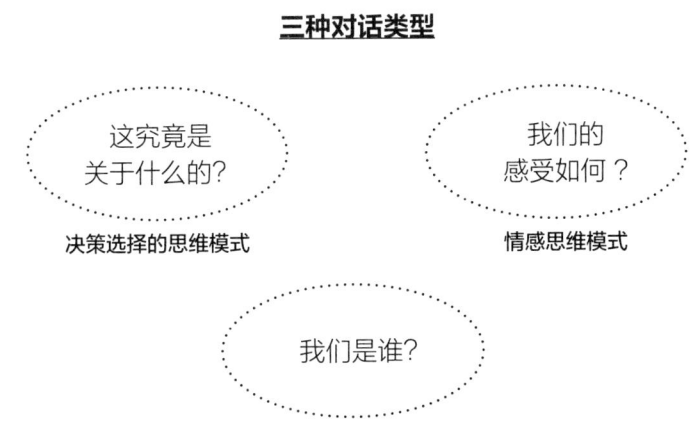

第三种思维模式，即社交思维模式，会出现在我们探讨人际关系、他人对我们的看法、我们的自我认知以及自身社会身份的对话中。这些讨论均与"我们是谁"有关。例如，当我们聊起办公室八卦、谈及某个共同的熟人、阐释宗教信仰、家庭背景或任何影响自我身份的问题时，我们就会激活大脑的默认模式网络。神经科学家马修·利伯曼指出，大脑的默认模式网络在我们"思考他人、自己以及自己与他人的关系"时会发挥作用。[27]1997年，在《人类本性》（*Human Nature*）期刊上发表的一项研究结果表明，我们70%的对话都是社交性质的。[28] 在这类对话中，社交思维模式会不断地塑造我们倾听的方式和表达的内容。

三种对话类型

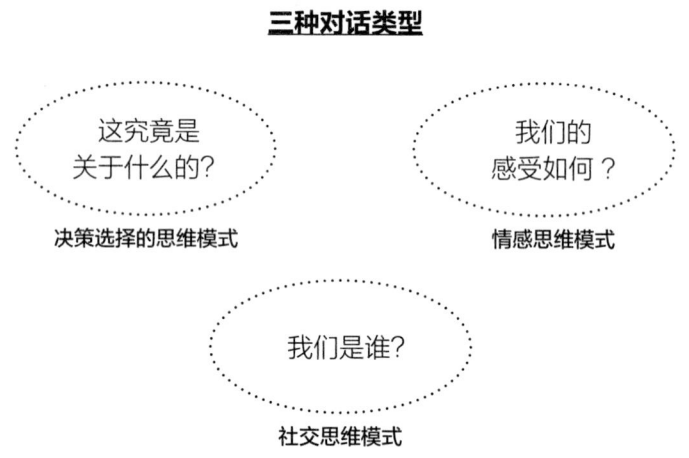

当然，每一种对话类型及其对应的思维模式都是深度交织的。我们的一次对话经常会同时涉及这三种对话类型。问题的关键在于，我们要了解，这些思维模式会随着对话的展开而发生转变。举例来说，一次对话可能从一位朋友寻求解决工作问题的建议开始（"这究竟是关于什么的"），继而谈到了他所承受的压力（"我们的感受如何"），最后落在了如果别人得知此事，他们会做何反应上（"我们是谁"）。

倘若我们能够在这个过程中透过朋友的头骨看到他大脑的运作，我们就会看到，首先占据主导地位的是决策思维模式，然后是情感思维模式，最后是社交思维模式。[29] 当然，整个过程在这里被极大地简化了。

因此，当交流双方各自进行不同类型的对话时，就容易发生沟通障碍。如果一方在倾诉情感，另一方却在讨论具体问题，那么双方实际上是在使用完全不同的认知语言。这也就解释了为什么当你抱怨自己的老板——"真是的，吉姆简直快把我逼疯了！"，而你的伴侣却在为你提供实际建议——"你为什么不邀请他一起吃个午饭"时，你们之间会发生冲突而不能彼此连接，因为此时你真正想要的是理解，而不是解决方案。

超级沟通者善于引导和鼓励对话参与者在同一个频道上进行沟通，从而引发同步交流。例如，研究婚姻关系的心理学家们发现，最幸福的夫妻经常会互相模仿对方的说话风格。[30] 知名学者约翰·戈特曼在《沟通期刊》（*Journal of Communication*）上发文指出，"在婚姻中维系亲密关系的基本机制是保持对称性"。[31] 幸福的夫妻"不是通过表达同样的内容或观点，而是通过传达同样的情感来达成一致"。他们会更频繁地互相提问，重复对方的话语，用开玩笑的方式缓解紧张气氛，一起探讨更严肃也更深入的话题。[32] 因此，下一次当你感觉要和伴侣发生争执时，不妨尝试问问对方："你是想聊聊感受呢？还是需要我们一起做出某个决定？还是其他的什么？"

沟通的本质在于建立连接、保持同步。这个至关重要的认知也被称为"匹配原则",即有效的沟通需要我们识别正在进行的对话类型,并以此做出调整,互相匹配。简而言之,如果对方非常情绪化,那么你也要流露出自己的情绪;如果对方正在专心致志地思考决策,那么你也应该步调一致地跟上节奏;如果对方关注的是社会影响,那么你应该也据此予以回应。

匹配原则

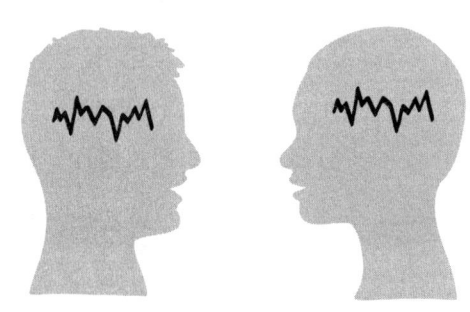

成功的沟通需要我们能够识别
正在进行的对话类型,并互相匹配。

需要明确的是,匹配绝不意味着亦步亦趋的模仿。在接下来的章节中,你会看到有效的沟通需要我们真正理解对方的感受,洞察他们的需求,认识他们是谁。为了协调同步,我们也需要通过分享做出正确的回应。唯有步调一致,我们才会开始建立连接。也正是从那一刻起,有意义的对话才会真正展开。

招募间谍?请先建立连接

上一次糟糕透顶的晚餐让雅思明在听闻劳勒是为美国中央情报

局工作之后便落荒而逃。劳勒招募雅思明的希望已经非常渺茫，而这是他在近乎一年的努力之后唯一的机会。可惜，他完全搞砸了。他几乎认定自己会因此失去这份工作。如今，留给他的选项只有一个：给雅思明打电话，恳求对方与他共进最后一顿晚餐。"我在一个笔记本上写满了我想对她说的话，可是我知道这一切不过是徒劳。"劳勒对我说，"不可能有什么突破了。"

雅思明答应了劳勒的邀约。两人选择了一家高档餐厅。落座后，雅思明神情紧张，默不作声。她向劳勒坦承，让她心神不宁的不只是他上一次的提议，更重要的是她即将回国。为此，她既难过又沮丧。她原本希望此次欧洲之行能让自己重新找到生活的意义。然而，行程即将结束，她却发现一切如故，因而十分失望。

"她情绪特别低落。"劳勒对我说，"我很想逗她开心，所以我讲笑话，说故事。"

劳勒聊起了一位总是记不住自己名字的房东和他的各种趣事，还回忆了这几天他们四处游览时的点点滴滴。雅思明始终面无表情。直到最后吃甜点，氛围都异常沉默。劳勒心想：要不要再试一次？是不是应该告诉她如果合作就能给她美国签证？可是，这么做似乎还是不妥，雅思明很有可能会直接起身离去。

沉默依旧。劳勒不知道还能说些什么。他上一次有这种手足无措的感觉还是在加入美国中央情报局之前，在达拉斯帮父亲的公司销售钢材的时候。"我没卖过东西，"劳勒告诉我，"所以对销售一窍不通。"有一天，在进行了连续几个月毫无进展的电话销售之后，他决定登门拜访一位潜在客户。对方是一位在得克萨斯州西部经营一家小型建筑公司的女士。当他到达对方的办公室时，她正在打电话，而她5岁的儿子就在办公桌旁玩积木。

挂断电话后，这位女士听了劳勒有关轻钢龙骨的介绍，并对他的到访表示了感谢。随后，她就谈起自己既要工作又要育儿的压力，形容自己像是在参加一场无休止的战斗，总觉得自己会让一方失望，不得不在成为一名优秀的女企业家和一名称职的母亲之间做选择。

劳勒当时才 20 岁出头，也没有孩子，实在很难与这位女士产生共鸣，一时之间不知道要说些什么。可是，总不能冷场吧。于是，他开始絮絮叨叨地讲起自己的家庭，告诉她他的父亲有多辛苦，而他的哥哥显然在销售方面比他出色。这种差距也让两个人的关系有些紧张。劳勒告诉我："她对我坦诚以待，我也就实话实说。说出心里话的感觉真的特别舒服。"到最后，他聊了许多原本并没有打算要分享的东西。甚至可以说，他说的太多了，好在那位女士似乎并没有在意。[33]

两个人的聊天后来又回到了产品销售上。他说："她告诉我暂时不需要任何零部件，但她很感谢能有机会和我这样聊天。我离开时心想，哎，我又搞砸了。"

然而，就在两个月后，那位女士打电话下了一个大订单。"我对她说'我不确定是不是能给你想要的价格'——你看我这销售做的，"劳勒告诉我，"但她说'生意成不成都没关系，只是觉得我们之间有一种联系'。"

这次经历让劳勒对销售有了不一样的认识。在那之后，每当与客户交流时，他都会仔细倾听对方的情绪、关切和担忧，并尝试与对方建立起一种连接，至少让对方知道他理解他们的感受，哪怕只有一点儿。慢慢地，劳勒成了一名不错的销售员，不能说特别出色，但比之前好了很多。"我认识到，如果你认真倾听一个人的真实想法，并真诚地予以回应，那么你就有可能打动对方。"劳勒电话销售的目标就此变成了简单的建立连接。他不再试图给客户施压或者给对方留下深刻的印象，反而只是尝试找到彼此的共同之处。"这么做并非次次有效，"他说，"但已经足够了。"

吃甜点的那一刻，劳勒突然意识到，自己怎么就忘记了当初学到的这一课呢？他一直觉得招募间谍和销售钢材风马牛不相及。可是，在某种程度上，二者又是一样的。无论是招募间谍还是销售钢材，他都需要与他人建立连接，而这意味着他需要让对方看到他正在仔细倾听他们的表达。

劳勒发现自己并没有像当初对待那位母亲一样真诚地对待雅思明。他没有让雅思明感到，自己在用心倾听她内心的忧虑与希望，也没有像她一样敞开心扉。

于是，在餐盘收拾干净之后，劳勒开始分享自己的感受。他告诉雅思明他也担心目前的生活并不适合自己。他说自己费了九牛二虎之力才加入美国中央情报局，但他明显缺乏他在其他同事身上看到的那份自信。他聊起之前和外国官员笨拙接触的糗事，担心会被举报，更害怕被驱逐出境。他说起了那次当同事告诉他，他原本想要招募的一名克格勃成员实际上正在策反他的时候，他感到的那种无地自容的尴尬。劳勒告诉雅思明，他不敢敞开心扉是害怕她会觉得自己一无是处，但是他能理解一点儿她即将回国的心情，因为当初在得克萨斯州，在他一心想要追寻人生的意义的时候也有过类似的感受。

劳勒并没有试图说几句宽慰的空话让雅思明振作起来。相反，他同她一样，直视内心的焦虑与挫败，让对方感受到他的坦诚。"我并不想强迫她、操纵她，"劳勒对我说，"她已经非常明确地拒绝了我，我知道我无法改变她的决定。所以，我不再努力去说服她。放下那种假装自己无所不知的态度让我感到如释重负。"

一直在倾听的雅思明告诉劳勒，她懂。她说最让她痛心的是那种自我背叛的感觉。她渴望做些什么，却感觉束手无措。话音未落，她已潸然泪下。

"真对不起。"劳勒对雅思明说，"我不想让你难过。"

劳勒感到这一切自始至终就是个错误。他本就不应该打扰她。如今，他还不得不将这次谈话的每一个细节报告上级。这将成为他过去一年来已然不尽如人意的工作记录中无奈又尴尬的一笔。

此时，重新调整好心情的雅思明轻声地说了一句："我能做到。"

"什么？你说什么？"劳勒问道。

"我可以帮你。"她回答道。

"你不必这么做！"他说。这个突如其来的答案让劳勒一时不知如何回应。于是，他将出现在脑海中的第一个念头脱口而出："不，我们别再见面了！我保证，我再也不会打扰你了。"

"我想要做一些有意义的事情。"她说，"这对我来说很重要。我能做到。我知道我能做到。"

两天后，雅思明在美国中央情报局的一所秘密住宅内接受了测谎测试以及有关安全通信的培训。"我从未见过一个人可以那么紧张。"劳勒对我说，"但她坚持了下来，而且从未说过后悔。"

时至今日，劳勒依然无法确知雅思明为什么会在那晚改变心意。在之后的岁月里，他曾多次尝试向她询问原因，可是就连雅思明自己也难以言明当时的思绪。她曾经表示，当她意识到原来劳勒和她一样都对未来毫无把握时，她反而感到了一阵心安。他们能够理解彼此的境遇。更重要的是，她感到自己被真正理解。那一刻，他们选择了互相信任。

当我们与他人心灵相通时，我们实际上拿到了走进对方内心世界的钥匙。我们得以透过对方的眼睛观察这个世界，理解对方的需求。同样，我们也赋予了对方这份宝贵的权利，让他们有机会倾听我们的声音，理解我们的存在。劳勒告诉我："对话是这个世界上最强大的力量。"

然而，心灵相通是如此难得。简单地模仿一个人的动作、情绪或说话的语音语调并不能建立起真正的连接。一味地迎合他人的愿望和想法也同样行不通。因为，这些都不是真正的交流和对话，而是一种自说自话。

我们需要掌握区分务实对话、情感对话与社交对话的方法。我们需要理解提出何种问题、展露怎样的脆弱才最有力量。我们需要了解如何让自己的情感更明显、更易于为他人所理解。我们需要让他人看到我们在用心倾听。劳勒那晚之所以与雅思明成功地建立起连接多半是出于运气。在那之后的很多年，他不断地成功与失败，在经历中磨炼技艺，最终成了美国中央情报局最成功的海外招募员之一。

直到2005年退休之际，劳勒成功促使数十名外国官员加入敏感议题的讨论之中。他随后将自己的经验心得传授给了美国中央情报局的其他案件专员。如今，劳勒的策略已经被正式纳入美国中央情报局的培训课程。正如一份关于如何招募外国代理人的文件所述："一位案件专员需要在招募过程中与被招募者建立起逐渐深入的连接。在评估阶段，双方要从'（工作中的）伙伴'发展为'朋友'，继而在招募阶段，从'朋友'发展为'知己'……唯有如此，我们的代理人才会期待每一次的会面，因为那意味着他要与自己信赖的好友一起度过高质量的宝贵时光。"[34]

换言之，美国中央情报局的招募人员所接受的正是如何与他人神经振荡-外界节律同步化的训练。一位劳勒培训过的官员告诉我："一旦你理解了其中的逻辑，你就可以学习并掌握它。我生性内向，在接受训练之前从未在意过要如何与他人沟通。但是,一旦有人告诉你要如何在对话过程中有所留意,你就会注意到之前很可能错过的所有细节。"这名招募官与我分享道,她学到的这些技巧不仅可以用在工作场合,也可以用在她与父母、男友乃至在杂货店偶遇的陌生人之间。她注意到,当同事在日常会议中应用这些经由培训掌握的技巧时,大家会互相鼓励,更好地展开合作,更认真、仔细地倾听,用更易于对方理解的方式交流。"看上去,就好像你拥有了一种绝地武士般的神奇影响力。"她对我说,"但实际上,这是一个不断学习、实践,到最后运用自如的过程。"

换言之,这是一套人人皆可学习、掌握并加以运用的技巧。在接下来的章节中,我将逐步解释如何才能做到这一点。

运用指南 I

建立有意义对话的四大原则

  幸福的伴侣、卓越的谈判者、雄辩的政治家、有影响力的高管以及其他的超级沟通者通常具有一些共同特征。他们热衷于探寻不同的人对不同对话类型、话题的偏好,并懂得如何引导他人分享自己的感受、背景、目标和情感。他们会适时展露自己的脆弱与对方达成共鸣,快速进入不同的情境和角色。他们好奇他人对这个世界的看法,会在认真倾听的同时主动分享自己的看法作为回应。

  简而言之,在有意义的对话中,最出色的沟通者会遵循以下四大原则来建立学习性对话:

学习性对话

原则 1:

留意正在进行的对话类型。

原则 2:

分享自己的目标,询问他人的愿望。

原则 3:

询问他人的感受,分享自己的情感。

原则 4:

探讨身份问题在此次讨论中是否重要。

本书将通过一系列指南深入分析这些原则。让我们首先关注源自匹配原则的原则 1。

> **原则 1**
>
> 留意正在进行的对话类型。

最出色的沟通者在开口说话前，会先停下来反问自己：我现在为什么要说话呢？

只有当我们知道自己以及他人想要进行什么类型的对话时，我们才不会让自己处于劣势。正如前文所述，也许我们希望讨论具体问题，而对方却想要分享个人感受；也许我们想要聊聊八卦，而对方却意图制订计划。显然，如若双方未能在同一个频道上，那么建立连接的可能性会大大降低。

因此，学习性对话的首要任务是明确我们想要进行的对话类型，而后依据线索识别出沟通对象希望展开的对话类型。

这个过程可以很简单，你只需花一点儿时间厘清思路：你想要说什么以及你想如何表达？例如，"我想询问玛丽是否愿意同我一起度假，但询问的方式是要让她在拒绝时没有任何压力"。或者，当你的伴侣向你抱怨他糟糕的一天时，你可以直接问他："你是希望我给你一些建议呢？还是只想发泄一下情绪？"

研究人员针对投资银行家如何在高压环境下进行内部沟通的问题，对一种旨在让日常交流更加容易的简便策略进行了测试。[35] 在进行测试的这家公司，员工间的激烈争执屡见不鲜，业绩和奖金竞争导致同事之间关系紧张，有时甚至会演变为长期对立，会议气氛也常常因此剑拔弩张。然而，研究人员认为，如果每次开会前，与会者能简单地表明自己的目的，那么会上冲突的激烈程度就会降低。基于这个假设，他们要求参与者在接下来一周的会议前，各自写下参会目的，比如"达成一个大家都认可的预算方案"或者"发表意见，互相倾听"。这个过程耗时不会超过 5 分钟，有些人选择在会议一开始就分享其参会目的，有些人则没有这么做。

随后，研究人员对参会者所写的内容进行了整理分析，并记录了他们在会上的发言。他们有两点发现。第一，参会者所写的内容能够明确反映他们希望进行何种对话，以及想要营造怎样的讨论氛围。他们会提出具体目标（如"表达不满"）和希望的交流方式（如"互相倾听"）。第二，预先写下参会目的能够明显减少开会时的冲突和争执。尽管大家仍有分歧，仍会互相竞争并因此心生不悦，但在会议结束时，他们通常会满意而归，因为他们觉得自己的意见被大家听到了，同时也理解了他人的立场。由于一开始就确定了对话类型，所以参会者能更清晰地表达自己的意见，并更加专注地倾听他人的观点。

在与朋友通电话或与伴侣交流之前，我们自然不需要事先写下沟通的目标。但是，对于一场重要的对话，我们最好还是花点儿时间思考我们想要传达的信息以及表达的方式，并在之后的对话过程中，始终留意对方的反应：他们是否有情绪？态度是否务实？是否频繁提到某个人或某些社会议题？

在表达见解和倾听他人发言的过程中，每个人都会不自觉地释放自己期待何种对话类型的信号，而超级沟通者通常会敏锐地捕捉到这些线索，并据此对对话的走向展开更多的思考。

观察

你的沟通对象是否有情绪？态度是否务实？是否关注社会议题？

其他人是否说明了他们的对话目的？你呢？

询问他人：你主要想谈论什么呢？

一些学校会对老师进行培训，让他们通过向学生提问来了解学生的需求。这么做有助于让每个人明确地表达自己的愿望和需求。例如，当有学生情绪低落地来找老师时，老师可以问："你想要寻求帮助呢？还是想要一个简单的拥抱？又或是希望有人能够倾听你的心声？"不同的需求会促成不同类型的沟通方式，而不同的互动方式，比如帮助、拥抱和倾听，则各自对应着不同的对话类型。

你想要：

寻求帮助？

这是一个围绕"这究竟是关于什么的"展开的务实对话

拥抱？

这是一个围绕"我们的感受如何"展开的情感对话

或者，被听见？
这是一个围绕"我们是谁"展开的社交对话

当老师或其他任何人问你"你想要寻求帮助？还是想要一个简单的拥抱？又或是希望有人能够倾听你的心声？"时，他们实际上是在问"你希望展开一个什么样的对话？"。简单的提问能引导双方进入学习性对话，帮助彼此发现各自的真实需求。

在与家人或亲密的朋友交流时，我们往往会不自觉地进入一种学习性对话。无须明问，我们便能察觉到对方期望的对话类型。我们会自然地询问对方的感受，并根据他们的需求，向对方提供具体的建议，拥抱对方，或简单地倾听。

然而，并非每一次对话都能如此顺畅。事实上，最重要的对话往往充满挑战。

在学习性对话中，我们的目标是理解他人的想法，分享我们的看法。学习性对话会促使我们更专注、更仔细地倾听，更开放地交流，表达那些在其他对话中我们不会明确表达的想法。通过确保对话双方都想要理解对方，并指明建立连接的路径，学习性对话有助于促进双方达成一致。

务实对话

这究竟是关于什么的?

这类对话往往一开始既令人尴尬又充满压力。在交流过程中，我们需要迅速做出一连串的判断，比如："应该用什么样的语气说话？""是否可以打断对方？""现在讲个笑话，合适吗？""对方会如何看我呢？"我们也可能不止一次地遗漏某些细节，或忽略那些未被言明的内容。

"这究竟是关于什么的"对话通常出现在交流伊始，其目的有两个：第一，明确讨论主题，即参与者希望从对话中获得什么；第二，探索讨论方式，包括确认大家默认的讨论原则和规范，以及明确大家如何共同做出决策。

尽管这类对话经常出现在交流伊始，但是"这究竟是关于什么的"对话也可能在中途出现，尤其是当讨论聚焦于评估选项、制订计划或者从实际角度出发考量成本与收益时。正如我们在下一章节所述，每一次对话都是一次协商谈判，其核心并非谁占据上风，而是明确每一个人的需求。唯有如此，富有意义的对话才会展开。

如若未能进行"这究竟是关于什么的"讨论，那么随后的谈话很可能变得索然无味、漫无目的。也许，你曾经在对话结束后觉得："我们好像一直在讨论完全不同的事"，或者"每个人都在自说自话"。解决这些问题的关键就在于能识别展开"这究竟是关于什么的"对话的时机，并懂得与沟通对象就对话方向进行有效协商。

2

每一次对话都是一次协商谈判

勒罗伊·里德的审判

"女士们、先生们,"法警面对围坐在桌边的12位陪审团成员,指着一沓文件说,"这些是法官给你们宣读的指示。"接着,他又指向另一沓文件说:"这些是你们的裁决表格。"

房间里的7男5女,除了都居住在威斯康星州,并在1985年11月的一个寒冷清晨,按照指令出现在法院门前外,几乎没有共同之处。[36]此刻,他们作为陪审员要负责决定一个名叫勒罗伊·里德的男人的命运。

在过去的两天里,他们对这个男人有了全面的了解。里德,42岁,有犯罪前科,9年前从州立监狱释放,此后一直在密尔沃基的一个贫民区过着平静的生活。在此期间,他没有任何被捕或缺席假释审查的记录,也没有斗殴或被邻居投诉的情况。从各方面来看,他都是一位模范公民,直到此次因持枪而再次被捕。由于里德有犯罪前科,所以他拥有枪支是违法的。

审判伊始,里德的辩护律师便向陪审团承认,那些对其不利的证据确实很有说服力。"首先,我要明确地告诉各位,"他对陪审团成员说,"勒罗伊·里德曾犯有重罪。去年的12月7日,也就是11个月前,他购买了一把枪。对此,我们毫不隐瞒,也毫无异议。"

根据《威斯康星州第941.29号法令》，这意味着里德可能面临长达10年的监禁。但是，他的律师接着说，"他应该被判无罪"，因为他患有严重的精神障碍，再加上被捕时情况特殊，所有迹象都表明他并无意犯罪。一位心理学家作证指出，里德只有二年级的阅读水平，且智商"远低于平均值"。十多年前，里德无意间在一起便利店的抢劫案中，充当了朋友逃跑时的司机，因而被定罪。不过，他最终被提前释放，部分原因在于官方怀疑即使在被定罪之后，里德也并没有意识到自己的行为构成了犯罪。

在这次庭审过程中，陪审团得知了里德此次被捕的离奇始末。多年以来，里德一心想找一份稳定的工作。有一天，他在一本杂志上看到了一个有关私家侦探函授课程的广告。根据上面的信息，他在邮寄了20美元之后收到了一个装满资料的大信封，里面有一枚锡制徽章和一系列的操作指南，指导他接下来该做些什么，其中就包括定期健身和购置枪械。里德严格按照指示行事，开始每日晨跑，并在收到信件大约一周后，乘坐公共汽车前往了一家体育用品商店，在那里填写了购枪申请，并最终带着一把点22口径的手枪走出了商店。

回家之后，里德将枪支连同包装盒原封不动地放进了自己的衣柜，之后再也没有碰过它。

里德购买枪械这件事原本很可能就这样神不知鬼不觉地过去了。然而，直到有一天，他在法院附近寻找当侦探的机会，希望有人雇他破案。这时，一名警察走上前要求他出示身份证明。无奈之下，里德只能从口袋里掏出了唯一带有他姓名的东西：那家体育用品商店的购枪收据。

"你随身携带了那把枪吗？"警察问道。

"没有，在家里。"里德回答。

随后，那名警察将里德和装有枪支的包装盒一起带到了局长办公室。在将里德的身份与重罪犯数据库进行比对之后，警察正式逮捕了他。

如今，里德正面临可能再次入狱的审判。检察官为定罪做出了简要陈述：无论里德的心智是否健全，"对法律的无知并不能作为辩护理由"。尽管陪审团可能希望"法外开恩"，但实际上里德已经认罪。因此，他应该被判监禁。

法官似乎对此表示认同。在陪审团退庭商议前，他向陪审团成员表示，根据《威斯康星州第941.29号法令》，他们只需要考虑以下三个问题：

（1）里德是否曾经犯有重罪？

（2）他是否拥有枪支？

（3）他是否知道自己拥有枪支？

如果以上三个问题的答案是肯定的，那么里德有罪无疑。

法官进一步告知陪审团成员，他们必须尽忠职守，"不应被同情、偏见或情绪左右……你们的任务仅仅是判断被告是否犯有被指控的罪行"。[37] 如果需要的话，法官会在随后的量刑阶段酌情处理。

这令在庭审室里的陪审员们犯了难，一时之间不知要从何开始。

"我们不如先选一个陪审团主席吧。"其中一位陪审员提议道。

"那就你来吧。"另一位陪审员回应道。

在庭审期间，除了去洗手间之外，所有人都必须留在庭审室内，直至达成一致意见。如果迟迟未能就审议结果达成一致，那么他们需要在第二天一早继续讨论。没有人可以中途退出，或保持沉默，又或因为心生厌倦而回避讨论。他们必须基于事实和逻辑进行辩论，尝试说服和引导，努力达成共识。

第 2 章 每一次对话都是一次协商谈判：勒罗伊·里德的审判　39

不过，他们首先需要弄清楚如何开启这场对话，共同商定一套并未言明的表述原则，确定交流和倾听的方式，并理解每个人的需求与期望。对话一旦开始，无论是否有意，一场协商谈判便随之展开。当然，整个过程远比预想的要更为复杂。

如何确定对话内容？

回想一下你最近一次有意义的对话。它可能是你与爱人讨论如何分配家务，在会议上与同事讨论明年的预算，和朋友们讨论下一任的总统人选，或是与附近居民议论你的邻居巴勃罗和对象是否会分手。

当对话开始时，你是如何确定每个人想要讨论的是什么呢？有人直接点题吗？比如，"咱俩得明确一下明天谁开车送艾米去上学"。还是讨论的主题会逐渐浮现？比如，"我在想，嗯，巴勃罗昨天吃晚饭时好像有些心神不宁？"

一旦确定了讨论内容，你又是如何感受到对话基调的呢？你是如何判断自己是否可以随意发言，是否可以开玩笑，是否可以打断别人的呢？

也许，你根本没有思考过这些问题，只是在不经意间知道了答案。研究人员对沟通展开的研究表明，通常在讨论的开始阶段就会发生一种微妙的、几乎是下意识的交流。这种一来一回的交流会通过各自的语气、语调、身体语言、插话、叹息乃至笑声来完成。不过，在就如何交流达成共识之前，真正的对话并不会展开。

有时候，沟通的初衷似乎很明确（比如"我们今天要讨论本季度的业绩预期"），在交谈进行到一半的时候，我们却发现大家真正关心的是其他事情（比如"是否会裁员"）。我们通常会尝试通过各种方式来引导对话，比如有人讲笑话，有人一脸严肃，或者出现了一阵令人尴尬的沉默，接着又有人挑起话头儿，直到最终大家默契地找到了对话重点。

一些研究者将这个过程称为"无声的协商"，即参与者就即将讨论的话题和选择回避的话题进行了一场细微的交锋，同时对发言和倾听的潜在原则达成了共识。

协商的核心目的在于明确每位参与者希望从对话中得到什么。参与者的期望会通过一连串的提议与反驳、邀约与回绝显露出来，这几乎是下意识的，但也显露出每个人是否同意或接受他人的想法或要求。这个互动协商的过程可能在几分钟内完成，也可能贯穿对话的始终。它服务于一个关键性目的：帮助参与者找到一个愿意共同探讨的话题。

协商的另一个关键性目的是确定参与者在表达、倾听以及共同做出决策时应当遵循的原则。人们通常并不会直接言明这些原则。大家会通过不断的尝试与试探来最终确定一套每个参与者都能接受的行为准则。在这个过程中，我们会引入新的议题，借由语调和表情来传递信号，对他人的发言做出回应，表达不同的情绪，并留意他人的反应。

无论这种无声的协商如何进行，其目标始终不变：首先，明确我们参与对话要解决的需求是什么；其次，确定我们应如何表达并共同做出决策。换言之，我们通过协商来弄清楚两个问题：每个人想要什么？我们如何共同做出决策？

三种对话类型

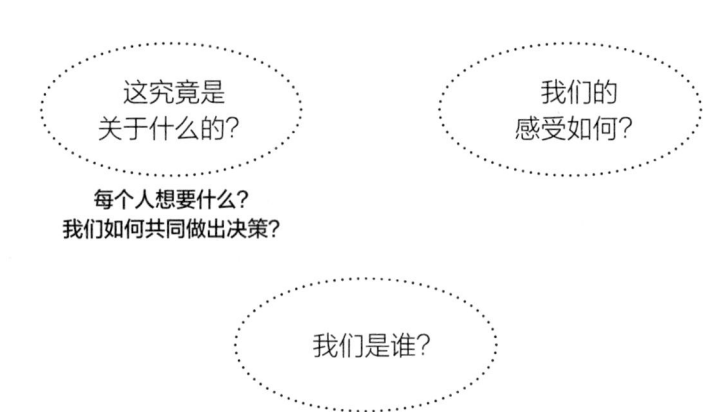

- 这究竟是关于什么的?
- 我们的感受如何?
- 每个人想要什么?我们如何共同做出决策?
- 我们是谁?

"这究竟是关于什么的"对话经常出现在我们需要做出选择或决策的时候。有时,它关乎对话本身,比如我们应直接表达不同的意见,还是委婉地处理分歧?这次谈话是一次轻松的闲聊,还是严肃的对话?有时,它则涉及实际的考量(如"我们是否要参与这一次的房屋竞价?")、判断(如"你怎么评价佐伊的工作表现?")或分析选项(如"你想让我去杂货店还是去接孩子?")。

在这些看似简单的选择背后实际上隐藏着更深层次的思考:如果明确表示不同意,我们还能是朋友吗?我们有能力负担那么高的房价吗?我有那么多的工作要做,让我去接孩子公平吗?只有当我们对讨论的内容及方式达成基本的共识时,对话才会具有实质性的进展。

一旦我们明确了每个人期望从对话中获得什么,以及我们将如何共同做出决策,我们才能展开富有成效的交流。

一名外科医生如何掌握沟通的艺术

2014年,纽约市纪念斯隆-凯特琳癌症中心的一位知名外科医生忽然意识到，自己多年来与患者的沟通方式可能存在问题。这位医生过去因其对患者的温情和精湛的医术而备受尊敬。

他就是前列腺癌治疗领域的权威专家贝法尔·埃达伊医生。[38]每年，成百上千位男性得知在自己体内发现肿瘤这一令人恐惧的消息之后，都会前来寻求他的专业意见。然而，尽管他耐心详细地给出了自己的医疗建议，但仍有众多患者并没有予以采纳。

治疗前列腺癌涉及复杂的利弊考量：为了避免癌细胞扩散，最稳妥的治疗方案究竟是手术还是放射性治疗？此外，由于前列腺紧邻控制排尿及性功能的神经系统，所以有部分患者在治疗后可能会出现尿失禁和勃起功能障碍的问题，有时这样的后遗症甚至会伴随终生。

因此，对于绝大多数的前列腺肿瘤患者，医生一般不建议做手术或采取其他任何形式的治疗。[39]对于低风险的患者，医生通常建议采取"主动监测"的策略，即每6个月进行一次血液检测，每两年做一次前列腺活检，以此来跟踪肿瘤的发展情况。除此之外，医生不建议立即采取手术、放疗或其他任何形式的介入性治疗。当然，主动监测也有它的风险，因为肿瘤有可能会扩散转移。[40]不过，由于前列腺癌通常进展缓慢，所以即便有老年患者不幸离世，医生们也往往归因于患者年事已高而非前列腺癌。

埃达伊医生的办公室几乎每天都会迎来新患者。面对最新的诊断结果，他们茫然失措，不知如何是好：是冒着有可能终身尿失禁和勃起功能障碍的风险去做手术呢？还是不进行任何干预，通过定期监测来跟踪肿瘤的变化呢？

埃达伊医生深信前来咨询的患者都期望获得切实可行的医疗建议，因此他采用了一套在他看来逻辑清晰的解释流程。首先，他认为对大多数患者来说，"主动监测"就是最佳方案[41]，为此他准备了充足的证据进行论证。埃达伊医生通常会让前来咨询的患者先看一组数据：97%选择主动监测的男性患者与那些接受介入性治疗的患者最后的癌症扩散风险大致相同。基于这一点，他认为最佳的做法就是保持观望。其次，埃达伊医生会向患者提供一些研究报告，甚至用黄色标记出其中的关键信息，并进一步阐明观望的风险其实很小，而手术的潜在风险却可能影响终生。埃达伊医生的解释详尽至极，他本人就像一本行走的医学教科书，尽管他已尽量让自己的表达直白简单。总体而言，他希望让前来咨询的患者明白：主动监测是最恰当的选择。"我一直觉得这些都是我职业生涯中最轻松的谈话。"他对我说，"我还以为患者在听到不用做手术时会感到如释重负。"

然而，埃达伊医生的患者们却一次又一次地没能领会他的意思。当他在详细阐述治疗选项时，患者们却在考虑其他的问题：我的家人听到这个消息会有什么反应？我是否要为了继续享受生活而冒着死亡的风险（选择不做手术）？我真的已经准备好迎接死亡了吗？

结果，患者们并没有在看到数据图表和研究报告后感到一丝宽慰。相反，他们的注意力全部集中在了那3%未能从主动监测中获益的人群身上。他们会问：那些人后来怎么样了？都去世了吗？去世时痛苦吗？"我们后来的讨论全部围绕着那3%展开。"埃达伊医生说，"而且在之后的会面中，他们也只记得那3%，并会表达出想要手术的意愿。"

这个情况实在令人不解。埃达伊医生一直致力于深化对前列腺肿瘤的研究，而患者之所以求助于他，正是因为他是这个领域的权威专家！然而，不管他如何努力地说明无须手术，结果却往往事与愿违，许多患者甚至坚持要求他亲自开刀。有时，患者会将他用黄色标记的关键资料带回家认真研读，并在网上反复求证，深入钻研那些晦涩难懂的医学期刊和文章摘要，直到他们发现原来那些数据本身就自相矛盾，甚至连医生自己也一知半解。

埃达伊医生说："他们又满怀疑问地回来找我，问我'你推荐主动监测吗？这是你推荐的理由吗？'"有的患者甚至会直接忽略他的意见。"他们对我说，'我的一个朋友也患有前列腺癌，他告诉我手术非常成功'，或者'我的一个邻居得了脑癌，两个月左右，人就去世了，观望等待的风险实在是太高了'。"

然而，这并非埃达伊医生独自面对的问题。调查显示[42]，即使到了今天，有大约40%的前列腺癌患者依然会选择接受不必要的手术[43]。每年有超过50 000名患者没有遵循或选择忽略医生的建议。

"当这种情况一而再，再而三地出现时，"埃达伊医生对我说，"你会觉得，这好像不是患者的问题，而是我的问题，肯定是我哪里做得不够好，没能和患者进行有效的沟通。"

● ● ●

埃达伊医生开始征求朋友的意见。后来，他的一位同事建议他同哈佛商学院的迪帕克·马尔霍特拉教授聊一聊。于是，埃达伊医生向对方发送了一封长长的邮件，表达了希望与他交流的意愿。

马尔霍特拉教授是研究如何在现实情境中推进协商谈判的学者之一。2016年，他的一位同事协助当时的哥伦比亚总统通过谈判达成了和平协议[44]，结束了一场持续了52年、造成20多万人死亡的内战。2004年，在美国国家冰球联盟停摆期间，整个赛季一半的比赛被迫取消。马尔霍特拉教授分析了冰球球员与球队老板之间谈判破裂的原因，并提出了让联盟重回正轨的建议。[45]

埃达伊医生发出的邮件引起了马尔霍特拉教授的兴趣。不过，他的学术研究主要集中在正式的谈判场合，比如工会领导与企业管理层在谈判桌上的交锋[46]。埃达伊医生的情况显然不在此列。就医患关系而言，他们之间实际上进行的是一场高风险的谈判，只是在大多数情况下，双方并没有意识到他们是在与对方谈判。

如何确定"这究竟是关于什么的"？

首先，认识到这是一次协商谈判。

马尔霍特拉教授专程来到纪念斯隆－凯特琳癌症中心进行实地考察。通过观察埃达伊医生与患者的互动过程，他看到了优化改进的可能性。"在谈判过程中，明确各方的需求是重中之重。"马尔霍特拉教授对我说。通常情况下，参与者在协商谈判之初对自己的真实需求并不完全清楚。例如，一位工会领导的初衷可能是提升员工福利，但是随着对话的深入，他／她可能会流露出其他的目的，比如在工会成员中树立良好的自我形象，或者在团体内部的权力斗争中获胜，又或者员工们认为自主权与更好的待遇同样重要，但不知道如何在谈判中表达。因此，在任何协商谈判的过程中，识别真正的愿望需要一定的时间和恰当的提问，这使得提问成了关键的一步。[47]

然而，在埃达伊医生与患者沟通的过程中，他遗漏了一些关键性的问题，也未能触及患者真正的关切。他没有询问对方，为了延长寿命是否愿意付出不能出外旅行或丧失性生活的代价？为了获得额外的 5 年生命是否愿意忍受持续的痛苦？他们的选择到底是出于个人的意愿还是家人的期望？是否希望医生直接告诉他应该怎么做？这些都是在医疗决策中极为重要，却未被提及的问题。

埃达伊医生的最大误区就在于进行预设。他在谈话一开始就预设了对方的需求：患者需要客观的医疗建议、选项概述，并以此做出明智的决定。

"事实上，你不能一开始就假定自己知道对方想要什么。"马尔霍特拉教授说。明确每个人想要什么恰恰是"这究竟是关于什么的"对话的首要环节。当然，了解他人愿望最简单的方法就是直接询问："你想要什么？"但是，如果对方也不确定自己想要什么，或羞于启齿，或不知道要如何表达，又或担心袒露心声会对自己不利，那么直截了当的提问就无法奏效。

如何确定"这究竟是关于什么的"？

首先，认识到这是一次协商谈判。

其次，明确每个人想要什么。

马尔霍特拉教授因此建议埃达伊医生采用其他的方法。他指出，与其一上来就向患者介绍各种选项，还不如通过提出一些开放性的问题，引导他们分享自己的价值观和对生活的期望。

几周后，埃达伊医生向一位 62 岁的患者提问："你如何看待自己这次的癌症诊断呢？"[48]

"嗯，"这位男士回答道，"这让我想起了我父亲，他在我年幼时就去世了，留下我母亲一个人面对生活的艰辛。我绝不希望我的家人也承受这样的痛苦。"他接着聊起了自己的孩子，表达了不希望他们因为自己的病情而痛苦的心情，同时也提到了对子孙未来的担忧，其中包括气候变化等全球性的问题。

埃达伊医生原本预期对方会讨论有关医疗选择、生死或疼痛的问题。然而，他最关心的却是他的家人。他关注的是哪种治疗方案能让自己的妻子和孩子们不那么担心。对他来说，研究数据根本不重要。他想要讨论的是如何让自己爱的人感到安心。

埃达伊医生后来在与其他患者交流时也采取了相似的策略：从一个宽泛的问题入手，比如询问对方"如果你的妻子知道了这个诊断结果，她会有什么反应"，而不是直接开始讨论疾病本身。如此一来，患者便会和他聊起自己的婚姻、父母的患病经历以及其他非病理性的生活创伤，比如离婚或财务困境。有的人甚至会展望未来，谈及他们梦想中的退休生活，以及希望留给后人的遗产。这些都促使他们开始思考，如何将癌症纳入自己的生活，并探讨这种疾病对他们来说究竟意味着什么。这正是"无声的协商"发挥作用的过程：让参与对话的人共同确定讨论的主题和讨论的方式。这个过程有助于个人明确自己的需求，即使他/她一开始时并不确定。

从患者对埃达伊医生提问的反馈中，我们可以观察到不同的需求和反应：有些患者感到害怕，更需要情感上的支持和安慰；有些患者更需要掌控感；有些患者希望通过参考他人的经历来确认自己并没有选择不合常规的风险；还有些患者希望接受最先进的治疗。

埃达伊医生开始通过以不同的方式重复询问一些基本问题来确保自己能够了解患者的真实需求。他对我说："他们最终都会说出对他们来说真正重要的东西。"这种沟通方式的转变恰好说明了他过去很多年未能与患者有效交流的原因——他没有正确地提问。他忽略了探寻患者的真实需求和期望,从而也不了解患者希望从交流中获得什么。相反,他从一开始就假定自己知道答案。正因为没有深入了解患者真正关心的问题,所以他以往只是在不断输出对方并不在意的信息。因此,埃达伊医生决定改变交流策略,停止说教,转而通过更精准的提问来启动真正有效的对话。

在埃达伊医生转向一种更开放也更包容的交流方式的 6 个月后,选择接受手术的患者比例下降了 30%。目前,他也开始指导其他的外科医生如何在包括阿片类药物使用、乳腺癌治疗以及临终关怀等多个议题上,与患者进行有效的沟通。[49]这种沟通策略是一种普遍的沟通方法,适用于所有的对话场景,甚至是日常沟通,比如和朋友讨论约会安排,与同事商讨即将启动的项目,或者与伴侣探讨育儿策略。在众多对话中,那些更深层次、更有意义的主题往往隐藏在表面的话题之下,只有当我们触及这些深层的话题之后,我们才能真正理解每个人在对话中的真实需求。埃达伊医生对我说:"询问对方真正想要什么极其关键。这其实是在邀请对方告诉你他们是谁。"[50]

庭审室里的超级沟通者

新任陪审团主席对其他陪审员说:"我知道有些陪审团一上来就进行投票。"但是,他建议大家不要急于表明立场,而是先在庭审室内分享一下各自对刚才庭审的整体感受。

显然,他在有意防止陪审员根据直觉立即做出判断。尽管如此,但仍有人忍不住想要即刻表态。一位名叫卡尔的消防员表示,他认为勒罗伊·里德确定有罪。"对我来说,刚才展示的证据确凿无疑。"

卡尔说，"至于他的行为是否情有可原，他的意图是什么，他是否懂法，或者说阅读能力怎么样，这些都不是我们需要考虑的问题。我们的任务仅仅是确定他是否有罪。其他的因素，法官会在量刑阶段予以考虑。"他还提醒大家应专注于法官提到的三大问题：里德是否曾经犯有重罪？他是否拥有枪支？他是否知道自己拥有枪支？

卡尔接着说："这三个问题的答案都是肯定的，也就是说控方的举证完全成立。"

陪审团的另外两名成员也随即表示了赞同，一致认定勒罗伊·里德有罪。

然而，其他人却并非如此确定。"我觉得，从技术层面上来讲，对于以上三项指控，被告确实有罪。但是，我们不能忽略他有阅读障碍的事实。"说这番话的人是一位名叫洛林的公立学校老师。另外一位陪审员亨利也有同样的疑惑。他说："从技术层面来说，这个男人不仅有罪，而且还罪行严重。可是，我又觉得他应该被判无罪，因为他对法律条文一无所知。"

在庭审室内，每位陪审员都表达了自己的看法：三人认定里德有罪，两人坚称他无罪，而其他七人则持保留态度。其中，心理学家芭芭拉就显得非常犹豫。她提出了一个深刻的问题："我们现在面临的是一个充满哲学意味的问题。作为陪审团的一员，我们是应当严格按照法律的字面意思去判定他有罪呢，还是应该依照我们生而为人的良知判定他无罪呢？"

如果此刻，让一位见多识广的观察者预测审议结果，那么其答案可能会相当简单：勒罗伊·里德很可能会被定罪入狱。这是因为大量的研究表明，无论最初有什么样的疑虑，陪审团成员在最终投票时往往倾向于判定被告有罪，尤其是在被告有犯罪前科的情况下。[51]

然而，此次的陪审团似乎不太一样，这种差别在一开始并不明显。直到30多岁的陪审员约翰·博利开始发言，情况才变得明朗起来。博利似乎意识到参与对话的陪审员其实是在进行一场谈判。更重要的是，他意识到进行谈判的第一步就是理解每个人希望从这次对话中获得什么。

在轮到自己发言时，博利对其他陪审员说："对于这个案子，我真不知道自己应该持什么样的态度或立场。这个人有重罪记录，而且购买了枪支，这一点确凿无疑。"博利的口吻略显正式。"但是，"他继续说道，"这个家伙的一系列行为都源于他读了一本杂志，他仿佛生活在自己的幻想世界里。我不太确定……我想听听大家的意见。我们可以共同探讨，一起搞清楚整件事情的真相。"[52]

博利的出现似乎让其他的陪审员感到困惑。不同于身着牛仔服的陪审员，博利一身西装。他也与那些退休的、全职在家的或是在工厂工作的陪审员不同，博利是马凯特大学一位当代文学的教授，专攻雅克·德里达的研究。陪审团的一位成员后来对我说："当他开始谈论卡夫卡和《审判》的时候，我就想，老兄，你到底在讲什么？你来自哪个星球？"

此外，博利与其他陪审员相比还有一个不太明显的区别，那就是他是一位超级沟通者。他明白，要想在讨论中达成共识，首先要了解每位陪审员希望从讨论中获得什么，而要做到这一点就需要频繁提问。因此，当他在庭审室内与其他人交流时，他提出了一系列的问题：你怎么看待持有手枪？你怎么看待里德的茫然？你自己有枪吗？我们能不能聊一聊"拥有"究竟是什么意思？什么是正义呢？

对其他陪审员来说，回答博利的问题就像是无关紧要的闲聊。然而，博利在细心听取答案的同时，已经在内心对每位陪审员进行了分类，并试图理解他们真正希望讨论的主题。有人想谈论公平与道德（"我不在乎法律条文，我关心的是正义是否得到了伸张"），有人想讨论人的自主性（"我又不是台计算机……我想坐在这儿，讨论和思考这个案子，而不是仅仅因为法官的那三个问题就判定他有罪"），也有人纯粹感到无聊（"如果抠字眼儿，那简直是没完没了"）。

博利一边倾听，一边在心中默默梳理着每个人的需求：亨利想要寻求引导，芭芭拉试图探索良知，而卡尔希望照章办事。博利所做的恰恰是进行"这究竟是关于什么的"对话类型中的第一步：识别每位参与者的需求。

接着，他们就进入了"这究竟是关于什么的"对话类型中的第二步：确定交流方式，并共同做出决策。在每一次对话中，我们都会做出很多决定，从"是否打断对方"这样不太重要的决定到"我们是否应该将那个男人送进监狱"这样事关重大的决定。因此，我们在协商谈判的过程中，必须明确如何才能共同做出决策。

> **如何确定"这究竟是关于什么的"？**

首先，认识到这是一次协商谈判。

其次，明确每个人想要什么。

再次，我们如何共同做出决策。

谈判者的目标是扩大利益蛋糕

在过去的40年里，人们对于如何共同做出决策的理解发生了根本性的转变。

1979 年，罗杰·费希尔、威廉·尤里和布鲁斯·巴顿这三位后来成就卓著的教授共同创立了哈佛谈判项目，旨在"提升谈判及处理冲突的理论[53]和实践水平"。当时，这个研究领域尚未引起学术界的广泛关注。两年后，也就是 1981 年，他们根据自己的研究成果出版了《谈判力》一书，一举颠覆了公众对谈判的传统认知。

在这本著作出版之前，人们的普遍观念是将谈判视作一种零和游戏，即我在谈判桌上的所得正是你的所失。正如该书所指出的，"过去一代人在考虑谈判时，经常会问自己：'谁会赢，谁会输？'"。然而，在哈佛法学院的教授罗杰·费希尔[54]看来，这种观点完全是一种误解。费希尔年轻时曾参与过马歇尔计划在欧洲的推广工作，后来也曾参与寻找结束越南战争的方法。他还参与了 1978 年《戴维营协议》的起草工作，并在 1981 年为促使伊朗释放 52 名美国人质的工作做出了贡献。

通过这些以及其他的谈判经历，费希尔看到了完全不同的谈判机制：最出色的谈判者不是在争夺最大一块的蛋糕，而是在想方设法地做大蛋糕，找到双赢的解决方案，从而让所有的参与者都能满意而归。费希尔及其同事在书中提到，尽管双赢的谈判结果看似不可能实现，但是"我们越来越意识到，通过合作来解决分歧是可行的。即便不能完全实现双赢，但至少能够达成一个对双方都较为有利的明智协议"。[55]

自从《谈判力》一书首次面世以来，已有数百项研究为这一理念提供了丰富的证据支持。出色的外交官表示，他们在谈判桌上的目标不是夺取胜利，而是劝说对方成为合作伙伴，共同探索前人未能想到的解决方案。从顶级谈判专家的角度来看，谈判不是一场对抗，而是一种富有创造力的活动。

这种谈判策略被称为基于利益的谈判。它的第一步就是博利在庭审室与其他陪审员进行互动,或者埃达伊医生在纪念斯隆-凯特琳癌症中心与患者沟通时迈出的第一步:提出开放性的问题并仔细倾听,让对方分享自己的世界观和最看重的东西。即使你不可能立即了解对方的需求,甚至他们也不自知,你也至少可以激发对方进行思考。费希尔在著作中写道:"如果你想要别人理解并重视你的利益,那么你首先需要表现出你理解并重视对方的利益。"

然而,倾听仅仅只是开始。随后我们需要面对的是"这究竟是关于什么的"对话类型的第二个问题:我们如何共同做出决策?以及对话应遵循哪些原则?

通常,确定沟通原则的最佳方式就是不断地尝试不同的交流方式,并留意对方的反应。举例来说,谈判人员会经常通过各种尝试来寻找共识——先打断你,而后又彬彬有礼地继续,或是引入一个新的话题,甚至做出一个令你意想不到的让步,来观察你的反应,直到找到大家都能接受的沟通原则,并就对话方式达成一致。这种尝试可以是提出一个建议或解决方案,也可以是抛出一个出乎意料的想法或突然引入一个新的话题。无论采取什么方式,其目的只有一个:通过探索来找到对话前进的路径。斯坦福商学院的米歇尔·格尔凡德教授认为:"伟大的谈判者都是艺术家。他们能够将对话带往意想不到的方向。"

激发可能性最有效的手段之一是在对话中引入新议题或提出新问题。不断扩展讨论的范围直至对话出现转机,展现出新的可能性。格尔凡德指出:"例如,如果薪资谈判陷入僵局,那么你可以尝试提出新议题,向对方表示:'我们一直在谈论薪资问题,但是如果工资无法上调,是否可以考虑增加员工的病假天数或允许员工居家办公?'"

费希尔在《谈判力》中写道:"谈判的挑战不在于消除冲突,而在于转化冲突。"事实上,我们在日常对话中一直在进行这样的试探或实验,虽然我们常常并不自知。当我们开个玩笑,提出一个探索性的问题,突然变得严肃或显得有些愚笨时,我们实际上是在进行某种程度的试探,看对方是否愿意接受邀请,与我们"共舞"。

与基于利益的谈判一样,"这究竟是关于什么的"对话能够成功地将有关讨论方向的争论转变为互相合作和集体实验,旨在明确每个人的需求,并确定大家共同认可的目标和价值观。在外人看来,我们似乎只是在简单地讨论谁接孩子、谁买菜。但是,对当事人来说,这实际上是一场充满了深层含义和潜在张力的无声的协商。我们在这个过程中彼此试探。我们会提出开放性的问题("为了帮忙,我做得够多了吧?"),引入新选择("我买菜、洗碗,你接孩子、叠衣服,怎么样?"),直到让每个人的需求和对话的原则都清晰起来:"我不想耽误你的时间,我知道你的工作很重要,所以我来负责点外卖,让阿尔温叔叔帮忙接孩子,这样咱们俩都能晚点儿回家,好吗?"

"这究竟是关于什么的"对话在本质上是一场协商谈判,只不过它的目的不在于赢,而在于帮助参与者就讨论的主题以及如何共同做出决策达成共识。

回到庭审室里,博利此时已经完成了"这究竟是关于什么的"对话的第一步:提出问题并尝试理解每一位陪审团成员的需求。

从博利听到的讨论来看，有罪判决的可能性越来越高。陪审团主席表示，他倾向于做出有罪裁定。接着，一位之前犹豫的陪审员也表示了赞同。消防员卡尔立即表示支持。他指出，虽然勒罗伊·里德这一次并没有伤及任何人，但有谁能保证下一次是什么情况？他说："这正是法律存在的意义，也是有犯罪记录的人不得持有枪支的原因。"其他人也纷纷表示同意。他们提出："如果里德购买了一把手枪，还开枪射杀了一位无辜的路人，这可怎么办呢？"

研究法庭动态的资料显示，这个阶段通常是陪审团形成最终裁决的关键时刻。换言之，一旦有一两位陪审员表明了自己的坚定立场，那些原本立场不那么坚定或容易受他人影响的陪审员就会开始跟进。有罪裁决也会因此变得难以避免。

然而，在学校从事心理辅导工作的芭芭拉显然还没有做好准备。她提出了不同的观点："我在想，我们是不是还是应该考虑到，里德没有完全理解自己曾经犯有重罪意味着什么，也不太知道自己不可以拥有枪支。"

陪审团主席立刻反驳道："我只关心一点，也就是法官所说的'无知不能作为借口'。"庭审室里的讨论逐步激烈，大家的音量也随之升高。

在这个关键时刻，博利再次发言，但他的表达方式已与之前的明显不同。他不再提出问题，因为他已经意识到是时候进入"这究竟是关于什么的"对话的第二步了：明确大家如何才能共同做出决策。

他开始给对话引入一个新角度：如果我是勒罗伊·里德，那会怎么样。

"我注意到一个细节。"博利用一种轻松的语气打破了庭审室里原本紧张的气氛。他所说的细节是指勒罗伊·里德的那把手枪。他说:"如果你仔细看,它就像个玩具。"此话一出,众人一脸疑惑。"如果是我,"博利继续说道,"我会想在第一时间就买个皮套,然后把它别在这儿。"博利一边说,一边在腰间比画着。"这样,当我在密尔沃基走路的时候,比如过桥或过地下通道的时候,我就再也不用担心有人或什么东西突然从路灯后面跳出来了。因为我可是带枪的人,我会感觉自己有三米高!"

博利的话让其他陪审员一时摸不着头脑。什么情况?什么叫"我可是带枪的人"?大家唯一能确定的是博利绝对不能有枪。

不过,博利的真实意图并不是谈论枪支,而是想要触及一个更深层次的问题。他现在这么做只不过是一种探索性的尝试。

"现在的事实是,"博利接着说道,"他像对待一件圣物一样对待那把枪。他把它锁了起来,放进了衣柜里,关上了门。"他向大家指出了这个关键的细节。"他没有把枪放进枪套,也没有放进口袋或别在腰间,或其他类似的地方。"

一位直到此刻仍倾向于支持有罪裁定的陪审员接过话茬,说:"是呀,他甚至都没有把它从盒子里拿出来。"

另一位陪审员随后补充道:"我们甚至都不能确定他是否真的懂得如何使用那把手枪。"

这完全是这位陪审员的个人猜测,因为在整个庭审过程中,并没有任何证据显示勒罗伊·里德不懂得如何使用手枪。然而,他的发言却促使陪审团成员开始构建一个全新的故事:也许,里德根本就不知道如何装子弹。也许,他甚至都不知道手枪还需要装子弹。就在短短几分钟之内,众人脑海中浮现出了一个全新的勒罗伊·里德形象:虽然拥有一把枪,但他可能并没有理解拥有一把枪意味着什么。如此一来,法官提出的第三个问题:他是否知道自己拥有枪支?突然间有了一个不同的答案。

博利自此成功地转移了讨论焦点。通过引入一个新的想法,他邀请陪审团成员开始想象新的可能性,并用不同的方式进行分析。他们正在就如何做出共同决策展开协商。

直奔有罪判决的势头已经放缓,尽管达成一致的道路依旧漫长。

说服是如何发生的

在"这究竟是关于什么的"对话中,讨论主要分为两种类型。一种是对话双方采取务实的态度,讨论的目的在于解决具体的某个问题或深入探讨某个观点。例如:我们出价多少来买那套房子?这对我们俩的共同生活有什么影响?或者,我们应该聘请谁来填补那个空缺已久的职位?我们真的需要一名新员工吗?这类讨论要求参与者仔细分析、理性思考。心理学家将这样的思考方式称为成本-收益逻辑。[56]当人们认可并接受逻辑推理和实际推算之后,即参与者一致认为理性决策是做出共同选择最有说服力的方式之后,他们便会主动地比较潜在的成本和预期的收益。

然而,在"这究竟是关于什么的"对话中,还存在另一种讨论,其目标与前者截然不同。人们有时候并不想要依照逻辑和理性来做出选择。他们希望探讨超越冰冷的理性的东西。他们想要诉诸良知,讨论价值观,并在共同决策的过程中探究对与错。他们渴望引入个人的生活经验作为参考,即便这些经验与当前的具体情境并不完全适配。

在这类对话中,仅用事实还不足以说服对方。当某人分享自己的感受时,参与讨论的其他人通常不会就这些感受进行辩论,而是会表示同情,与其一起欢笑、愤怒或骄傲。总体来说,在这种类型的讨论中,人们不是通过权衡成本与收益来做出决策的,而是通过回顾自己的过去，并自问"在这种情况下，一个像我这样的人会怎么做呢"来做出决策的。心理学家把这种思考方式称为"相似性逻辑"。这种逻辑的价值在于，如果没有它，我们就无法在听到别人描述自己的悲伤或失望时感同身受，也无法理解如何缓解紧张的氛围，或者分辨出对方是认真的还是在开玩笑。它实际上是在指导我们何时该展现出同理心。

我们在运用什么样的逻辑？

$$\{\;成本\text{-}收益逻辑\;\} \quad \{\;相似性逻辑\;\}$$

这两种逻辑模式并存于我们的思维之中，但它们经常出现冲突，甚至相互排斥。[①] 因此，当我们在协商如何展开对话并共同做出决策时，我们需要问自己一个问题：在这两种对话逻辑中，哪一种更有可能说服在场的每一个人？

对埃达伊医生而言，识别实用的成本-收益逻辑与基于同理心的相似性逻辑之间的差别至关重要。有一些患者带着分析性的问题来问诊，他们会主动索要数据。显然，这类患者的思维模式是倾向于务实和理性分析的。面对这类患者，埃达伊医生清楚地知道自己可以通过具体的研究成果和数据来说服对方。

---

① 你也许留意到了，这两种思维模式与丹尼尔·卡尼曼在《思考，快与慢》一书中所描述的两种思维系统非常类似。卡尼曼认为大脑的运作分为两个系统：系统 1 基于直觉，能够迅速做出判断，与相似性逻辑类似；系统 2 则运行相对缓慢，更深思熟虑且富有理性，与成本-收益逻辑类似。

这是一个理性务实的讨论吗？

⬇

引入数据和理性分析

然而，也有一些患者更倾向于与埃达伊医生分享他们过去的经历和内心的忧虑，谈论自己的价值观和信仰。这类患者的思维模式显然是基于同理心的。因此，埃达伊医生需要通过展现自己的同理心，分享相关的故事来与他们建立连接并说服他们。他可能会告诉对方，自己作为一名热爱做手术的外科医生也会建议自己的父亲避免进行这类手术。他也可能会分享其他患者的故事，因为具有同理共情思维模式的人更容易被具体的故事所打动。宾夕法尼亚大学的教授埃米莉·福尔克指出："故事能绕开大脑搜寻可疑理由的本能。"我们之所以会被故事吸引是因为故事让我们感觉自己是对的。

这是一个引发情感共鸣的讨论吗？

⬇

引入故事和同理心

因此，沟通过程的具体步骤如下。第一步，通过无声的协商明确参与者希望从对话中得到什么。第二步，确定如何共同做出决策，即参与者需要判断这是一次基于理性分析的对话，还是一次基于情感共鸣的对话。这意味着讨论的参与者是通过逻辑分析与理性推理，还是依靠共情和讲故事来做出决定。

这是一个理性务实的讨论吗？　　这是一个引发情感共鸣的讨论吗？

⬇　　　　　　　　　　　　　　　⬇

引入数据和理性分析　　　　　　引入故事和同理心

我们在判断讨论的类型时很容易出错。事实上，我自己就曾多次犯错。比如，有一次，我的一位表亲同我讲了一些特别荒唐的阴谋论。他坚称："所有销售床垫的商店其实都是用来洗钱的！"结果，我却试图通过数据和事实来驳斥他的观点。我告诉他："大部分床垫公司都是上市公司，财务报告公开透明，任何人都可以在网上轻松查阅。"当听到他反驳说我已经被洗脑时，我感到十分震惊！他的判断来自他听闻的有关社会精英阶层盘剥普通人的故事。换言之，他的相似性逻辑告诉他，我们理应对所有的公司都有所怀疑，因为它们都曾谎话连篇。而我却从成本－收益逻辑出发，试图用理性分析来回应。对他来说，我的论据显然毫无说服力。

再比如，你拨打客服热线进行投诉。你或许以为对方会对你的经历感兴趣，你可能会说："是我的孩子在玩我的手机，他不小心订购了价值 1 000 美元的乐高。"然而，你很快就会发现，对方对这些细节根本不感兴趣，他们只想问你："先生，请提供交易日期。"他们不需要了解前因后果，因为他们用的是务实的思维模式，只想着尽快处理完你的请求，然后接下一通电话。

当约翰·博利注意到其他陪审员开始分享个人经历，并触及正义与伦理这样的话题时，他意识到其中一些人正在寻求超越理性分析的深度对话。他们正处于基于同理心的思考模式中。作为回应，博利引入了有关随身携带枪支可能带来的感受，并试图设身处地为勒罗伊·里德着想。他通过讲述故事来表达出"他把那把枪看得如同珍宝一般"。这些故事既不深刻也不复杂，却勾勒出了一个基本的形象，而这个形象足以让其他陪审员投入感情，甚至分享自己的看法。例如，一位陪审员提出："我们甚至都不能确定他是否真的懂得如何使用那把手枪。"

博利默默地调整了自己的说话风格和基本逻辑。他的这种改变足以让其他人感觉到讨论远没有结束。

协商结束

经过一个多小时的讨论后，陪审团中有人建议进行正式表决。于是，每一位陪审员在一张纸上写下了他们的裁决。陪审团主席随即进行了票数统计。结果显示大家的意见发生了改变：9票支持无罪释放，3票认为应当定罪。[57]

然而，有效裁决要求陪审团成员必须意见一致，任何非一致的结果都将导致裁决无效。研究显示，在陪审团审议的过程中，如果有成员明确表示支持某一裁定，这种情形往往极具风险。一旦像卡尔和陪审团主席这样的人认定被告有罪，再想要改变他们的看法将非常困难。陪审团中只要有一人坚持认为被告应当入狱，那么整个陪审团的裁定都将无效。

在这间庭审室里，依然有三位陪审员坚持认为勒罗伊·里德是有罪的。

然而，刚才讲述的故事已经深深印在了每个人的心里。

陪审团主席清了清嗓子，开口说道："我想说几句。"

他表示自己刚才投的是有罪认定。但是，在听了其他陪审员的看法之后，他也尝试站在里德的角度去思考问题。他后来告诉我，他想到了自己因超速驾驶而被警察拦停的经历。他说："我当时也曾据理力争，认为警察给我开罚单不公平，因为在我超速行驶的那段路上，我并没有置任何人于危险之中。"[58]

这个逻辑在当时对他来说是自洽的。也就是在那一刻，他在庭审室里突然意识到，勒罗伊·里德可能处于一个类似的境地：他虽然被控有罪，但实际上并没有置任何人于危险之中。想象一下，如果你买了一把枪并放进了衣柜里，你可能在技术层面上违犯了法律，但这真的意味着你必须受到惩罚吗？这符合我们一直坚持的公平正义吗？

陪审团主席向其他人表示："我能理解大家存疑的理由，无论这种疑问是多么的微小。"他正在改变自己的心意。

另一位陪审员也改变了自己的看法。他表示，尝试从里德的角度思考问题，让他有了不一样的理解。

有些时候，我们听到的故事就足以促使我们换位思考，唤起我们的同理心，并引发我们的反思。然而，有些时候，冷静客观的理性分析依然会占据上风。只有当所有人一致同意某一种逻辑最具说服力时，大家才会一起做出决策。一旦在底层的逻辑上达成一致，人们就能更加开放和包容地接纳不同的观点。

· · ·

现在，只剩下最后一票的有罪裁定。再进行最后一轮的协商，

第 2 章 每一次对话都是一次协商谈判：勒罗伊·里德的审判

陪审团的工作即将宣告完成。

这最后的一票来自卡尔。在经历了反复的讨论之后，他依然认定勒罗伊·里德应被判有罪。他对其他陪审员说："我们对他的内心世界做了过多的推测。我们试图揣摩他当时的想法，猜想他知道什么，不知道什么。"对卡尔来说，事实很简单：勒罗伊·里德曾经是重罪犯，他购买了一把手枪。

在讨论过程中，卡尔始终没有分享过自己的个人故事。其他陪审员在发言时偶尔会谈及自己的生活经历或对过往的感悟，但卡尔从未透露过只言片语。卡尔的儿子后来告诉我，他的父亲于2000年去世，是模范消防员，属于"一丝不苟、坚守原则"的那种人。卡尔对自己的要求是务实理性，习惯用成本-收益逻辑来做判断，因为在紧要关头，只有清晰果断的思维方式才能挽救生命。

因此，博利改变了策略，采用了一种全新的讨论方式。

这个全新的讨论方式始于一位陪审员向卡尔提出的一个开放性问题。他问卡尔："对你来说，判定这个男人有罪似乎非常重要，就像是板上钉钉的事。如果你愿意，能否再和我们多分享一些你的想法呢？"

卡尔在座位上轻微调整了一下身体。"嗯，我做不到……"他稍作停顿，"我没有接受过像你们这样的教育和训练，能理解他人的心理，懂得它是如何运作的，知道人们是怎样思考的。"他继续说道："仅仅考虑那三个问题可能让人感觉很冷漠，但是也很简单，就看事情是不是符合这个或那个标准。"对卡尔来说，事情的确就是如此简单。

"那我问你一个简单的问题，"另一位陪审员说，"你认为会有例外吗？"

"当然,"卡尔回答道,"比如说,如果能把里德先生带到这里,让我亲眼看着他,确信他不是那种会伤害他人的人。当我认为他不带有任何恶意,也不会对社会构成威胁时。"

但是,卡尔补充说,这里存在一个更重要的问题需要考虑,那就是成本与收益的平衡。如果陪审团不按照法律程序行事,那就可能造成混乱状态。对里德先生的无罪判决可能会鼓励其他人藐视法律。

卡尔表示,如果因为对公共安全有帮助而破例释放某人,他可以接受。但是,就里德先生的案子来说,他看不到任何的有益之处。

正是在这一刻,卡尔说出了自己内心深处最真实的愿望:他始终将公共安全放在首位。这也正是他坚持认为应该判定里德有罪的根本原因。换句话说,根据他务实且理性的思维方式,判定里德有罪,才维护了法律与秩序的尊严,才能确保人民的安全。

博利意识到这是一个突破口,是在讨论中引入新观点的恰当时机。因此,他开始尝试采用一种不同的方法,比如探讨无罪判决是否能让人们感到更加安全。

"嗯,"博利向着所有的陪审员说,尽管主要的表达对象是卡尔,"首先,我很尊重这条法律,绝不会说也不会做任何贬低它的事。"但是,他接着表达了自己的沮丧。"一方面,我在大学里忙于期末的各种事务,"他说,声音略显沉重,"更重要的是,我的一些学生成了犯罪的直接受害者。就在上周,我的一位女学生在前往我课堂的路上遭到了袭击……与此同时,我另一个班的另一名女生也遭受了攻击。她不仅被殴打,还遭到了强奸。"

"我的意思是,我想尽自己作为一名公民的责任,"博利继续说道,"尽管日程繁忙,我还是来到了法庭,接手了检察官交给我的这个案件。我们坐在这个令人肃然起敬的庭审室里,遵循冗长的法律程序认真地讨论着。但是，坐在这里，我内心却有一种观看米老鼠动画片的感觉，感觉一切都显得太过儿戏。我的意思是，我觉得我坐在这里是在浪费时间。"他们本可以将小偷、强奸犯、杀人犯送入监狱。然而，此刻他们却在讨论是否应该把没有对公共安全构成威胁的勒罗伊·里德送进监狱。"所以，我想向那些检察官传达一个信息，那就是：去他的，令我真正害怕的是孤身一人走进停车场，是我的女学生被抢劫、被殴打、被强奸。我的男学生也遭遇过抢劫。可是，你现在却让我处理勒罗伊·里德的这样一个案子。"

博利对在场的所有陪审员继续说道，如果他们判定里德无罪，他们实际上是在向警方和地方检察官发送一个信息，那就是请把资源和精力集中在真正的犯罪分子身上，把注意力真正放在维护公共安全上。因此，裁定里德无罪，反而是在帮助维护公共安全。这确实是对正在讨论的问题的一种创新理解。但是，博利采用的是一种理性的思考，他在评估可能的负面后果和潜在的好处，为讨论引入了新的视角。这意味着，他与卡尔其实是站在同一条战线上，他的所有论证都旨在表明，如果他们关心的是阻止罪行，那么给予里德自由实际上是一个合理的决定。

"他的确不应该被带到这里。"卡尔表示，尽管还没有被完全说服。

于是，博利决定做出最后的努力。他对卡尔说："我非常尊重你对法律的重视、你追求正确做事的愿望，以及你为维护司法程序的公正而做的贡献。"

博利明白，要改变一个人的想法，需要付出的不仅仅是努力，还要触及一个人的自我认知。同时还要让对方明白改变观点带来的价值，那就是因为做出正确决定而获得的自尊心。

随着讨论的深入，卡尔会如何处理自己接收到的信息还是一个未知数，但他显然在思考。

当讨论接近两个半小时时，陪审团主席建议："我们不妨再投票一次吧？"

每一位陪审员都拿出一张纸，写下了自己的判决：

无罪。无罪。无罪。无罪。无罪。无罪。无罪。无罪。无罪。无罪。无罪。无罪。

勒罗伊·里德将获得自由。

• • •

在一个"这究竟是关于什么的"对话中，我们是如何建立起连接的呢？

首先，我们需要明确每个人希望从讨论中得到什么。唯有如此，我们才能深入问题的核心，触及表面之下的深层次议题。

博利通过了解每一位陪审员内心的真实想法与他们建立了连接。有的人在寻求正义，有的人重视法律与秩序，有的人关注事实，而有的人关心的是道德良知。埃达伊医生通过询问患者最关心的问题与他们建立了连接。我们需要花时间仔细探问"这究竟是关于什么的"来深挖每个人的真正动机。

当有人提出"我们要不要讨论一下即将进行的会议"，或是评论道"那份备忘录真是太离谱了，不是吗"，又或是表达出某种担忧，"我不确定他是否能完成这项任务"，他们实际上是在邀请我们进入一个"这究竟是关于什么的"对话。他们通过这些言论发出信号，表明他们希望探讨更深层次的议题。博利知道如何捕捉这些信号，而埃达伊医生学会了如何寻找这些信号。

一旦确认了每个人希望从对话中得到什么，那么第二步便是理解如何才能满足不同的需求。也就是说，我们需要通过无声的协商来确保每个人的期望都能得到回应。这个过程涉及通过各种探索和尝试来找出大家都能接受的一种决策方式。在这个过程中，发挥关键作用的就是"匹配原则"：识别正在进行的对话类型，然后与他人保持一致，同时邀请他们与你保持一致。博利和埃达伊医生都明白，所谓匹配，并不是亦步亦趋的模仿，也不只是表现出关心对方或重复对方的话语。

实际上，匹配意味着理解他人的思考方式和心理状态，识别对方认为哪一种逻辑最具有说服力，哪种语调和表达方式最为恰当，并且使用他们习惯的语言进行交流。同时，我们也需要清楚地表达自己是如何思考并做出决策的，这样他人才能与我们进行匹配。如果有人用讲故事的方式来描述问题，那么他们所寻求的就是理解而非具体的解决方案。如果有人在列举事实、进行理性分析，那么他们更期望的是理性的讨论而非带有情绪的对话。我们都可以通过学习来更好地识别和捕捉这些线索，并通过不断的实验来发现它们。

"这究竟是关于什么的"对话之所以极具价值，是因为它赋予我们机会去深入理解他人的意图与需求，进而促使我们能够和对方一起做出决策。当我们开始互相理解并携手寻求问题的解决之道时，结果无疑将比我们仅凭个人思考所得出的方案更好。

运用指南 Ⅱ

提出问题 留意线索

2018年，哈佛大学的研究团队[59]跟踪调查了数百人与其朋友、陌生人和同事之间的交流，他们试图解答一个问题：人们是如何向对方传达自己想要讨论的主题信号的？换言之，我们怎样才能准确地识别出"这究竟是关于什么的"对话？

这项研究的参与者主要通过电话或面对面的方式进行沟通。研究者为开启对话提供了一些初始话题，例如："你是做什么工作的？""你有信仰吗？"随后，参与者可以自由地展开各种话题的讨论。在谈话结束后，研究者会询问参与者是否享受刚才的交流。

大部分参与者的反馈是"不"。一些受试者曾经尝试改变话题，暗示他们想要讨论新的内容，表达自己的无聊感，或是尝试引入一个全新的话题。尽管他们用不同的方式进行了尝试，但是他们的沟通对象未能成功捕捉到他们发出的这些信号。

研究人员发现，一旦人们明白了在对话中要寻找什么，他们就能更清晰地感知到对方的需求。然而，在快节奏的交流中，这些细微的信号往往容易被忽略。比如，如果某人在说完某件事后笑了，即便谈论的内容并不幽默，这种笑声也可能在传达他/她喜欢和对方交流的信号。当有人在听对方说话时发出"嗯""哦""真有趣"这样的声音，这表明他们在认真倾听，语言学家称这些话语为"反馈语"。如果有人在对话结束后提出了进一步的问题，例如"你的意思是？""你为什么认为他会那么说?"这表明他们对这次对话感兴趣。当然,还有一些表达意味着对方想要转换话题,例如,"我想问你另外一件事"。

研究团队后来总结道:"虽然人们在对话过程中会明确传达自己偏好某类话题的信号,但是与他们交流的人却未能捕捉到这些信号(或是选择忽略了这些信号),在回应时表现迟钝。总体来说,我们的研究结果表明人们在沟通技巧方面还有相当大的进步空间。"

这样的发现其实并不令人意外。我们每个人都有过类似的经历。有时,与我们谈话的伙伴没有留意到我们发出的信号,这可能是因为他们没有接受过相关训练,没有学会如何在对话中尝试不同的话题或采用不同的交流方式。

事实上,掌握如何捕捉对话中的线索并进行相关的尝试,是至关重要的,这关系到学习性对话的第二条原则。

> **原则 2**
>
> 分享自己的目标,
> 询问他人的愿望。

我们可以通过四种方法来实现这一目标:在对话前做好准备、提出问题、在对话过程中留意线索,以及尝试扩展对话内容。

在对话前做好准备

"这究竟是关于什么的"对话通常发生在对话伊始。因此,在对话开始前做一些准备工作将大有裨益。

哈佛大学及其他院校的研究人员仔细分析了哪些准备工作能促进对话的顺利进行。[60]有一项研究让参与者在对话开始前，简单罗列出自己想要讨论的话题。这个过程大概只需要 30 秒。不过，有意思的是，他们写下来的话题往往在讨论开始后并未被提及。

然而，研究人员发现，即使这些事先列出的话题在对话中未被提及，简单的罗列依然有助于对话的顺畅进行。对话开始后，出现尴尬沉默的情况减少了，参与者的焦虑感也有所降低，而且人们在对话结束时会感到自己比以往更投入了。因此，在对话开始之前，请让自己简单地思考以下几个问题：

- 你可能会谈及哪两个话题？（可以是泛泛而谈，比如昨晚的比赛或自己喜欢的电视节目）
- 你希望谈论哪件事？
- 你想要问哪个问题？

对话前的准备

聊昨晚的比赛。

提及新工作。

问问去哪里度假。

写下想要讨论的话题

这项练习的好处在于，即便写下来的话题在之后的对话中并没有被提起，但是一旦对话陷入沉默，你便随时能够从自己的"备选库"中选取话题。仅仅是知道自己有得聊，便足以增强你的自信心。

一旦这种做法变成了一种习惯（它很快就会成为你的习惯），你的准备工作就会更加充分，同时对你更有帮助：

- 你最希望讨论哪两个话题？
- 你打算说什么来表明你想要谈论的主题？
- 你会用哪个问题来弄清楚他人的想法？

提出问题

在"这究竟是关于什么的"对话中，当我们需要做出决定或制订计划时，我们的对话实际上就是一场"无声的协商"。有时候，这种协商会很快完成。例如，当你的一位朋友提出"我们聊聊周六的安排"，你立即回应说"好的"，这样你们的协商就完成了。

然而，对于那些更有深度且复杂的对话，协商的过程可能会更加的漫长和微妙。我们可能会从愉快的闲聊开始，接着转入一个轻松简单的话题，比如天气或我们共同认识的某位朋友，最后再进入我们真正想要讨论的重点，比如"我在想，你是否会考虑投资我的新项目？"

无论协商如何展开，其过程大都遵循着一个类似的模式：一方发出邀请，而与之对话的伙伴要么接受这一邀请，要么反向提出邀请。

有时候，我们更希望对方先开口。为此，最简单的方法就是提出开放性问题，正如埃达伊医生与患者交谈时所采用的方法。如果关注以下几点，你会很容易找到开放性问题：

- 询问对方的信念或价值观（你为什么选择做一名老师？）

- 邀请对方做出判断（去法学院读书，开心吗？）
- 询问对方的经历（去欧洲旅行的感觉怎么样？）

这类问题既不会显得突兀，也不具有侵犯性。询问"你为什么会选择做一名老师"并不触及隐私，它是在邀请对方分享他们对教育的看法或对职业的热爱。询问"去法学院读书，开心吗"则是鼓励对方反思自己的选择，而不仅仅是描述他们的工作或学业。开放性问题可以很轻松，也可以很深刻。然而，正如我们在下一章将要讨论的，围绕着价值观、信念、判断和经历提出的问题都非常有力量，而且通常比我们想象的要更易于提出。

提出问题

你为什么选择做一名教师？

询问对方的信念、价值观、判断和经历。

在对话过程中留意线索

在某些对话中，比起等待对方主动表达他们的需求和目标，更有效的做法是先行表达自己的想法。在这样的情境下，当我们发出邀请，比如提出"聊聊周六的安排"或"我在想，你是否会考虑投资我的新项目"这类问题时，对方的反馈就显得尤为关键。因此，我们需要培养自己去察觉那些未被直接说出口的信息。

以下是你需要留意的重要事项：

- 你的沟通对象是否身体前倾，与你有眼神交流，向你微笑，并说出了一些反馈语（比如"好有趣""嗯"）或者插话？

这些信号表明他们愿意接受你发出的邀请。（与常见的看法不同，插话通常意味着对方想要增加一些谈话内容。）

- 你的沟通对象是否沉默不语，看上去很被动，眼神回避，定格在你脸部以外的地方，看上去若有所思，对你的提议没有任何反馈？

这些反应经常被误解为对方在认真倾听。然而，事实并非如此。正如我们将在稍后的章节中所阐释的那样，认真倾听的人会表现得更加主动。这些信号实际上表明对方正在拒绝你发出的邀请，或者想要转移话题。无论出于何种原因，你都应该继续试探和尝试，以便准确了解每个人的真实需求。

留意线索

对方是否身体前倾，颇有兴致？
还是目光停留在别处，十分被动？

我们很容易忽视这些反应，部分原因在于说话占据了我们大量的心智资源。然而，如果我们能够训练自己去留意这些线索，那么它们将有助于我们找到"这究竟是关于什么的"答案。

尝试扩展对话内容

当对方拒绝我们的邀请时，我们可能会觉得对话难以继续。这个时候，回想起基于利益的谈判原则会大有帮助。我们需要发挥创造力，探索新的话题和表达方式，直到找到让对话持续下去的路径，就像约翰·博利通过引入有关公共安全的新思路来引起卡尔的注意一样。

为了识别出哪些新话题和新方法可能有效，请留意以下几点：

- **有人讲故事、开玩笑吗？** 如果有，这表明他们正处于一种寻求共情与连接的思维状态。在这种相似性逻辑模式中，人们倾向于分享和建立连接而非辩论和理性分析。
- **他们在讨论计划、做决定或评估不同的选项吗？** 他们是否谈到了政治、金融或未来的度假计划？比如"6月是去缅因州好还是佛罗里达州好？"这说明他们正处于一种务实的，基于成本－收益逻辑的思维模式中，那么此时，你更适宜展开客观的分析。
- **留意对方是否想要转换话题**。人们会通过偏离主题的发言、插话和突然转向来表达自己想要讨论的内容。换言之，他们会进行试探和尝试。如果一个人用不同的方式重复提出同样的问题，或突然引入一个新的话题，这就表明他们想要增加和扩展谈话内容。这时，最明智的做法是鼓励对方继续。

- **最后，别忘了尝试**。试着讲个笑话，提出一个出人意料的问题，或引入一个新的观点。尝试分享自己的观点，然后倾听并观察对方的反应。留意你的沟通对象是否有所回应。如果有，那么这就意味着他们正在表达自己希望如何与你一起做出决策，以及他们愿意接受什么样的原则和标准，他们正在向你传递希望对话如何进行的信号。

扩展对话内容

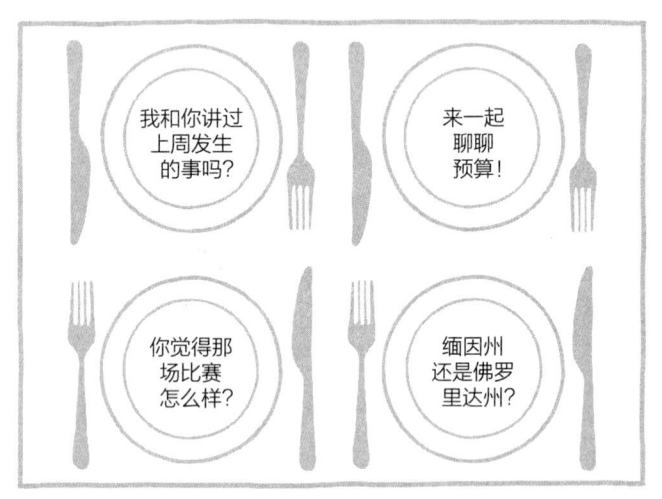

我和你讲过上周发生的事吗？

来一起聊聊预算！

你觉得那场比赛怎么样？

缅因州还是佛罗里达州？

人们在讲故事？
还是在制订计划？
又或是在转换话题？

你或许天生具有捕捉这些信号的能力，但你很容易忘记去运用你的这些能力。我们不必急于求成。我们可以逐步将这些能力应用到对话之中，直至最终有关"这究竟是关于什么的"协商过程能够自然而然地进行。

情感对话
我们的感受如何?

情感在交流中扮演着至关重要的角色。它不仅塑造着我们的表达方式,也以一种不易被察觉的方式影响着我们的倾听方式。可以说,每一次对话,在某种程度上,都是有关"我们的感受如何"的讨论。

鉴于这类对话是如此关键,我们将在接下来的三章里深入探讨有关情感对话的内容。当我们谈及情感时,倾听显得格外重要。我们需要听到对方的脆弱之处、言外之意。同样重要的是,我们也需要让对方看到我们正在认真倾听。通过有效的倾听,我们将会看到一个隐藏在语言表象之下的全新世界。

第 3 章详述了我们如何能做到深入倾听,以及当我们听到有意义的表达时应如何做出回应。第 4 章探讨了我们如何才能更好地捕捉那些未被言明的情感,并认识到我们的身体、语调、手势和表情同语言一样,承载着同样丰富的信息。第 5 章则讨论情感会如何激发矛盾或缓和冲突,并提出在线上和线下的讨论中,如何营造一个更安全的环境来讨论分歧。

展开"我们的感受如何"的对话是人与人之间建立连接的根本。在接下来的三章中,我们将深入探讨如何有效地表达——并倾听——我们的感受。

3

倾听的疗愈

情感丰富的对冲基金经理们

聚集在康涅狄格州对冲基金礼堂内的俊男靓女仿佛来自同一个奢华非凡的世界。他们中的很多人穿着量身定制的西装，有些人手腕上佩戴的手表甚至比某些汽车还要昂贵。在等待这个只针对受邀嘉宾开放的活动正式开始前，他们不是在一起谈论着最新购买的艺术品和房地产项目，就是在一同抱怨塞舌尔群岛和葡萄酒庄园的游客太多了。为了凸显自己的与众不同，有人佩戴着卡巴拉珠链，有人脚蹬限量版的球鞋，还有人蓄着一款非常独特的小胡子。

尽管他们无一不想彰显个性，但是这些来自华尔街数十家公司、管理着数十亿美元资产的专业投资人大多过着类似的生活：与CEO（首席执行官）交谈，与投资银行家会面，认真研究经济报告，穿梭在行业会议的走廊上，希望找到哪怕一丁点儿有助于他们预测股票涨跌的线索。

不过，今天的聚会别具一格。大家之所以齐聚一堂是为了聆听43岁的芝加哥大学心理学教授尼古拉斯·艾普利有关如何倾听的演讲。与会者皆知，许多人更是亲身经历过，倾听技巧不佳会让他们付出高昂的代价。会场上就有一位对冲基金经理曾经因为没能察觉到一位股票经纪人的异常行为，而在当日下午损失了2 000万美元。这位股票经纪人平常气质从容，颇为健谈，但那天午餐时却对着服务员大声斥责，并多次离席接打电话，而且每次回到餐桌时都会为自己刚刚的离席给出十分合理的解释。而事实上，他打理的公司正濒临崩溃，可惜那位对冲基金经理未能捕捉到那些明显的信号。因此，一个微乎其微的疏忽，比如在开会时没能听出某个人声音中的那份犹豫，或是忽视了对方回避问题的态度，都有可能导致截然不同的结果。

此次活动的组织者特地邀请艾普利教授指导大家如何更有效地倾听那些容易被忽略的信息。之所以邀请艾普利教授是因为他主要致力于研究人与人之间为何会产生误解。[61] 比如，为什么有些人无法捕捉到他人通过声音流露出来的情感？为什么参加同一个会议的两个人，会对会议内容有着截然不同的理解？

与会者大多认为艾普利教授将使用幻灯片分享一套倾听技巧，包括始终与讲话者保持眼神交流、点头示意自己正在倾听，或者更频繁地微微一笑。换言之，他们预计会听到那些经常在深夜谈话节目和社交媒体上出现的所谓实用技巧。

然而，艾普利教授的研究表明，这些技巧，尤其在被刻意使用时，反而会损害真实的人际交流。点点头并不代表你正在倾听，而过度的微笑或持续的眼神接触可能会显得不自然，甚至有些做作。艾普利教授还强调，人们本能地知道如何深度倾听。他向我解释说："你不需要别人来教你怎样听一个吸引人的播客或者一个有趣的笑话。当你正在进行一场精彩的对话时，你自然就能跟上节奏。事情越是有趣，你越是能够全神贯注。"

艾普利教授希望能够帮助这群对冲基金经理发掘他们天生的倾听技巧，从而启动更加引人入胜也更富有意义的对话。他坚信，实现这一目标的方法之一是促使每个人分享个人经历，特别是个人的情感经历。当我们开始谈论自己的感受时，一些奇妙的事情会随之发生：其他人会不由自主地仔细倾听。相应地，当他人与我们分享他们的情感时，我们也会自然而然地认真倾听。如果那位损失了2 000万美元的对冲基金经理能够在当时询问对方的情绪感受，他可能就会发现对方实际上承受着巨大的压力，从而留意到事情不对劲儿的迹象。

艾普利教授希望引导这些对冲基金经理进入一种"我们的感受如何"的对话。他向我解释说："当你向别人敞开心扉时，别人自然会对你产生兴趣。"

然而，艾普利教授知道，大多数人都会刻意回避与隐私或个人情感相关的话题，因为我们可能会感到尴尬，担心自己显得不够专业或说错话，害怕对方的反应不积极，又或者我们正忙着思考下一步该说些什么。

艾普利教授相信自己已经找到了避开这些障碍的方法。他认为，展开"我们的感受如何"这一类型对话的关键在于学会如何提问，即提出那些表面上不涉及情感，实则能促使人们更自然地表达情感的问题。[62]在过去10年里，艾普利致力于教导人们如何提出这一类的问题。现在，他想要检验自己多年来研究和总结的技巧是否同样适用于通常对于情感话题持保留态度的对冲基金经理们。于是，他站到了会场的最前端，开始介绍接下来的活动流程：在场的每一位参与者将与一位不认识的人组合配对，然后在接下来的10分钟内进行交流。

随后，艾普利公布了他们需要互相提问的三个问题，其中第三个问题是："你能描述一次在他人面前哭泣的经历吗？"

"哦，天啊！"前排有人惊叹道，"这简直太糟了！"

在许多对话场合中，总有那么一刻，我们需要做出选择：是谈及情感呢，还是保持冷静与距离？

也许，你正在和一位朋友讨论周末的计划，对方在稍事沉默之后表示："我还有些事情需要处理。"也许，你正在与一位同事闲聊，对方的一声叹息让你感觉到了他的忧伤和困扰，这可能是因为对方家中有急事，或是因为聊起了别人家的孩子。不管你最终如何选择，流动的情感已然在悄悄影响着你们的对话。那么在这样的时刻，你实际上面临着一个选择：是不加追问，让话题溜走呢，还是在体会到对方的情绪之后做出情感性的回应？如果选择后者，我们就迎来了进行"我们的感受如何"的对话契机。

然而，无论你做出怎样的决定，情感已经在影响你们的讨论了。大量的研究显示，每当我们开始说话或倾听，情感就会发挥作用。情感塑造了我们的表达和倾听方式。借由那轻微的叹息、一闪而过的骄傲，以及其他无数的细微之处，情感悄悄地融入了对话。从你落座的那一刻起，情感就已经开始发挥作用了，它会形塑你的反应，影响你的思考，同时，情感也是促使你出现在这里的原因之一。当然，你可以选择忽略那些叹息声，无视你感受到的那份骄傲。你也可以选择不展开"我们的感受如何"的对话，让你们的谈话停留在更安全的地带，仅限于轻松的闲聊。

然而，这样的选择往往是错误的，因为它让我们错失了接触人类经数百万年进化而形成的、强大的神经处理系统的机会，而这个系统本是帮助我们建立连接的关键。这样的选择会让参与对话的每个人都感到些许的不满足，也让对话显得不那么完整。如果我们感受到了对方的脆弱，并以自己的脆弱作为回应，那么我们和对方之间就建立起了信任、理解与连接。当你选择进入"我们的感受如何"这一类型的对话时，你实际上是在激活一个神经化学过程，这一过程帮我们与他人建立最重要的连接。

"我们的感受如何"的对话之所以至关重要，是因为它能够揭示出我们内心的真实想法，从而为建立深层次的连接铺平道路。

提问的力量

曾几何时，尼古拉斯·艾普利自己就是一位特别糟糕的倾听者。这一点差点儿毁了他的生活。他在艾奥瓦州的一个小镇上长大，高中时期是学校橄榄球队的明星，可想而知，他当时有多么的自负和自以为是。高三那年的一天晚上，他喝酒之后从一场派对出来开车回家。他的车子在路上摇摇晃晃，最后因酒驾被警察截停。但是，身穿运动员夹克衫的艾普利勾起了那位警察对因无知而犯错的年轻人的怜惜之情，他并没有当场逮捕艾普利，反而教导他：如若不改变自己，势必将自食恶果。接着，他拨通了艾普利父母的电话，通知他们前来接人。

在之后的几周里，艾普利的父母对他进行了严厉的批评教育。他们向艾普利表达了对他的理解，告诉他他们明白青春期的痛苦，知道他想要让朋友刮目相看，总是试图挑战自己的极限，并不断尝试新鲜的事物。毕竟，谁都曾青春年少过。但是，他们也表达了对他走上错误道路的担忧。然而，父母的教导并没有深入艾普利的内心。他后来告诉我，"对我来说，他们的话就是左耳朵进右耳朵出"，只不过是老生常谈罢了。

几个月后，他又一次因酒驾被警察截停。这一次，警察对他进行了类似的劝告,并在联系了他的父母之后,又一次让他全身而退。不过,他的父母这一次决定寻求专业帮助。

艾普利开始定期会见一位心理咨询师。他本以为自己将再次面临更多的批评和教育。然而,这位咨询师的做法与他的父母截然不同。她既没有滔滔不绝地训诫他,或者告诉他必须彻底改变自己的生活方式,也没有表达出对他处境的理解,或向他提供任何具体的建议。相反,她通过提问引导他进行自我探索:"你为什么要喝酒呢?""如果开车不小心撞到人,你会怎么办?""如果你因此被捕、受伤或让他人失去了生命,你觉得你的生活会变成什么样?"

"我不得不坐下来,认真面对这些问题,"艾普利对我说,"我不能假装自己不知道答案。"[63]

虽然这些问题并没有直接询问艾普利的情感,但他在回答时却不可避免地激发了情感反应。这样的提问促使艾普利深入反思自己的信念和价值观,审视自己的感受,直面自己的焦虑和恐惧。每次从咨询师那里回到家,艾普利都感到身心俱疲。他满载着羞愧、恐惧、愤怒以及其他需要好几天才能逐渐梳理清楚的复杂情绪。这些对话成了他一生中情感最为强烈的几次交流之一,尽管咨询师从未直接要求他描述自己的感受。

与咨询师的会面触发了艾普利的转变。他开始与父母进行情感交流,并第一次认真听他们表达自己的感受。艾普利的父亲提起了几年前发生的一桩往事。有一次,艾普利一大早没有打任何招呼就离开了家。他的父母在去地下室找他时,发现有一支步枪不见了,这让两个人顿时陷入了恐慌。他们的儿子会自杀吗?艾普利的父亲讲述了那一天的恐惧和悲伤。然而,当艾普利安然无恙地回家之后,他却觉得父母的恐慌和担忧完全是多余的,不耐烦地解释说自己只是和朋友去打猎而已。在父亲讲述这件事时，艾普利重新审视了那一天的经历。他记得父亲的不安，但他当时却对父母的恐慌不屑一顾，甚至觉得他们的担忧荒谬至极。他压根儿没有听懂父母想要表达的意思：他们爱他。爱意味着你有责任确保自己的安全，向爱你的人明确你的去向，不让他们为你担心。"那次对话彻底改变了我们的关系。"艾普利对我说，"我感到自己如此幸运，我也第一次看到了一个真实且复杂的父亲。"

在第二次与咨询师见面后，艾普利便下定决心戒酒。之后，他决定认真对待学业，最终成功进入了圣奥拉夫学院，并在那里发现了自己对心理学的浓厚兴趣。毕业后，他又进入了康奈尔大学攻读心理学博士学位。

在康奈尔大学学习期间，艾普利开始深入思考自己为什么在差点儿被捕之后还是什么都听不进去。"有时，回首过去，你也会纳闷儿当初怎么就跟聋了一样？为什么警察的训诫并没有让我心生恐惧？为什么我会对父母的恳求充耳不闻，对他们想要帮助我的意图视而不见呢？"

到了 2005 年，艾普利已经是芝加哥大学的一名教授，并结婚生子了。这时，他开始担忧自己的孩子将来在青春期也有可能会拒绝沟通、不听劝告。因此，他渴望了解如何有效地劝导他们去倾听自己的表达。

当时，心理学领域普遍接受的观点是，为了理解并说服他人接受我们的观点，我们需要进行所谓的"换位思考"，即试图从对方的角度理解问题，并表达我们的同理心。心理学期刊上的文章指出："为了有效地沟通，我们在说话和倾听时必须考虑对方的视角。"[64] 心理学教科书也同样强调，"换位思考不仅有助于增进相互理解"[65]，还是"成为出色谈判者必须具备的一项关键技能"。[66]

艾普利在回顾自己的高中岁月时发现,他的父母在他因酒驾差点儿被捕入狱的那段时间,也曾经尝试以自己的方式进行换位思考。他们努力设身处地为他着想,尝试理解他所面临的压力,想要以此来建立连接。他们希望通过展示同理心来说服他倾听并接受他们的意见。

然而,问题是艾普利父母的换位思考,至少在那一刻,让艾普利觉得他们根本无法真正理解他。当他们试图表达同情,与他分享自己年轻时的过错时,艾普利感受到的反而是他们完全不了解现在的年轻人。

艾普利的父母因为没能真正理解他的感受而未能与他建立起有效的连接。而之所以如此,是他们从未真正地询问过艾普利的愤怒、不确定感,也从未探究过他为什么要通过频繁饮酒来证明自己。然而,即便他们提出了这些问题,艾普利自己在与咨询师交流之前,可能也并没有答案。艾普利的咨询师没有试图换位思考,而是通过提出一些能引发情感反馈的问题来促使艾普利深入思考,比如"你为什么会做出这样的选择?""你想成为怎样的人呢?"接着,她通过更深入的提问和细致的倾听,让艾普利在不经意间开始仔细倾听她的表达,从而开始直视自己内心的问题,意识到自己需要做出改变。

如今,作为一名成年人,艾普利怀疑心理学教科书是不是写错了。[67]也许,真正有效的方法并不是换位思考,因为没有人能够真正做到,而是询问他们的生活、感受、希望和恐惧,倾听他们的挣扎、失望、喜悦与梦想。

艾普利认为,倾听一个人讲述自己情感生活的重要性在于,当我们谈论情感时,我们不只是在叙述具体发生的事情,更是在阐释我们为何做出某些特定的选择，以及我们是如何理解这个世界的。艾普利解释说："当你讲述你的感受时，你实际上是在向他人展示一幅你关心什么、在意什么的心灵地图。这也是我能够与父母建立起连接的关键，因为我终于理解了他们关心的是什么。他们的担心和恐惧都源于他们希望我安全。"

这正是"我们的感受如何"的对话至关重要的原因所在。我们与他人的每一次交流，都深受情感的影响。当我们表达自己的感受，并邀请对方分享他们的感受时，也就是说，当我们让这些情感显露出来时，我们就会开始明白彼此是如何产生共鸣的。

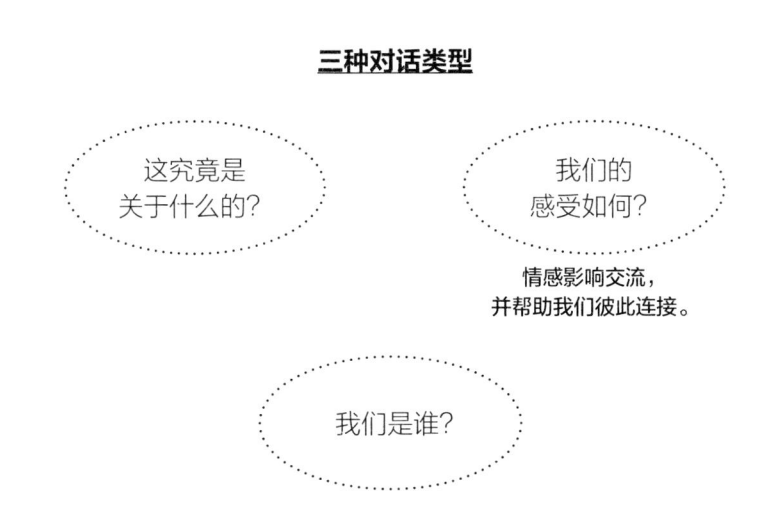

三种对话类型

- 这究竟是关于什么的？
- 我们的感受如何？
  - 情感影响交流，并帮助我们彼此连接。
- 我们是谁？

艾普利开始思考，除了换位思考是否还存在其他的方法。也许，一些有别于常规的方法能够帮助人们提出让对方愿意敞开心扉、分享自己情感的问题？或者说，与其换位思考，我们是否更应该关注如何促使对方分享观点，鼓励对方谈论自己的内心世界、价值观、信仰、情感，以及对他们来说最重要的事情。[68]艾普利认为，提出问题，尤其是恰当的问题，能够帮助我们真正理解对方。

但是，什么样的问题才是恰当的问题呢？

恰当的问题

1995年，纽约州立大学石溪分校研究心理学的夫妻团队伊莱恩·阿伦和亚瑟·阿伦，在一间没有窗户的房间里放置了一块亮橙色的地毯，并在上面摆放了两把椅子。他们邀请成对的陌生人走进房间，坐在椅子上互相提问。总共有超过300位彼此不相识的人参与了这项实验。每一对陌生人的对话时长为60分钟，他们互相提问的问题是由研究人员事先挑选的，有轻松愉快的问题（比如"你最后一次独自唱歌是在什么时候？"），也有严肃深刻的问题（比如"如果你今晚离世，而且没有机会再对任何人说任何话，你最遗憾没能对谁说什么？"）。

实验结束后，参与者各自离开，研究人员并未要求他们保持联系。然而，研究人员在7周后跟进调查时惊讶地发现，有57%的参与者在实验结束后的几天或几周内会尝试找到自己的沟通对象，有35%的参与者会与对方进行社交互动。其中有一对参与者还一起共进晚餐、看电影，接着在周末见面，继而一起度假。大约在实验结束的一年后，他们步入了婚姻殿堂，并邀请此项实验的所有工作人员参加了婚礼。"这个发展完全超出了所有人的预期。"亚瑟·阿伦对我说，"直到现在，我还是觉得不可思议。我们从未预料到会产生如此深远的影响。"

阿伦夫妇发起这项研究的目的是探索是否存在一种"创建亲密关系的实用方法"，即通过某些技术性的手段来促使人与人之间建立连接。[69]他们对观察陌生人是否能够变成朋友尤其感兴趣。以往的心理学实验已经揭示了诸多不足以对人际关系产生显著影响的因素。研究指出，仅仅因为两人有共同的经历或信仰，比如同属一个教会、都吸烟、都是无神论者或者都不喜欢吸烟，并不足以让双方成为朋友。研究还显示，让人们按照指导进行闲聊、猜谜、讲笑话等活动，也无助于产生亲近感。同样，仅仅向参与实验的陌生人透露"我们在配对时经过了精心筛选"或者"我们预期你们会彼此喜欢"也不能保证他们真的会互有好感。[70]

实际上，阿伦夫妇在研究中发现，只有一种方法能够稳定地帮助陌生人之间建立联系，那就是36问。[71]伊莱恩和亚瑟后来描述称，这些问题能够引导参与者进行持续的、逐步深入的、双向的、个性化的自我表达。这些问题后来被称作"快速交友程序"。这套方法不仅在社会学和心理学领域内广受认可，而且也因为标题为"36个通往爱情的问题"①这样的文章在广大读者中流行开来。

不过，有关"快速交友程序"最有意思的一点是，这36个问题在一开始是随机产生的。其中一些问题来自一款名为"The Ungame"的桌面游戏。这款游戏在大学生群体中广受欢迎，其中也包括一些参与阿伦夫妇研究项目的研究助理。另外一些问题则是大家在喝咖啡休息时想到的，或者一起去酒吧时无意中听到的。"我们找到这些问题的过程谈不上科学严谨，"阿伦夫妇的一位研究生埃德·梅利纳特对我说，"我想想，我们大概设计了差不多200个问题，然后进行测试，最终筛选出了提问效果最好的一些问题。"

研究者认为，最有效的交流方式是从那些较为表面的、令人感

---

① "快速交友程序"的完整问题列表请参阅文末注释。

到安全的问题开始,比如"你想邀请谁共进晚餐",然后逐步深入更复杂的问题。梅利纳特解释说:"如果一开始就直奔深层次的灵魂拷问,那很可能会让人感到不适。因此,我们选择从简单的问题开始。"

随着问题的深入,参与者会逐渐展露内心的思想和感受。到了第 7 问:"你是否对自己的死亡方式有预感"时,参与者会开始分享自己内心的焦虑。当到了第 24 问"你觉得你和你母亲的关系如何"以及第 29 问"与你对面的人分享一件让你感到尴尬的事情"时,参与者会开始描述自己最亲密关系和最痛苦的记忆。到了第 35 问"家中谁的离世最让你悲痛",参与者在回答这个私密的问题时,声音通常会变得很轻,近乎耳语。最后一问是一个开放性问题,要求双方彼此分享一个个人问题并征求对方的建议,这时参与交流的一方或双方通常都会流下眼泪。

脆弱的重要性

在石溪大学的研究团队试图确定最恰当的问题时,他们遇到了一个看似简单的难题:如何界定和区分情感性的问题与非情感性的问题?

有些问题,例如"你想成名吗",可能会引发两种截然不同的回答。对有些人来说,答案就是一个简单的"想"或"不想"。然而,对另外一些人来说,这个问题可能会触动内心深处的情感,引发对逝去的梦想、过往失败的回忆与感慨。因此,这个问题既有可能引出深层次的情感回应,也有可能只是一句无关痛痒的闲聊。

研究者最终找到了一种方法来判断某个问题是否会激起情感反应。他们发现,询问与日常生活相关或不涉及争议性观点的问题,比如"你上一个万圣节是怎么过的"或者"你收到的最好礼物是什么",往往会稳定地引导出非情感性的回答。[72]

与此相对,那些鼓励人们分享自己的信仰、价值观或有意义体验的问题则通常能够引发情感性的回答,即便这些问题本身并不是情感向的。这类问题之所以充满力量,是因为它们会促使人们袒露自己的脆弱之处。[73] 例如,当有人问你"在友情中,你最看重什么"(第16问),它听上去似乎并不触及情感深处,但是经常能引导出令人意想不到的深层回答,比如人们会谈及曾经遭受的情感伤害或背叛,会表达对朋友的爱,也会带出其他的一些焦虑感或愉悦感。这类问题也能方便提问者更进一步地追问,比如"他和你分手后,你说了什么"。

浅层次问题与那些能够促进情感连接的深层次问题之间的关键区别在于,后者让回答者展露出了自己的脆弱性。这种脆弱性正是"我们的感受如何"这类对话如此有力的重要原因。

情绪传染

在阿伦夫妇看来,脆弱性的重要性毋庸置疑,这在一定程度上是因为它与一个被广泛记录和研究的心理学现象——情绪传染[74]——紧密相关。在20世纪90年代初,一系列的心理学实验表明,人们倾向于"依据周围人展现出来的情感来同步化自己的情感"。这种情感的同步有时是我们刻意为之,比如我们决定与某人共情;但在大多数情况下,它是自然而然发生的,出现在我们的意识控制范围之外,我们会不由自主地感到悲伤、愤怒或为他人的成功感到骄傲,无论我们是否愿意。

情绪传染正是"我们的感受如何"这一类对话的核心。这也解释了为什么情绪能够影响人与人之间的交流，即使我们可能并没有意识到这一点。"情绪传染是一种非常原始的机制。"2010 年发表的一项研究指出，"无论男性还是女性，都倾向于模仿周围人有关快乐、爱、愤怒、恐惧以及悲伤的表情。"研究者认为，在人类进化过程中情绪传染之所以存在，是因为它会促进人际关系的建立。这种现象几乎从人们出生时就已经显现。一项研究发现，"10 周大的婴儿会模仿自己的母亲快乐、悲伤、愤怒的面部表情"。[75] 这种根植于人类大脑中的本能，不仅让我们在与他人建立连接时感到愉悦，而且会帮助我们建立联盟和友谊，形成家庭与社会。

然而，情绪传染不会无缘无故地发生，它需要某些因素的触发，而人的脆弱性就是其中最稳定也最可靠的触发因素之一。当我们听到他人分享他们深层的信念和价值观时，当我们讲述对我们来说意义重大的经历时，或当我们展示出自己的某些方面以供他人评判时，我们更容易受到情绪的影响和传染。这些因素正是阿伦夫妇划分浅层次问题与深层次问题的依据。

换句话说，当我们坦诚分享那些生涩的、未经修饰的真实情感时，或是那些可能受到他人评价的内容时，我们对情绪传染的敏感度就会提高，同时我们自己也更容易将情绪传染给他人。我们或许并不在乎他人的评价，听完之后也很快就会忘记，但正是我们在他人面前的自我暴露行为本身，创造了一种亲密感。要达到深层次的交流，展现自己的脆弱性是必不可少的。"情绪越强烈，情绪传染的可能性就越大。"哈佛大学的心理学研究员阿米特·戈登伯格告诉我，"脆弱性是人类最强烈的情感之一，我们的大脑对此有天生的敏感性。"

这也就解释了为什么"快速交友程序"会如此有效，同时也阐明了什么样的问题更有助于让人产生情感共鸣。这里始终存在一个循环：

提出有关个人感受、价值观、信仰和经历的深层问题有助于激发人的脆弱性，从而触发情绪传染，而情绪传染又反过来帮助人们建立连接。

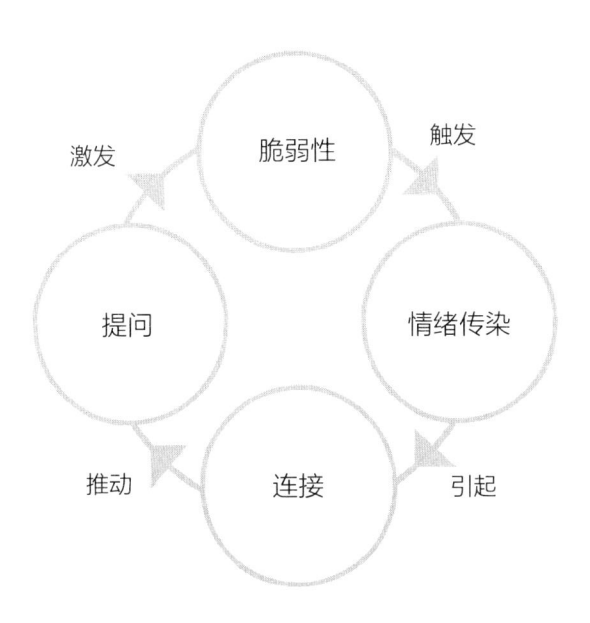

```
        脆弱性
   激发 ↙    ↘ 触发
  提问        情绪传染
   ↘ 推动  引起 ↙
        连接
```

随着阿伦夫妇对这些现象的深入探索，他们发现了一些有趣的细节：只有当参与者轮流提问时，"快速交友程序"才会奏效。在一个独立的实验中，一方先回答完这 36 个问题，另一方全程聆听，不发表任何评论，随后两人交换角色。[76] 结果显示，这种方式让参与者感到既尴尬又无聊，实验结束后，参与者并没有感到与对方更加亲近。然而，当阿伦夫妇在他们的实验中指导参与者采取你问我答的互动模式，"与对方分享并进行交流"时，人与人之间的连接才开始形成。"互惠性是关键，"亚瑟·阿伦对我说，"互惠是世界上最强大的力量之一。如果没有互惠性，人们就难以在情感交流中获得共鸣。"

这再次体现了匹配原则在交流过程中的重要性，即识别正在进行的对话类型，并据此进行相应的匹配。这36问之所以有效，是因为它们促使参与者在情感层面上相互匹配，鼓励双方对彼此的脆弱性进行回应。[77]这也就解释了为什么纯粹的模仿或鹦鹉学舌不会产生同样的效果。耶鲁大学的心理学教授玛格丽特·克拉克指出："互惠是一个极其细腻的过程。"[78]如果有人提到了一件有冲击力的事情，比如患上重病或父母过世，那么这个时候，你只是顺着话头儿讲起自己的健康问题或是早已去世的家庭成员，并不会拉近你们之间的距离。"在这种情况下，你不应该试图抢夺焦点。"互惠性在这里意味着你需要表现出同情。有时，你只需要简单地对对方的情绪表现出关心和理解。"就是要对对方的需求做出回应。"克拉克补充说。

在不同的背景下，脆弱性的诠释可以大相径庭。以职场环境为例，研究人员发现了一种引人深思的双重标准。男性展露愤怒或不耐烦通常被视为自信和有领导才能的表现，而男性在工作中流泪则被看作对职责的深切投入。相对地，2016年的研究表明，当女性在工作场合表现出愤怒或悲伤等情绪时，经常会遭受负面的社交和职业后果。"当女性展现出被认为男性化的情绪时，她们会面临社会和经济上的双重不利……同时，当她们表露被视作女性化的情绪时，又会被贴上过分情绪化、缺乏情绪控制能力的标签，这最终损害了她们在职场的竞争力和职业形象。"[79]这样不公平的标准会让人们在特定情况下展露脆弱性时倍感不安。①

尽管具有这种复杂性，但是"快速交友程序"连同艾普利的研

---

① 在不同情境中，谁被允许展现其脆弱性存在着显著且引人关注的差异性。这种差异性不仅存在，且意义深远。欲深入了解，请参阅文末注释。

究成果依然非常宝贵，因为它们为我们提供了一个建立情感连接的框架：当你希望与人建立深层次的连接时，你应当询问对方的感受，并分享自己的情感。面对他人的苦乐往事，你可以表达自己的同情或欣赏。这让我们能够通过进化中形成的神经化学物质而感觉更亲近，也为情绪传染创造了机会。

有关"我们的感受如何"的对话是一个让他人袒露脆弱性，同时也展现自身脆弱性的互动方式。

通过提出深刻的问题并互相展露脆弱性来激发情感连接。

这些富有意义的深刻见解并不等同于实用的建议。毕竟，在实验环境下，根据科学家提供的列表向对方提出深刻的问题相对容易。但是，在现实生活中，我们如何才能实现深层次的沟通呢？

快速深入

设想这样一个场景：你刚刚认识了一个人，这个人可能是朋友的朋友，也可能是新入职的一位同事，或者是相亲遇到的一个对象。在互相自我介绍并聊了一些个人背景之后，你们已经完成了"这究竟是关于什么的"对话，紧接着是一段意料之中的沉默。

你接下来应该说些什么呢？

"快速交友程序"建议我们通过提问来建立连接。但是显然，你不可能在这里一股脑儿地问完36问。也许，你可以直接跳到第3问——"你打电话前会预先排练要说的话吗？"或者，因为时间有限，直接来个深刻的第18问——"你最糟糕的回忆是什么？"

你根本不需要心理学博士学位就能明白这么做根本行不通。离开了心理学实验室的环境，如果你冷不丁地问一位陌生人这些问题，我敢肯定，你的这次约会会很失败。因此，在现实生活中，这36问的实用性并不强。

那么，我们应该提出什么样的问题呢？

2016年，哈佛大学的一个研究团队深入研究了这一问题。他们认真分析了在速配约会等场合中录制的数百段对话，根据双方是否表示愿意进一步发展关系来判断哪些对话是成功的，哪些是失败的。研究人员发现，在成功的对话中，参与者更倾向于互相提出问题，并且这些问题所引出的答案，正如科学家们后来描述的那样，展现了他们的需求、目标、信念以及情感。[80]在不成功的对话中，参与者往往更多地在谈论自己，即使提问，也都是提一些表面的、不触及对方感受的问题。

换句话说，如果想要与某个人成功对话，你并不需要询问对方最痛苦的记忆或是他们打电话前的准备过程。你只需要问及他们对生活的感受（而不是他们生活中的具体事实），并以此为基础提出更多的问题。

有关事实的提问，比如"你住哪里""毕业于哪所大学"，通常都难以让对话继续，因为这类问题难以引出个人的价值观或经历，更不会触及一个人内心的脆弱。

但是，同样的问题，如果我们稍微改变一下提问方式，比如"对于现在的居住地，你最喜欢的是什么"或者"大学生活中，你最珍贵的记忆是什么"，我们就是在邀请对方分享他们的个人喜好、信念和价值观，描述那些促使他们成长或改变的人生经历。这样的问题更容易引发对方的情感共鸣。同时，这种提问方式也会促使提问者不断与对方互动，如分享自己对居住地和大学生活的感受，从而使双方进入一个你来我往的互动过程。

艾普利表示："重新构建问题，使其能触动对方内心柔软的地方，这听上去很难。但是，一旦你开始留心寻找这一类的问题，你就会发现这其实很简单。例如，我在火车上遇到了一位上班族，我可能先问'你是做什么工作的'，接着问'你喜欢你的工作吗'或者'你还有其他的梦想吗'，那么仅仅通过两个问题，我就已经触及了一个人的梦想。"

浅层次的问题……
……可以转化为深层次的问题

你住在哪里？

你喜欢你现在居住的地方吗？

你在哪儿工作呢？

你最喜欢做什么工作？

你在哪儿上的大学？

你最喜欢大学的哪个部分呢？

你结婚了吗？

能讲讲你的家庭生活吗？

你在这里住多久了？

在你居住过的地方，哪里给你的感觉最好？

你有什么爱好吗？

如果有机会学点儿什么，你想学什么呢？

你在哪儿读的高中？

> 对现在的高中生，你有什么建议？
>
> 你来自哪儿？
>
> 在你长大的地方，你感觉什么是最美好的？

此外，深层次的问题有助于平衡男性、女性以及其他群体在情感表达方面所遇到的不平等待遇。这些问题之所以有效，部分原因在于它们引导而非强迫对方展现其脆弱性。在办公室等场合，这类问题既不会显得过于直接，也不会不合时宜。它们会促使人们在回答时进行更深入的思考，有助于克服我们先前提到的性别双重标准。纽约大学研究性别偏见的心理学教授玛德琳·海尔曼指出："女性在谈论情感时受到负面评价的一个原因是，它完全契合人们对性别认知的刻板印象。"她解释说，人类在认知上有偷懒倾向，当依赖于刻板印象和假设时，我们不需要深入思考便可快速做出判断。"因此，当女性谈及自己的感受时，有可能会对自己不利，因为这会让听者进一步肯定，原来'女性过于情绪化'的刻板印象是真的。"然而，研究表明，女性或其他边缘化群体提出深层次的问题，"会促使人们重新评估对你的看法"。当我们提出了一个有意义的问题时，比如"这份工作的最大好处是什么"，它会促使听者在回答前先进行思考。"有时候，这样的提问就足以让对方质疑自己先入为主的看法，并更加认真地倾听。"海尔曼说。[81]

哈佛大学有关速配约会的研究揭示了一个关键点：后续提问极为重要。研究者迈克尔·约曼斯向我解释道："后续提问是一个信号，表示你在认真倾听，并且希望深入了解对方。"[82] 后续提问会促进双方的互动和共鸣（"你在大学时最喜欢的活动是玩极限飞盘吗？""哇，我也是！""你现在还玩吗？"）。约曼斯指出："这类问题让你有机会表达自我，但又不会显得太自恋，这有助于让对话流动起来。"

在日常生活中，提出情感性问题的方法是，询问某人对某事的感受，并通过表达自己感受的问题来进一步深入交流。这种方法与我们先前讨论的建立情感连接的框架基本一致，尽管在形式上略有不同。如果我们能够提出那些促使对方思考、表达自己的价值观、信仰和经历的问题，并从自身出发以充满情感的方式做出回应，那么对话的双方便会自然而然地互相倾听。"最佳的倾听者并不只是在倾听。"耶鲁大学的心理学教授玛格丽特·克拉克表示，"他们会通过提问触动对方的情感，同时分享自己的感受，引导对方敞开心扉。"

互惠的喜悦

"正如我刚才提到的"，艾普利对聆听演讲的对冲基金经理们说道，"你们将与一位素未谋面的人一起交流，对话时长约 10 分钟。"许多与会者都是专程飞来参加此次活动的，他们大都从未见过。艾普利解释说自己正在进行一项实验，需要参与者与自己的沟通对象合作，互相提问并回答一些特定的问题，例如："如果有一个水晶球能够预知你的未来，你会想要知道吗？""你最为感恩的是什么呢？""能分享你上一次在别人面前哭泣的经历吗？"[83]

艾普利本可以选择从一个简单的问题开始，比如"你最近去了哪里度假"，然后逐步深入。在探索"快速交友程序"的过程中，阿伦夫妇同样认为应该从浅层次的问题入手。

然而，艾普利对这一常规假设持怀疑态度。[84] 他假定，提出深层次的、能够触及一个人内心脆弱的问题，比人们预想的要更容易，而回答这一类的问题也比人们预想的更愉悦。此刻，他有了验证自己这一看法的机会。[85]

在实验正式开始之前,艾普利要求每位参与者使用手机快速填写一份调查问卷,旨在评估他们对即将进行的对话有多少的不适感。结果清楚地表明:在场的对冲基金经理们对这次练习感到不安。他们担心"自己可能会对沟通对象不感兴趣,不会享受交流的过程,甚至会觉得尴尬",艾普利向我解释道。

随后,参与者根据分组开始了他们的对话。艾普利虽然听不到大部分的交谈内容,但在几分钟后,他注意到有人正在擦拭脸上的泪水。不久之后,一位男士和一位女士互相拥抱。10分钟过去了,艾普利要求大家结束对话,但似乎没有人听到指令。他不得不再次提高声音说:"打扰各位,请大家结束你们的对话,好吗?"最终,直到20分钟后,艾普利才成功地让所有人安静了下来。

此时,艾普利邀请大家再次拿出手机,填写另一份用以评估实际对话产生的不适感的调查问卷。在收集数据的过程中,艾普利还邀请大家分享刚才的体验。

"真是棒极了。"其中一位参与者说道。他解释说,自己一开始并不感兴趣,但当对方问到那个让他落泪的问题时,一切都发生了改变。他尽可能详细地回忆了一位与他关系很近的表亲的葬礼。随后,他的沟通对象走了过来,拍了拍他的肩膀,开始安慰他,并说一切都会好起来的,然后也落泪了。接着,对方很自然地分享了一些自己的故事。这位参与者表示:"这是我这几个月以来最棒的一次对话体验。"

当艾普利将此次实验以及其他迭代的观察结果发表在2021年的《人格与社会心理学杂志》(*Journal of Personality and Social Psychology*)时,他指出,参与者"普遍预期这样的对话会很尴尬,彼此间的连接会很微弱,聊天过程也不会愉快。然而,结果却完全相反"。[86] 艾普利在不同的群体中重复了这项实验，包括他的学生、公园里的陌生人、政界人士、律师、科技公司的员工以及在线招募的志愿者。每次实验的结果都相同：数据显示，参与者在几次互相提问和回答之后，"感觉与深入对话的伙伴之间的连接明显增强"。通过"分享个人过去的经历、喜好和信仰"所产生的脆弱感，以及讲述"会让人感到更容易受到他人评价影响"的故事，参与者感到，彼此之间有了"更加紧密的连接"，他们因此而"更加关心对方"并"更加专注地倾听对方的话"。同时，艾普利发现这类体验并没有明显的性别差异。他告诉我，从最富有的金融家到最遥远的线上陌生人，"每个人都渴望建立真正的连接"。我们都希望进行富有意义的对话和交流。

来自犹他大学、宾夕法尼亚大学和埃默里大学的多项研究发现，在对话中频繁提出问题，特别是提出那些触及对方内心深处的问题的人，在其同伴群体中更受欢迎，并且经常被看作领导者。[87] 他们拥有更强的社交影响力，人们更愿意与他们成为朋友、寻求他们的建议。实际上，无论在什么场合、什么地点，不管是与室友、同事还是刚刚认识的人交流，我们都能做到这一点：我们只需要询问他人的感受，并对他们分享的脆弱性做出回应。

在一项研究中，研究人员引导参与者向陌生人和朋友提出像"你犯过罪吗"这样的敏感问题。他们发现，提问者"认为这类敏感问题会让沟通对象感到不舒服，也可能会损害双方的关系。但实际上，研究不止一次地显示，这两个假设都是错误的"。[88] 提出深层次的问题比大多数人预想的要简单，其效果也远超人们的预期。

情感性对话是最难匹配的

当我为了写作本书，第一次给艾普利打电话时，我准备了一长串的问题，包含了从他进行的研究到他最近一次在别人面前哭泣的经历等各个方面。（他告诉我就在前一天午餐时，他因为谈到孩子而落泪。）

然而，通话开始后不久，艾普利就主导了我们的对话，他用一连串的问题引导了谈话的方向。他询问我为什么最初决定成为一名记者，是什么让我对目前的话题感兴趣，以及新冠病毒感染疫情期间我在加州的生活状态。我本想将对话引回我准备的问题，即那些直接关系到他研究工作的实际问题上。但是，他不停地提问，并逐渐深入，直到我发现自己竟不自觉地将个人情况全盘托出：从我的家庭状况，到最近一位兄弟遇到的法律问题，再到我希望这本书能如何帮助人们更好地理解彼此，等等。作为一名记者，这根本不是我该做的事！

直到某一刻，艾普利抱歉地说："真不好意思，我问了这么多问题。我并不是有意要浪费你的时间。"浪费时间？我完全没有这种感觉。恰恰相反，我觉得这次对话极具价值。

我们都明白，开始一段对话的关键是要明确我们究竟要进行哪种类型的对话。因为在讨论伊始，我们有必要确定好基本的沟通原则以及之后共同做出选择的底层逻辑。

然而，仅仅了解对话类型、明确沟通原则并不足以建立真正持久的关系。关系的建立需要情感连接。因此，情感性的对话至关重要。它们帮助我们了解自己正在与谁交谈，对方在想什么，以及对方最看重的是什么。进行"我们的感受如何"的对话可能会引发焦虑。有时候，我们也许会假装没有听到从对方声音中流露出来的情感，或者冷漠对待他人的坦诚，因为对我们来说，这种逃避要比接纳对方的脆弱并以自己的脆弱作为回应更容易。但人与人的真正连接是建立在情感之上的。

几年前，我的父亲去世了，那段时间每当我向周围的人提起我刚参加完他的葬礼，人们就会立即向我表达哀悼和慰问，但很少有人问我关于父亲离世的更多问题。实际上，他们很快就会改变话题，开始谈论其他事情。其实，我非常希望能够分享那段时间的经历，谈谈我的父亲、我在葬礼上听到的那些既让我引以为傲又悲痛万分的悼词，以及我再也无法和他分享喜讯的感受。父亲的去世是我一生中最重要、情感最强烈、记忆也最深刻的事件之一。每当有人问起我的父亲是一个怎样的人时，我都格外珍惜这样的机会。然而，除了亲近的朋友和家人之外，几乎无人问起。这也许是因为他们不知道要从何谈起，认为这么做不礼貌，或者不知道我是否愿意谈论这件事，也可能是因为他们担心即使我真的回答了，他们也不知道要如何回应。

19世纪的法国思想家皮埃尔-马克-加斯顿·德·莱维斯曾写道："根据一个人提出的问题而非给出的答案对其进行判断会更为容易。"然而，他并未具体说明应当提出何种问题。现代科学研究为我们提供了一些方向：我们应询问他人的信仰和价值观，探询那些改变了他们人生的经历与时刻，感受他们的情感，而不仅限于了解事实。我们需要重构并深化我们的问题，同时不要忘了跟进提问。当有人向你敞开心扉时，你也应坦诚相待。这个过程可能并不像你想象的那样令人不适，实际上它可能比你预期的更加吸引人，因为它会让你们之间产生真正的连接。

然而，有时候，我们难以用语言描述自己的情感。我们会通过语言之外的肢体动作、声音变化、叹息声和笑声来表达我们的感受。在这种情况下，我们如何才能成为具有高情商的倾听者呢？当我们看似聊得热火朝天，却唯独没有触及情感时，我们又如何才能发现对方隐藏在对话中的脆弱之处呢？

4

如何听到他人未言明的情感

《生活大爆炸》

《生活大爆炸》堪称有史以来最成功的情景喜剧之一。在最初构思时，它的目标就非常明确：要展现一群与他人难以建立关系的怪咖天才，他们不擅长与人交往，除非对方会讲电影《星际迷航》里的克林贡语，或是能听懂有关量子力学的笑话。

这部情景喜剧的诞生源于它的创作者比尔·普拉迪和查克·洛尔在2005年进行的一次头脑风暴。普拉迪走了一条迂回的好莱坞之路，在与被誉为"情景喜剧之王"的电视界资深人士洛尔合作之前，他是一名软件工程师。有一天，当两人一起构思新剧时，普拉迪讲起了自己在做程序员时遇到的一些既奇怪又迷人的家伙。他告诉洛尔，自己曾经有位同事，编程能力超强，但在人际交往方面一塌糊涂。每次他们一起去吃饭，对方总会花很长时间来计算小费。[89] "比如，他会分析'嗯，这个女服务员一直在微笑服务，我们应该多给她一点儿小费，增加两个百分点。可是，她只给我们续水一次，可能又需要扣掉三个百分点。她好像在给我抛媚眼，却又不记住我的名字，这可怎么算呢？'"普拉迪说，"结果，他每次都要花上20分钟才能支付账单。他的脑袋里好像就没有如何与人交往的那根弦儿。"

"我还从来没在电视上看到过这样的人物，"洛尔回应道，"也许我们可以打造一个以他们为原型的电视剧？"

于是，他们开始构思剧情，设定角色。考虑到程序员一天到晚都盯着屏幕，这可能会让剧情单调无聊，他们转而联想到了一群年轻的物理学家。[90]这些人能够轻松讲解什么是"玻恩–奥本海默近似"和"薛定谔的猫"，却对如何约会一窍不通，或者当科幻剧集《太空堡垒卡拉狄加》播放时，他们会因为有人坐在了自己心爱的座位上而情绪失控。[91]

根据人物设计，电视剧中的每一位物理学家都有自己的怪咖特质。主角谢尔顿为人严谨、善于分析，却在情感上缺乏认知。大多数情况下，他既无法读懂他人的情绪也无法表达自己的感受。谢尔顿的室友莱纳德渴望谈场恋爱，可是在交友方面笨拙无比。他想邀请一位女士去一家印度餐厅约会，理由竟然是"咖喱是天然的泻药"。第三位是拉杰，只要有女士在场，他就会哑口无言。而最后一位是霍华德，一名工程师而非物理学家。他的这个身份让他似乎低人一等。可是，他会说克林贡语和一点儿精灵语，并吹嘘自己还知道一系列夸张的搭讪话术。当然，最重要的是这几个角色有一个共同点：社交无能。他们时常会误读他人的情绪并错误地传达自身的感受。因此，这部电视剧想要展示这样一个事实：即使是最聪明的人也会在人际关系方面困难重重。

在正式撰写剧本初稿前，洛尔和普拉迪首先向制片方说明了想法。大家听了之后无不欢欣鼓舞，因为这些人物形象都是独一无二的原创角色！很快，试播集定档成功。然而，在开始策划首集剧情时，他们却遇到了一个难题。"如果观众无法理解角色的感受和情绪变化，那么情景喜剧根本无法成立。"普拉迪向我解释道。

情景喜剧通常节奏很快，笑料迭出，包袱不断。如果想要获得成功，不仅要让观众在角色出现在屏幕上的那一刻起就能抓住他们的情感状态。"还需要让观众看到角色之间的情感关系。"普拉迪补充说，"比如，当两个角色发生争执时，观众需要明白他们之所以争执是因为彼此厌恶，还是互相爱慕，或者是心存爱意但又表现得不屑一顾。"角色的情感流动是剧集的灵魂。普拉迪强调说："情感的展现必须是直截了当、显而易见的。"换句话说，即使剧中存在一些未被言明的情感，但对观众来说，他们依然能够感知到角色的情感状态。

于是，问题出现了。根据《生活大爆炸》的角色设定，主要人物都不擅长情感表达。以谢尔顿为例，他将情感视作麻烦，认为安慰朋友最好的方式就是直言不讳地告诉对方"还有无数个更糟糕的决定在前方等着你"。[92] 莱纳德虽然能轻松解释 $E=mc^2$ 方程，却无法理解为什么会有人因为他偷看了他们的日记而不开心。所有这些误解和沟通障碍正是这部情景喜剧的幽默核心。可是，如果剧中角色都不擅长表现自己的情绪和感受，你又如何能够编写出一个情感丰富且引人入胜的故事呢？

一种方法是让角色通过语言直接表达，但这么做有它的局限性。普拉迪对我说："你确实可以这样安排对话，比如，'你晚餐迟到了，我好生气！'可是在现实生活中，人们通常并不这样讲话。"人们倾向于通过行为而非直白的语言来表达自己的情绪。普拉迪解释说："如果有人冲你喊道，'晚饭给你做好了，你可别客气！'，你就知道对方可能不高兴了。"心理学家将这种方式称为非言语情感表达，而这种表达占据了日常情感表达的一大部分。心理学家丹尼尔·戈德曼写道："人们很少用语言直接表达情绪。因此，理解他人情绪的关键在于能够识别非言语的表达方式，例如语调、手势和面部表情等。"[93]

因此，洛尔和普拉迪面对的挑战是：他们既不能让角色直接说出自己的感受（这么做既不真实又破坏了剧情效果），也不能让角色用简单粗暴的方式表达情绪，因为根据人物设定，他们也不擅于表现自己的情感。于是，编剧们尝试通过塑造另外一些情感更丰富、表现形式更灵活的人物形象来与之形成鲜明的对比。于是，他们创造了凯蒂这样一个角色：住在隔壁，刚刚分手，整个人情绪低落。她的悲观消极恰好突出了主要人物的乐观积极。为了进一步强调角色对伴侣的渴望，编剧又塑造了一个名为吉尔达的女物理学家。她对性的开放态度和直率是她的一大特点。在试播集中，她宣称自己曾在一次《星际迷航》集会上，身穿角色扮演服与人发生了关系。这个细节被用来反衬剧中男性角色的不成熟和经验匮乏。

在编剧完成剧本、选角试镜并拍摄试播集之后，制片方便招募观众进行了试播，并收集观众的反馈。[94]这是美国电视剧制作的一个常规操作流程。制作团队一致认为，观众会喜欢这部电视剧。

然而，试播效果并不理想。观众对凯蒂和吉尔达这两个角色尤为不满。他们表示这两个角色令人不悦，让人感觉有威胁性。不过，最主要的问题是，观众在观看时倍感困惑。他们不知道要如何去理解剧中的主要人物：这群年轻的物理学家是天真的孩子，还是被赋予了性别特征的成年人？[95]是可爱的天才，还是容易上当受骗的傻瓜？而且，角色与角色之间似乎也缺乏联系。这种设定让观看试播集的观众在情感上困惑不解。

"你不能制作一部让观众不知道如何投入其中的情景喜剧，"普拉迪对我说，"一集22分钟，不能只有笑点而没有任何的情感关系。"

《生活大爆炸》的试播集未能引发预期的反响。不过，制片方又给了洛尔和普拉迪一个机会：重写剧本，重拍试播集，再次尝试。听到这个消息之后，洛尔对普拉迪说："我们需要深入挖掘这些有趣的、出众的但又不合群的人物，弄清楚他们究竟是怎样的人。"

被冷冻干燥的航天员情感

从婴儿期开始，甚至在学会说话之前，人类就能够通过观察他人的行为，比如对方的肢体语言、说话音调、眼神变化、面部表情、叹息声和笑声等，来理解情感。[96] 然而，随着年龄的增长，这种能力会逐渐退化。我们开始更多地关注对方的语言表达而非行为表现，从而忽视了许多非言语的情感信号。口头表达蕴含着丰富的信息，并且据此判断也相对容易，我们因此会忽略许多其他的重要线索[97]。举例来说，当一个人双臂交叉、眉头紧皱、目光下垂时，这通常表达了一种沮丧不安的情绪，那么他们口中的"我没事，真挺好的"便没有反映其真实感受。

有些人善于捕捉那些未被言明的情感，展现出一种能够洞悉他人内心世界的情感智慧。我们身边就有这样的人：尽管我们一言未发，但总有一些朋友能觉察到我们情绪不佳；当工作遇挫时，也总有一些领导能及时地给予我们鼓励或适当的批评，来帮助我们走出困境。我们会很自然地认为，他们具有某种非凡的观察力或者异常的敏感度。有时，的确如此。然而，多年的研究表明，这其实是一种任何人通过学习和训练都能获得的技能。我们都可以学会识别他人流露真情实感的非言语类线索，并通过这些线索来理解对方的感受。

在 20 世纪 80 年代，NASA（美国国家航空航天局）的一位精神科医生特伦斯·麦圭尔便深入探讨了这个问题。[98] 他想知道是否能够通过某种测试识别出某个个体，比如应聘者，在捕捉他人情感方面具有特别的能力。麦圭尔想要据此挑选出那些在情感交流方面颇具天赋的航天员候选人。麦圭尔是 NASA 载人飞行方面的首席精神科医师，主要负责对每年数千名航天员申请者进行筛选，评估他们面对太空环境压力时的心理适应能力。

NASA当时正面对着一个前所未有的挑战。在该机构大部分的历史中，载人航天任务通常的飞行时间相对较短[99]，大多一两天，最长不超过一周半。直到1984年，时任美国总统的罗纳德·里根指示NASA建设一个国际空间站，这让航天员每次在空间站的停留时间达到了一年左右。[100] 而对麦圭尔来说，这意味着NASA需要一批新型航天员和一套新的心理评估方案。麦圭尔在1987年给上级提交的报告中写道："空间站的建立意味着航天员需要在一个狭小的空间内连续工作至少6个月，因此我们需要更加细致地考虑航天员的个性特征。"[101]

NASA对航天员的甄选历来具有极高的标准：申请者必须通过严格的体检；具备科学或工程学学位，并有与驾驶战斗机类似的相关经验；个头既不能太高（超过6.4英尺①将无法适配宇航服）也不能太矮（低于4.8英尺则双脚无法触及地板，甚至可能在活动时身体从宇航服的肩带中滑出）；必须证明自己能够在面对极端情况时保持冷静，比如其中一项测试要求他们在水下操作时保持血压稳定，能有效应对压力，并且在模拟失重环境的飞机中不出现呕吐等反应。

但是现在，麦圭尔确信NASA对航天员的选拔还应该增加一个新标准：情商。这个概念当时刚刚由耶鲁大学的两位心理学家提出。他们认为存在一种"社会性智商，涉及检视自己以及理解他人感受和情绪的能力"。[102] 具有高情商的人知道如何与他人建立关系，懂得何时与他人共情，并能够有效调节自己及周围人的情绪。1990年，耶鲁大学

---

① 1英尺=0.3048米。——编者注

的研究人员在学术期刊《想象、认知与个性》(*Imagination, Cognition and Personality*)上发表了一篇文章,其中写道:"高情商的个体能够感知到自己和他人的情绪。他们对体验到的或正面或负面的情感持开放态度,能够识别这些情感,并知道如何恰当地表达和交流情感……高情商的人通常令人感到愉悦,使周围的人感觉良好。不过,他们并不是盲目地追求快乐,而是在成长的道路上更关注情感的发展。"

同时,当时发生的一些事件也凸显了情商在太空飞行任务中的重要性。1976年,苏联的一项太空飞行任务因为全体机组成员出现了集体幻觉而不得不取消。他们一致报告称闻到了一种后来被证明只是幻觉的奇异气味。无论是在美国还是苏联,航天员在执行太空任务期间及之后都有出现抑郁情绪的记录。而这些抑郁情绪可能导致当事人更容易与同事发生冲突,表现出更加偏执和防御性的行为。[103]

不过,NASA最担忧的问题是沟通障碍。它在当时仍深受1968年发生的阿波罗7号事件的困扰。阿波罗7号的机组人员在穿越大气层时就开始与地面控制中心发生争执。起初,争执基于一些具体原因:三名航天员抱怨自己被催促执行任务并且收到的指令不清晰。但是随后,争执逐渐演变为无形的愤怒和普遍的不满,航天员开始为一些小事而大动干戈:抱怨食物质量、不愿意听从指令参与即将播出的电视节目,不喜欢卫生间的设计、不满意地面控制中心工作人员的说话语气。[104]引发种种争论的核心人物是机组的指挥官沃利·施艾拉,一位有着出色履历的前海军试飞员。NASA的心理学家后来分析,由于飞行任务本身带来的情绪压力,以及因为飞行前其他三名航天员在驾驶舱火灾事故中不幸丧生而感到悲痛,施艾拉在执行任务期间变得好斗且多疑。后来,在完成任务并返回地球后,施艾拉及其团队成员再也未能重返太空。

NASA需要能够管理自身情绪，并且能敏锐感知他人情绪的航天员。在距离地球数百英里的狭窄空间里，即使面对紧急状况，他们也依然能够与团队成员有效互动。麦圭尔在阿波罗7号事件发生时加入了NASA，在随后的20年里一直负责航天员的选拔工作，关注候选人身上潜在的抑郁或好斗倾向。随着太空任务持续时间的延长，他感到需要考虑的因素日益增多。NASA需要的航天员不仅要心理坚韧，更要具备高情商，能够一连数月在一个既是工作区域又是生活空间的封闭环境中，妥善处理各种压力、争执，以及无聊和焦虑的情绪。

然而，麦圭尔深知挑选出具备这些特质的候选人有多么困难。最主要的挑战在于，每一位申请者的心理评估结果看上去相差无几。无论做何种测试，提出哪些问题，他似乎都无法触及候选人的内心世界，预判他们在长达6个月的任务执行期间，又或在太空中遇到紧急情况时的真实反应。而且，每一位申请者似乎都知道在面试时应该说些什么。他们练习过如何描述自己的弱点和遗憾，以及如何完美地解释自己面对压力的策略。因此，麦圭尔的心理筛选无法区分出真正高情商的人与那些伪装得很好的人。"我和我的前任一样，使用了一整套复杂的心理测试工具。"麦圭尔在给NASA上级的报告中写道，"但是，我对测试结果感到失望。"

麦圭尔开始重新回顾过去20年间不同申请者的面试录音，寻找之前有可能错过的一些线索，以及能帮助他区分出真正高情商候选人的信号。由于能够查看人事档案，麦圭尔清楚地知道哪些申请者后来工作出色，成了杰出的领导者，而哪些人由于无法与他人和睦相处而终被淘汰。

就在这个重新回顾的过程中，麦圭尔在听以往的录音时留意到了之前未曾察觉的一个细节：有些候选人的笑声显得与众不同。

在不好笑处笑出声

尽管笑看似并非评估情商的常规方式,但它的确是情感交流的核心要素之一。重要的不单是能感知到他人的情感,更关键的是要能准确地传达自己的感受。笑往往是表明我们理解他人感受的一种表达方式。

在 20 世纪 80 年代中期,也就是麦圭尔开始寻求航天员选拔新方法的前几年,马里兰大学的心理学家罗伯特·普罗文开始了对人们何时以及为何会发笑的探究。[105] 普罗文及其助手在商场里观察人群,在酒吧里偷听他人谈话,并携带着隐藏式录音设备乘坐公交车。最终,他们收集了 1 200 份"人类自然发笑"的一手资料。[106]

普罗文最初的假设并没有什么特别之处,即人们之所以会笑是因为遇到了有趣的事情。但是,他很快就发现这个假设其实并不成立。他在《美国科学家》(American Scientist)杂志上发文指出:"与预期相反,我们发现绝大多数的笑并非对幽默(比如笑话或滑稽故事)的一种反应。在我们搜集的样本中,只有 20% 不到的笑是对某种幽默行为的直接回应。"

相反,人们之所以会笑,是因为他们希望与自己正在交谈的对象建立连接。普罗文写道,绝大多数的笑声"出现在相当普通的表达之后",例如"谁有橡皮筋","见到你,我也很高兴"或者"我觉得我做完了"。

普罗文总结道:"互相的打趣、群体的归属感和积极的情感氛围,而非幽默元素,是大多数笑自然发生的社交环境的特点。"他认为笑之所以富有影响力是因为它具有传染性,"笑是一种人与人之间直接的、不由自主的、从一个大脑传递至另一个大脑的沟通方式"。[107]

换言之,我们通过笑向某人表明我们想要与之建立连接的意愿,而对方通过回笑来表示同样的意向,这种互动遵循着类似"快速交友程序"的互惠原则，同时也是情绪传染的一种体现。因此，情商高不只意味着能够感知他人的情绪，更重要的是让对方知道我们感受到了他们的情绪。笑，连同其他的非言语表达方式，比如倒吸口气、叹息、微笑或皱眉，都是体现匹配原则的具体行为，即通过调整自己的行为来完成大脑之间的同步，从而与对方进行有效的沟通和互动。

因此，如何实现与他人的情感同步便极为关键。普罗文在重听录音时发现了一个引人注目的现象：如果两个人同时发笑，其中一人哈哈大笑，而另一方只是礼貌性地轻声浅笑，那么他们日后的关系并不会很亲密。当我们一起发笑时，除了笑这个动作本身，笑声的强度也同样重要，因为它表达了建立连接的意愿。如果有人在我们开怀大笑时只是敷衍地笑了两声，我们可能会感受到对方的冷淡，并将之看作对方不想与我们情感同步的信号，正如普罗文所述，笑声是"一种支配/服从或接受/拒绝的信号"。如果我们对某人的笑话仅仅是微微一笑，而对方却在放声大笑，那么我们双方都会感到彼此并不同步，甚至更糟糕的是，我们会觉得一方用力过猛，而另一方明显地缺乏热情。

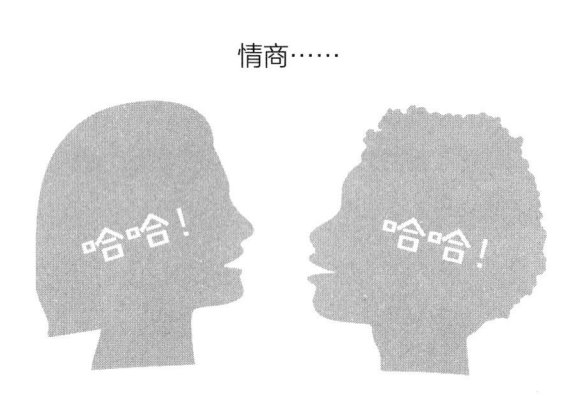

情商……

源于让对方知道我们感受到了他们的情感。

笑可以帮助我们判断对方是否真心希望与我们建立连接。这个观察十分重要，因为它揭示了匹配原则的运作方式：仅仅模仿一个人的笑声、用词或表情并不能拉近彼此的距离，因为这样的行为没有展现出真情实感。简单地模仿他人并不能表明我们有意了解他们。如果你开怀大笑，而我只是轻轻一笑，那你可能会觉得我并不想要接近你，或者我并不感兴趣，甚至还有些孤傲高冷。真正重要的不是说话及行为方式的相似性，而是双方想要协调一致、互相匹配的意愿。

2016 年的一项研究表明，参与者只需要听一秒钟的笑声录音，就能准确分辨出这是朋友之间的还是陌生人之间的笑。笑声，与许多非言语的表达一样，之所以可以帮助我们判断是因为它很难被伪装。如果有人不是发自内心地想笑，我们通常都能察觉到。在该实验中，即使脱离了具体情境，参与者只需听上一秒，就能辨识出录音中的人们是在自然相处还是在勉强应对。[108] 一则笑话可能本身并不好笑，但是如果我们都因为它而发出类似的笑声，那就意味着我们在互相发出想要建立连接的信号。

情绪与能量

那么，我们如何向他人表明我们正在试图与其建立连接的意愿呢？我们又如何向他人表示我们不仅仅是在模仿他们的语言和行为，更是在认真地倾听他们的情感呢？

问题的答案根植于我们的大脑在进化中形成的一套机制，一个我们通常不自知但会用来快速粗略地评估他人情感状态的方法。每当我们遇到一个人时，这套机制便会启动，驱使我们留意对方的情绪

（心理学家称之为"效价"）和能量（或"唤醒"）。① 109

当我们遇到某个人，并观察到他们表达情绪的行为时，比如大笑、皱眉或微笑，我们通常首先注意到的是他们的情感（正面的还是负面的？110）和能量水平（是精力充沛的，还是有气无力的？）。举例来说，如果你看到一个人皱着眉头（负面的），很安静（能量低），你可能会感到对方很悲伤或很失落，但你不会觉得对方很危险，你的大脑也不会因此发出尽快离开的报警信号。

但是，如果对方皱着眉头（负面的），对你怒目而视，大喊大叫（高能量），那么你会推断他们正在生气或具有攻击性，因此你会立即警觉起来。你的大脑会产生一种轻微的焦虑感，促使你准备逃离。我们仅通过观察一个人的情绪和能量，便能快速了解对方的情绪状态。

当你遇到某个人时，你可能并没有完全意识到自己已经留意到了对方的情绪和能量。这是一种无意识的本能行为。你的大脑已经进化出了通过捕捉有关情绪和能量的信息，来判断一个人是否友好或具有威胁性的能力。111 这种能力的优势在于，我们可以仅凭一个眼神，在毫不了解对方的前提下，迅速识别出对方的情绪状态。对情绪和能量的本能感知让我们即时做出判断：是逃跑还是留下，对方是潜在的朋友还是敌人。这种能力非常实用，比如当我们遇到一个陌生人时，它可以帮我们判断对方神情迷茫、沮丧，需要我们的帮助，或者对方看起来怒不可遏、情绪不稳，很可能会迁怒于我们。

---

① 任何有阅读心理学期刊经验的人都知道，研究者在使用"情绪"和"能量"这样的术语时会非常地小心谨慎。关于本章中所用术语的更多细节，请参阅文末的注释。

情绪

	正面	负面
高	乐观、热情、快乐、兴奋	生气、愤慨、被侮辱、震怒
低	幸福、满足、感恩、满意	沮丧、恼怒、脾气暴躁、灰心丧气

能量水平

情绪和能量通常通过非言语的方式表达。这些非言语的线索非常重要，因为我们虽然可以轻易辨识某个人是愤怒还是悲伤，但是正如华盛顿大学圣路易斯分校的组织行为学教授希拉里·安格·埃尔芬贝因所说，想要"准确理解具体的情境颇具挑战性"。一个人紧锁眉头究竟是因为焦虑，还是在集中注意力？他们微笑到底是因为见到我们很高兴，还是因为太过激动，或是假笑？即使我们确实想要理解并匹配他人的情绪，但是如果不确切了解对方的真实感受，我们就很难做到。

因此，我们的大脑进化出了一套迅速识别情绪和能量的反应机制，它让我们几乎在瞬间就能察觉到他人的情绪状态。通常，这一机制足以帮助我们做出判断，并基于这些判断进行相应的情绪调整，从而确定我们是否应该保持警觉。

在深入研究笑的过程中，研究人员发现了一个有趣的现象：当人们发自内心地一同欢笑时，他们的情绪和能量几乎总是一致的。如果一个人轻声浅笑（正面的、低能量的），而其同伴以类似的方式回应，他们就会感到彼此呼应，协调一致。如果一个人哈哈大笑（正面的、高能量的），而其同伴也以同等的音量、节奏和强度的笑予以回应，那么他们也会感到彼此连接。

但是，如果一个人真心地在笑，而另一个人敷衍了事，尽管笑声听上去很相似，但是你仍然能够准确分辨其中的不同，因为他们的情绪和能量并不一致。这意味着双方并没有建立起连接。的确，两个人都在笑，但一个人是开怀大笑，而另一个人是勉强轻笑。对于一个不经意间听到这两种笑声的人而言，它们可能没什么区别；但对于仔细倾听它们的人来说，两者在音量和节奏上，即双方的情绪和能量，明显不匹配。笑声虽然听上去很相似，但是如果双方的效价和唤醒并不匹配，那么双方就没有同步。

我们通过向他人展示我们已经感知到了他们的情绪来体现自己的情商。为此，我们需要仔细留意他们的情绪和能量，并做出相应的调整。情绪和能量是建立情感连接的非言语工具。当我们调整自己的情绪和能量使其与他人的相匹配时，我们实际上是在表达希望与对方保持一致的意愿。[112] 有时，我们可能会寻求完全的匹配——你笑，我也笑；有时，我们会表达对他人情绪的认知（你看上去很难过），但并不会进行匹配，而是会伸出援手（有什么能让你高兴起来呢？）。无论采取哪种方式，我们都在向对方传达一个信息：我感受到了你的情绪。这种明确的连接意愿是帮助我们建立连接的关键一步。

同样的模式也适用于其他非言语的交流。当我们哭泣、微笑或皱眉时，我们相信如果他人以类似的情绪和情感强度回应我们，就意味着他们理解我们。他们不必同我们一起流泪，但是他们的确需要在唤醒和效价上与我们匹配。这样的匹配让我们相信，对方理解我们的感受。如果他们的反应只是表面上和我们相似，而情绪和能量与我们的不同，我们也能察觉其中的差异。"你们的面部表情可能一样，说的话也几乎完全相同，但是只要你们的效价不同，你们便能感觉到自己与对方并非在感知同一件事。"埃尔芬贝因说道。

超级沟通者之所以能够精准地捕捉他人的情绪，其中一个原因是他们习惯于留意他人的手势、音量、语速、节奏和情感中的能量。他们会关注一个人的体态，以此来判断他现在是情绪低落，还是兴奋到不能自已。超级沟通者会主动匹配对方展现出来的情绪和能量，或者至少能识别它们，并清楚地表明自己愿意与对方步调一致。他们会通过肢体语言和声音变化帮助我们感受到自己的情绪有被看到和听到，通过匹配我们的情绪和能量，来表明他们正在努力与我们建立连接。

想听一个与航天员有关的笑话吗？

特伦斯·麦圭尔酷爱阅读发表在心理学学术期刊上的文章。作为 NASA 的一员，他需要经常参加学术交流会议。在这些会议上，时常有像普罗文这样的学者分享他们的最新研究成果。因此，在回顾和总结过去 20 年来甄选航天员的录音资料时，他留意到了最近兴起的有关非言语表达、情绪和能量的相关研究。他开始考虑是否可以借助其中的真知灼见，通过仔细倾听申请者发出的叹息声、咕哝声、笑声以及说话语调等线索来评估他们的情商。因此，麦圭尔在听录音的过程中，开始有意收集申请者非言语的情绪表达。

最后，他观察到一个有趣的现象：在面试过程中，当他笑出声时，有些候选人能够自然而然地与他传递出来的情绪和能量进行匹

第 4 章 如何听到他人未言明的情感：《生活大爆炸》 119

配，这部分人后来都成了优秀的航天员。即使他讲的东西并非那么有趣，他们也会应声而笑，而在他开怀大笑时，对方也会毫无保留地哈哈大笑。而且，麦圭尔能感觉到对方并非有意为之，而是给出了非常自然、真诚的反应。麦圭尔还记得，当遇到这种情况时，他也会感到放松与被理解，与申请者之间产生了一种亲近感。

当然，还有其他一些候选人，包括那些后来证明对NASA来说并不那么理想的航天员，在麦圭尔笑的时候也会跟着笑，但双方的情绪和能量水平却大不相同。当麦圭尔开怀大笑时，他们只是轻声浅笑；当麦圭尔微笑时，他们又会夸张回应。如麦圭尔在重新听这些录音时所感受到的那样，他们在刻意迎合。这些参加面试的候选人知道自己应当跟着笑，但是他们这么做只是出于基本的社交礼仪，而非用心领会了之后的真实回应。

在麦圭尔细致分析非言语情绪表达的过程中，他注意到，除了笑声，其他的表达形式也呈现出了类似的模式。在一些录音中，他发现当自己在表达某种特定的情绪时，申请者的非言语反应，比如声音的变化、语调的调节以及说话节奏的快慢，要么与他相匹配，要么和他完全不同。麦圭尔随后向NASA的领导报告了这一发现。他指出"言语、语调、体态、手势和面部表情构成了一座信息的宝库"。这些非言语线索既是对方是否想要建立连接的信号，也是对方是否擅长或重视情感连接的信号。麦圭尔认为，如果申请者能在面试过程中与面试官建立良好的连接，那么他同样会在执行太空任务时与团队成员更好地协同合作。[113]

因此，在之后的面试工作中，麦圭尔决定采取一些新方法。他计划在每次面试时主动展现自己的情绪，鼓励候选人分享自己的情感经历，并通过调整自己的情绪和能量来观察申请者是否会跟进匹配。

• • •

几个月后，麦圭尔走进了一间房间，面试了一位 30 多岁、发型整齐、着装整洁的男士。这位申请者不仅身体健康，还拥有大气化学的博士学位和 15 年出色的海军服役经历。换句话说，他正是 NASA 的理想候选人。

麦圭尔走进房间时故意装作不小心把文件撒了一地。在弯腰收拾文件时，他提到了自己今天佩戴的领带——一条点缀着彩色气球的明黄色领带，这是儿子送给他的礼物。他解释说，他的儿子今天非要他戴这条领带。"所以，你看，"麦圭尔大笑着说，"我现在看起来简直就像个小丑！"面试的这位候选人礼貌性地笑了笑，并没有哈哈大笑。

接着，麦圭尔让候选人分享一段自己人生中的艰难时光。这位候选人提到，一年前，自己的父亲因车祸离世，这对他的家庭造成了巨大的打击。他讲述了自己如何与一位牧师袒露心声，并逐渐接受现实的过程。这位申请者的回答可以说无可挑剔，既流露出了他的真诚与脆弱，又让人看到了他能够触及并管理自己的情感，不为其所累。这正是 NASA 在遴选航天员时期望看到的反应类型。放在以前，麦圭尔肯定会给予他高度评价。

可是这一次，麦圭尔没有就此止步。他和候选人提起自己的姐姐也是意外离世。他在讲述时有意让自己的声音听上去有些颤抖。他还回溯童年，提到了姐姐在他生命中的意义。在那一刻，麦圭尔明显地表达了自己的悲伤。

几分钟后，麦圭尔引导话题，让这位候选人讲一讲他的父亲。

"他非常善良，"这位男士说，"对遇到的每个人都非常好。"

第 4 章 如何听到他人未言明的情感：《生活大爆炸》

而后,他就坐在那里开始等待下一个问题。他并没有展开讲述自己的父亲,也没有询问任何与麦圭尔的姐姐有关的问题。

这位男士最终未能成功入选。麦圭尔对我说,"答案显而易见,他缺乏必要的同理心"。也许,他不是那种喜欢谈论个人生活的人。也许,他父亲的去世依然是一个无法触碰的痛点。这些表现并不代表性格上的缺陷,但的确表明他在建立情感连接方面缺少经验。麦圭尔也指出,这并非该候选人未能入选的唯一原因,"只是其中一个原因"。由于 NASA 从来不缺资质出色的申请者,所以它在选拔过程中会非常挑剔。"我们寻找的是精英中的精英,而且在情商方面要特别出众。"

几个月后,麦圭尔面试了另一位候选人。他再次在走进房间时故意将文件撒了一地,同样开起了领带的玩笑。这一次,这位候选人不仅跟着麦圭尔一起哈哈大笑,还迅速起身帮他整理文件。当麦圭尔让他描述自己人生的艰难时刻时,他谈到了一位过世的朋友,但他也提到自己一直很幸运:父母健在,他在 19 岁那年结婚,至今依然爱着他的妻子,孩子们也都在健康成长。继而,麦圭尔提到了自己去世的姐姐。这时,这位候选人主动问道:你们关系亲近吗?姐姐的离世对你妈妈有什么影响?你现在还会想起她吗?他还谈起自己在朋友去世后的几个月里经常在梦里和对方聊天。麦圭尔对我说:"他显然很想了解我的经历,并且也愿意同我分享他的故事。"这位男士后来成功入选。

麦圭尔最终整理出了一份注意事项,在面试时重点观察候选人的表现:他们对表扬有什么反应?面对质疑又会有什么反应?他们如何描述被拒绝或孤独的感受?他们是否会回答旨在评估他们情感表达能力的问题,比如:他们何时感到最快乐?是否低落沮丧过?此外,麦圭尔特别关注候选人在回答问题时的肢体语言和面部表情，观察他们的体态何时显得紧张或放松；候选人是否有意邀请他走进自己的内心世界？是否表现出想要建立连接的意愿？

麦圭尔在每次提问时，除了让候选人有机会回答之外，自己也会回答自己刚刚提出的问题，分享自己的快乐与遗憾，表达自己的愤怒、喜悦或犹豫不决。接着，他会仔细观察候选人是否会尝试与他在情感上进行匹配。对方是否在听完他的故事之后对他报以微笑？是否试图安慰他？他后来写道："几乎所有被选中的航天员都有很强的认知能力，但是在情感层面展现出高度的觉察力和敏感度的人，始终是少数。"

候选人对情感的具体表达远不及他们如何表达重要。有些人很快就展现出热情的一面，而有些人则表现得更为沉着冷静。不过，最重要的是他们是否能够感受到麦圭尔的情感，并与他传达的情绪和能量进行匹配。对一些候选人来说，这种匹配近乎是一种本能反应，但对另外一些人来说，它更像是一种后天习得的技巧。还有一些人则似乎根本做不到。其中的差别帮助麦圭尔区分出哪些人能够轻松与他人建立起情感连接；以及当压力增大时，哪些人会更容易情绪激动或更具有攻击性和防御性。麦圭尔在给NASA指挥部的信中写道："对于那些内心敏感且富有同理心的人来说，在一个狭小拥挤的空间内长时间地与他人相处相对更为容易，因为他们能够更早地发现问题，并有效地参与解决。"

1990年，NASA选出的一组航天员包括了5名女性和18名男性，其中7人是飞行员、3人是物理学家，还有1名医生。[114] 此时，麦圭尔已经明确知道自己在选拔过程中应该关注的主要问题：候选人是否会明确地表现出他们试图与他表现出来的情绪和能量进行匹配。如果答案是肯定的,那么这说明对方非常重视情感沟通。

这个框架对我们所有人都具有指导作用,因为我们很难准确判断一个人的真实感受,确定对方的情绪状态是生气、沮丧、挫败还是烦躁,又或是混杂着不同的情绪。或许有时候,就连当事人自己一时也说不清楚。

因此,与其试图破解具体的情感类型,不如将注意力放在观察对方的情绪(是正面的还是负面的?)和能量(是高还是低?)上,并据此进行相应的匹配。如果直接匹配只会加剧情绪的紧张,那么你可以通过肯定对方的情感来表明你的支持和理解,明确展示出你正在努力理解他们的情绪状态。同时,你在表达自己的情感时,也要留意对方的反应是否与你表达的情绪和能量相呼应。这是一个行之有效的沟通技巧。例如,在某些客服中心,接线员会接受专门训练,让自己在音量和语调方面能够与来电者进行匹配,让对方感受到自己有被听见。Cogito公司开发的一款软件会通过屏幕弹窗来提示操作员应该加快还是放慢语速,提高或降低声音的能量水平,以呼应来电者的情绪状态。使用这款软件的公司告诉我,这让客服工作顺利了许多。当然,前提是用户不知道有一款程序在指导操作员要如何表达。

当我们对他人的情绪和能量进行匹配或予以肯定时,我们实际上是在向对方表明,我们想要理解他们的情感生活。这是一种达成同理心的慷慨行为。它使得展开与"我们的感受如何"相关的对话变得更容易。

生活(情绪)大爆炸

当查克·洛尔和比尔·普拉迪获悉他们有机会重新编写并拍摄《生活大爆炸》的试播集时,距离他们首次录制已经过去了好几个月。"我差点儿就拿起电话说我准备退出了。"洛尔说。[115]

但是，他们明白自己必须再给这个项目一次机会。那时，很多试镜的演员已经开始寻找其他的拍戏机会了，洛尔和普拉迪意识到自己必须加快脚步。他们当即做出了一些重大调整：恼人的邻居凯蒂被删除了，而性行为开放的《星际迷航》粉丝吉尔达也被淘汰了。相反，洛尔和普拉迪引入了一个全新的角色：佩妮，一位待人友好，怀揣着明星梦的女演员，虽然目前是一名服务员，但一心想要被人发现。"我们选择了一个全新的方向，佩妮带给人轻松愉快的感觉，"普拉迪对我说，"即使她读书不怎么样，但是在人际交往方面，她绝对聪明。"

那么，接下来的问题是要如何设定佩妮与这些怪咖物理学家之间的互动关系。难题依然存在：如何让观众明确感知到角色之间的情感流动，同时又保留角色各自的人物特点，比如不善交往的谢尔顿和莱纳德。

在重新录制试播集时，洛尔和普拉迪重新编写了物理学家们第一次遇见佩妮的场景。他们选择让初次相遇发生在佩妮搬进公寓的那一刻。那么，谢尔顿和莱纳德应该如何反应呢？是紧张焦虑，还是沉稳冷漠？这些反应似乎都不太对。

最终，他们采取了一种全新的策略：不着重表现谢尔顿和莱纳德的具体情感反应，而是让每位演员重复说同一个词——"嗨！"，并保持相似的基本能量和情绪水平。这一做法即使不会产生其他效果，至少也会显得很滑稽。而且，这种方式还能让观众感受到，剧中每个人都在尝试与他人建立连接，但是他们由于过于笨拙而显得不知所措。普拉迪向我解释说，他们在编写剧本时，并没有特别考虑情绪和能量，或者说电视剧编剧们"通常不会那样思考"。他开玩

第 4 章　如何听到他人未言明的情感：《生活大爆炸》　　125

笑说："我们对心理学的那点儿知识大概都来自自己做心理咨询的经历。"但是，这一次，他们采取的策略完全符合目前我们对情感沟通的理解：只要角色明显地表现出他们想要建立连接的意愿，即使他们在表达自我感受时表现得一塌糊涂，观众也能直观地感受到他们的情感。

于是，他们初次见面的场景最终被这样呈现出来：

（谢尔顿和莱纳德通过敞开的大门看到一个漂亮的女孩，佩妮。）

莱纳德

（对谢尔顿）

新邻居吗？

谢尔顿

（对莱纳德）

明知故问。

莱纳德

比之前的邻居看上去好多了。[116]

（在走廊里看到了两人的佩妮冲他们笑了笑。）

佩妮

（明亮又愉快地）

哦，嗨！

莱纳德

（同样的音量和语速，但焦虑地）

嗨。

谢尔顿

（同样的音量和语速，但不确定地）

嗨。

莱纳德

（慌张地）

嗨。

谢尔顿

（困惑地）

嗨。

佩妮

（不知道怎么回事）

嗨？

一分钟后，谢尔顿和莱纳德准备再次敲佩妮的门，邀请她一起享用午餐。

莱纳德

我去邀请她过来。我们可以一起吃饭聊天。

谢尔顿

聊天？我们不聊天，至少不在线下聊天。

莱纳德

（不确定地）

嗨……还是我们。

佩妮

（同样的音量和语速，但兴奋地）

嗨！

谢尔顿

（有点儿后悔地）

嗨。

莱纳德

（慌张失措地）

嗨。

佩妮

（恼怒地）

嗨。

几个月后，当他们正式录制这一场景时，面对现场观众，效果异常出彩。演员们通过一系列的声音变化、手势和面部表情赋予了每一个"嗨"不同的情感色彩，清晰地传达出了人物的困惑、不确定和热情，让大家都感受到他们其实很想成为朋友。只要演员们保持统一的能量和情绪水平，观众就能理解：每个角色都在尝试与对方建立连接，但是又在情感表现上笨拙得不知道如何是好。普拉迪对我说："听上去就像是一段真实的对话。"他们最终就这一幕拍摄了很多次，每一次都赢得了现场观众更加响亮的笑声。"我们知道，我们成功了！观众完全感受到了我们希望他们能够感受到的东西。"

这一集的导演詹姆斯·伯罗斯认为，成功的秘诀在于："即使演员们用同样的语调说着同样的台词，只要态度不同，观众也依然能感受到他们对彼此有好感。如果，其中一个人说的是'你好'而不是'嗨'，或者一个人声音太大，而佩妮的声音太小，那么喜剧效果就会垮掉。"因为这种不一致会让观众感到困惑：她是感到害怕想要逃走吗，还是说对这两个人不屑一顾？

这一方法同样适用于反向的情境。在谢尔顿和莱纳德遇见佩妮的几分钟后,演员们采用了相反的表演策略,但同样清楚地呈现出了角色之间未能建立连接的状态:

(佩妮坐在了谢尔顿和莱纳德的沙发上。)

谢尔顿
(大声且生硬地)

嗯,佩妮。那是我的位置。

佩妮
(小声且撒娇地)

那就你坐在我旁边呗。

谢尔顿
(大声且急促地,并指向那个座位)

不,我就坐那儿。

佩妮
(小声且慢慢地)

又有什么区别呢?

谢尔顿
(非常急促地)

什么区别?那个位置,冬天,它离散热器足够近,所以能保持温暖,但又不至于因为靠得太近而出汗;夏天,它正好位于两边窗户打开时形成的对流交叉风的路径上。它对着电视机,但又不是直对着,所以能避免交谈,同时又不太偏,不会发生视差失真。我可以继续说下去,但我想我已经说明了我的观点。

佩妮
(有所保留地)

所以,你想让我挪动位置?

谢尔顿

（仍然很激动）

嗯……

莱纳德

（恼怒地）

你就坐到别处去！

洛尔说，在正式拍摄这一幕时，现场观众的反应非常热烈。[117]"他们一下子就爱上了谢尔顿的神经质。我站在舞台上，看着詹姆斯·伯罗斯，他导演了我们的两个试播集，他也看着我，我们互相看着对方，咧着嘴就笑了。我们知道，我们这一次成功了。那真是一个激动人心的时刻！"

编剧们终于找到了窍门。这部剧的角色可以表现得很笨拙，在社交方面不擅长、不熟练，但是，只要他们表现出想要匹配对方的情绪和能量（或有意不去匹配）的意愿，就能够清晰地展示他们是否想要建立连接。观众也能够完全感受到他们的情绪。他们为剧中的人物加油打气，当关系建立时会满心欢喜，在最终看到一切问题都圆满解决时（剧透警告：几季后莱纳德和佩妮结婚了），更是兴高采烈！

大爆炸之后

2007年9月24日，《生活大爆炸》在CBS（哥伦比亚广播公司）首播，吸引了超过900万的观众。通常对这类情景喜剧持保留态度的评论家们也表现得异常兴奋。《华盛顿邮报》称其为"本季最有趣的新情景喜剧"。另一位评论家告诉路透社，这部剧之所以成功是因为它拥有"深受观众喜爱且具有信服力的角色，他们展现出了令人捧腹的幽默，又不失人情味，他们的个性、行为前后连贯一致，但又没有定型化、脸谱化"。[118]

到了第三季,《生活大爆炸》每一集的播放量都超过了 1 400 万。到了第九季,观众人数增加到了 2 000 万。该剧最终获得了 55 项艾美奖提名,成为电视历史上播放时间最长的剧集之一,超过了《干杯酒吧》《老友记》《陆军野战医院》和《摩登家庭》。2019 年,有 2 500 万观众收看了它的最后一集。

查克·洛尔和比尔·普拉迪全程参与制作。当被问及是否曾经和演员们讨论过匹配情绪和能量的重要性时,洛尔表示不需要这么做。他相信好的演员会心领神会。他们知道如何在说台词的同时利用自己的肢体、语调、手势和表情来传达那些并未言明的情感。他们知道如何能让观众感受到一切,包括那些并没有直接表达出来的东西。这也是为什么在即兴表演中,演员被指导要通过回应"是的,而且……"来回应对方。出色的政治家在向民众表达"我感受到了你们的痛苦"时也是如此。

洛尔对我说:"这部电视剧之所以成功,我认为原因在于角色都非常的可爱。编剧爱他们,观众爱他们,他们赢得了大家的喜爱。"

当我们明确地向他人表达我们在努力理解他们的情感时,当我们真心尝试去匹配或认同他们的情绪和能量时,我们便开始互相影响,彼此协调。我们就会建立起连接。

然而,当你与某人发生争执,或者你们持有截然不同的价值观时,又该如何处理呢?如果我们在观念上就是彼此对立的,又该怎么办呢?如果谈论情感是我们最不愿意做的事,而恰在此时,我们却需要进行有关"我们的感受如何"的对话,那我们该怎么办呢?

正如我们在接下来的一章中将要阐述的那样,在这样的时刻表达我们的感受反而变得更加重要。

5

在冲突中建立连接

同反对者谈论枪支

梅兰妮·杰夫科特那一年还是一名就读于内华达州拉斯维加斯一所高中的高三学生。当时大约是期中,她正站在学校的走廊里,忽然听到从附近一间教室里传来的"砰——砰——"的声音。那是什么声音?是有人把书掉到地上了吗?紧接着,她看到一个学生奔跑起来,然后一个接一个的学生惊恐万分地从她的身边飞驰而过。

就在那一刻,尖叫声划破天际。突然间,所有人都涌进了走廊,大声地喊叫着,朝学校礼堂一路狂奔。没有人知道究竟发生了什么,大多数人只是依稀听到有人说:*有枪。皮戈特先生被枪杀了。我的球鞋上有血*。那一年是1982年,哥伦拜恩高中枪击案和其他多地的悲剧尚未发生,"活跃枪手"和"封锁演习"这样的词汇在校园里尚未为人所熟知。

多年以后,杰夫科特仍然努力想要理解那一天究竟发生了什么:一名心怀不满的学生持枪射击了一名历史老师和两名同学,最终老师身亡,学生幸存。再回想起来,她觉得一切依然令人难以置信,就好像听说的一个故事而非个人的亲身经历。然而,在随后的数十年间,弗吉尼亚美利坚海瑞中学、比尔小学、弗吉尼亚理工大学、桑迪·胡克小学等都发生了类似的悲剧,杰夫科特开始意识到原来自己只不过是早先的校园枪击案的亲历者，而非一次偶然事件的经历者。

到了2014年，杰夫科特已成了一位母亲。一天中午，她11岁的女儿发来了一条短信，内容是因为校园内出现了嫌疑枪手，学校已被封锁。她的女儿当时正在上体育课，周围的同学纷纷抓起棒球棒准备自卫。她在短信中对妈妈说："我只抓到了一根高尔夫球杆。"

杰夫科特收到短信的那一刻正坐在医生办公室里，所有昔日的感觉——害怕、恐慌和无助，一下子涌上心头。她跳上车直奔学校。等她到达时，封锁已经解除，好在一切不过是虚惊一场。[119]杰夫科特还是找到了女儿，并开车将她和她的三个朋友带回了家。在车上，她听到她们的对话："如果真有事，我们肯定逃不掉，因为老师说我们应该留在教室里。""我的老师还好，打开窗户让我们跳了出去。""我们躲进了衣柜里。"听到这些，杰夫科特既震惊又难过。"听上去就好像这种事已然成了她们日常生活中的一部分，这真的令我心碎。"她对我说，"我们要怎么坦然接受这个事实呢？"

几个月后，杰夫科特和女儿们一起去看电影。在电影放映期间，她一直盯着电影院的出口，脑海中不停模拟着如果有枪手冲进来该如何逃生的场景。[120]直到电影结束后，她才发现自己对电影情节毫无印象。

杰夫科特觉得自己必须采取行动。"我不能坐视不管。"她说，"如果什么都不做，我一定会被恐惧吞噬。"于是，她加入了当地一个反对枪支暴力的组织。她知道这么做可能会让自己不受欢迎。"我们住在南方，"她对我说，"我大部分邻居的家里都有枪。"尽管如此，杰夫科特还是参加了该组织的周末会议和集会，随后还出任了该组织在当地的领导人。她不仅在地区分会活跃，后来还在美国全国性的组织中积极发声。她成了一名倡导枪支管控的公众人物，其言论经常被媒体引述，甚至还被派去游说立法者。[121] 她说："这就是我的生活。"

因此，当她收到一些公民组织的邀请，请她去华盛顿特区参加一个有关枪支的讨论会时，她一点儿也不意外。这个讨论会既邀请了枪支的支持者，也邀请了反对者。邀请函上说，此次会议的目的不在于辩论，甚至也不是寻找双方的共同点，而更像是一次尝试，试图探究持有截然相反观点的人是否有可能进行一场文明的对话。

杰夫科特对此表示怀疑。她怎么可能和这些她努力对抗的枪支支持者进行一场文明的对话呢？然而，她已经在这个议题上耕耘多年，但是美国校园枪击案并未减少；事实上，反而愈演愈烈。这场对话也许能够帮助她更好地理解枪支支持者的立场，这或许对她的游说工作有帮助。于是，她回信表示，愿意参加。

冲突中的对话

在过去的几个月里，你可能经历过一次艰难的对话。也许是你和同事之间一次困难的绩效评估，或是与伴侣发生了争吵；也许是一场关于政治观点的辩论，或是兄弟姐妹之间关于谁应该在假期里接待母亲的争论。这种不愉快也可能发生在网上，你与那些素未谋面、日后也可能永不相见的人，就疫苗、体育、育儿、宗教或美剧《迷失》最后一季究竟是好是坏展开了激烈辩论。[122] 无论哪种情况，你都与他人发生了冲突，你们有着截然相反的观念、价值观和论点，你们曾试图谈论你们之间的分歧，并尝试找到解决方案（或者只是为了发泄情绪、表达不满）。

那么，要如何展开这样的对话呢？你与你的伴侣是否能轮流冷静地陈述事实、提出建议，并认真地互相倾听呢？你与你的同事是否能大方地承认各自的不足呢？当你的兄弟姐妹在有意无意间暗示你没有照顾好母亲的时候，你是否能不带情绪地考虑他们的看法呢？在社交媒体推特上互相谩骂之后，大家是否真的改变了自己的立场呢？

事实上，更常见的情况是，对话从头至尾都是一场混战，其间充斥着伤害、愤怒、攻击、防御以及大量的误解。

我们正处于一个高度两极化的时代。在过去10年间，声称对对立政党"深感愤怒"的美国人数量急剧上升，几乎占到了全体选民的70%。[123] 大约有一半的美国人认为，持有与自己不同政见的人是"不道德的"、"懒惰的"、"不诚实的"和"无知的"。在每10个人当中，约有4个人声称自己是自由派，3个人表示自己是保守派，并且他们中的许多人都曾因为社交媒体上的某些言论而取关好友或直接将其拉黑。[124] 超过80%的职场人士表示，他们在工作场所经历过冲突。[125]

的确，冲突一直是我们生活的一部分。在婚姻、友谊、工作、育儿等各个方面，我们会和他人发生各式各样的争吵。辩论和异议本就是民主生活、家庭生活以及任何一种有意义关系的一部分。正如人权活动家多萝西·托马斯所言："和平不是没有冲突，而是具有应对和解决冲突的能力。"[126]

然而，在当今社会，我们似乎已经忘记了如何在争议中与他人建立连接。有时，我们好像只能看到愤怒和两极分化。正如前几章所述，摆脱困境的一个方法是提出问题，倾听情感。但是，在某些情况下，尤其是冲突特别激烈的时候，光靠提问和倾听是不足以解决问题的。

那么，当我们之间的分歧已成为看似不可逾越的鸿沟时，我们要如何建立连接呢？

杰夫科特同意参加的这场在华盛顿特区举办的活动，是由美国最大的媒体集团之一，Advance Local 赞助的。[127] 这家公司与一群记者及一些公民倡导团体展开合作，旨在探索展开艰难对话的更有效的方法。

这场活动的组织者希望尝试做一项实验[128]：将持有不同观点的人聚集在一起，并向他们传授一些具体的沟通技巧，看看他们是否有可能不带愤恨和痛苦地讨论彼此的分歧，以这种方法开启的对话是否有助于双方跨越分歧。

但是，哪一个敏感话题最适合作为此次实验的素材呢？就在活动组织者正要做出决定之际，又一起校园枪击案发生了。在佛罗里达州帕克兰的马乔里·斯通曼·道格拉斯高中，一名曾在该校就读的19岁学生手持一把AR-15步枪，走进校园发动了袭击，造成了14名学生和3名成人死亡。此次袭击发生后，活动组织者决定将枪支问题作为讨论焦点。正如参与实验设计的约翰·萨鲁夫所说，这是一场"典型的难以进行的艰难对话"。萨鲁夫是致力于减少社会两极分化的组织 Essential Partners 的负责人，多年来持续关注有关枪支管控的议题。他说："有大量数据表明，大家对枪支问题有很多共识。"[129] 例如，绝大多数的美国人支持对购枪者进行背景审查。大多数人也支持禁止高容量弹匣和攻击型武器。[130] 然而，光是让民主党人和共和党人坐下来一起讨论就已经够困难了，更不用说让美国全国步枪协会和倡导枪支管制的组织"为每个城镇带来枪支安全"这样的组织聚在一起，展开对话了。"每个人都会努力维护自己的立场，"萨鲁夫说，"我们认为，如果能够将意见有分歧的双方聚在一起，指导他们用一种全新的方式进行对话，或许会有所收获。"[131]

组织者在网站上发布了邀请函，并联系了像梅兰妮·杰夫科特在内的枪支管控的支持者以及主张保有持枪权利的倡导者。最终，有超过1 000人做出了响应，其中数十人被邀请至华盛顿特区参加现场的培训和对话。后来，整个讨论又在线上进行，100多个人受邀参与了脸书上的讨论。

通过在线广告得知此次实验的乔恩·戈弗雷说："这个想法一开始让我觉得很疯狂。"戈弗雷曾在军队服役20年，之后进入了执法部门工作。他拥有30~40支枪（他告诉我他最近没有具体数过）。当他与此次实验的组织者交流时，他告诉对方，由于自己对放弃持有武器不感兴趣，所以他们可能不会想让他参加讨论。更重要的是，他怀疑组织者是一群想让保守派难堪的自由派。

没想到，活动组织者回复说欢迎他来华盛顿特区参加活动，并且愿意承担所有的相关费用。"老实说，我原本没抱太大期望，"戈弗雷对我说，"正好那个周末我有空，所以我就答应了。没承想，它成了我做过的最有意义的事情之一。"

培养卓越的沟通者

在设计此次实验时，活动组织者在一定程度上受到了一些研究成果的启发，比如哈佛法学院希拉·赫恩教授的研究工作。[132]她一生致力于探索人们在冲突中如何建立连接。

赫恩的父亲是一名律师，在她很小的时候就教她如何辩论。赫恩几乎要通过谈判来获得一切：不管是冰激凌、一匹马，还是晚归的许可，甚至是违反晚归禁令后的原谅。到大学时，她已经是一名令人敬畏的宿舍辩手了。后来，她就读哈佛法学院，师从出版了《谈判力》一书的罗杰·费希尔，开始研究从引发内战的冲突到公司内部的纷争等各种议题。最终，她也成了哈佛大学的一名教师。

赫恩很快便开始参与促进塞浦路斯和阿拉斯加原住民对话的工作。她为白宫的任命官员和新加坡最高法院的法官提供培训，也为皮克斯公司、美国国家篮球协会（NBA）和美国联邦储备系统提供咨询服务。在穿梭于这些不同领域的世界的过程中，赫恩意识到自己年轻时犯下了一个常见的错误：以为讨论冲突和参与辩论的目的在于胜出，打败对方。然而，她渐渐明白，事实并非如此。对话真正的目的首先应该是理解冲突为什么会存在。

无论是吵得面红耳赤的夫妻还是争吵不休的同事，双方都需要明确争执因何而起，又是什么在推动着"冲突升级"，以及他们各自对冲突本身做何解释。他们需要共同探索是否存在"可能达成共识的部分"，而且就纷争的重要性以及解决冲突所需要的条件达成一致。当然，仅凭这样的理解并不能保证和平，但是缺乏这样的理解，和平就不可能实现。

那么，我们如何才能达成这种相互理解呢？第一步，要认识到每一场争执通常不只涉及一个层面的冲突，而是至少包含两个层面：一个是导致意见不合的表面问题，另一个则是隐藏在表象之下的情感冲突。"假设有一对儿夫妻因为是否再要一个孩子而发生了争吵，"赫恩对我说，"这场冲突的表面原因看上去很简单：一个想要而另一个不想要。这似乎也可以解释他们为什么发生争吵。但实际上，双方还存在着更深层的情感问题，比如一方生气的是另一方将孩子的重要性置于其职业生涯之上，或者一方担心再有孩子会让家庭在财务上不堪重负，又或者失望于对方根本不考虑自己的感受。"这些情感问题有时候可能模糊不清、难以明确，但是它们却蕴含着强大的力量，因为其中裹挟着大量的愤怒和失望,甚至可能超出了彼此妥协的范围。"我们知道这些情感冲突始终存在,"赫恩说,"因为无论他们何时争吵,无论他们想要如何理性地对话,似乎都无法找到解决方案。"

赫恩有时会介入政治家间的谈判或调解公司内部的争议,听取各方对看似不难解决的问题的描述。而后,她会目睹双方如何被情绪裹挟,让原本可行的解决方案变得不再可行。参与者普遍会感到愤怒,会不信任对方,也会感觉遭到了背叛。然而,他们很少向对方,有时甚至也很少向自己,承认这一点。他们不再试图理解冲突因何而起,转而开始策划如何才能"报复"对方。最关键的是,每个人都想赢,都想把对方打得个落花流水,证明自己才是对的。

这些都是人之常情。每一场冲突都会引发一系列的情绪反应:焦虑、困扰和复仇的渴望。但是,这些强烈的情绪可能阻碍我们有效地讨论问题。"如果你不承认自己的情绪,那么你将永远无法理解产生争执的真正原因,"赫恩说,"也将永远不会明白这场冲突的本质。"[133]

赫恩认为,解决问题的关键在于如何通过情感表达,开启一场"我们的感受如何"的对话,让双方都有机会说出那些可能导致冲突升级的心理伤害和怀疑。但是,人们不喜欢在冲突发生时谈论感受。"人们喜欢假扮自己是只会理性分析的机器人。"赫恩说,"显然,这并不可能。你试图隐藏的情绪最终还是会通过其他的方式表露出来。"有时,人们意识到了自己的情绪,但又不愿意表达出来,因为他们担心这会让对方占得上风,或者被视作自己的弱点。他们害怕自己的脆弱会被对方拿捏、利用。更何况,在风暴中心的人往往承受着巨大的压力,他们所处的环境也不利于谈论情感。

这揭示了许多冲突持续存在的根本原因:并非因为缺乏解决方

案或人们不愿意妥协，而是因为发生冲突的双方并不清楚冲突的根源所在。他们没有探究更深层次的问题，没有梳理那些让冲突升级的情感因素。由于不愿意承认自己的愤怒、悲伤和忧虑，他们选择了逃避，甚至不表达情感。[134] 换言之，他们不想进行有关"我们的感受如何"的对话，尽管这类对话恰恰是解决冲突的最重要的对话。

**在冲突中，
我们通过*讨论情感*
来理解互相对抗的原因。**

当然，讨论情感并不意味着能够解决所有问题。比如，一方想要孩子而另一方不想，那么不管双方进行多少情感交流，也很难达成一致。"但是，"赫恩指出，"如果不讨论情感，那么争论将会无休无止。"

问题是，我们如何才能让双方有足够的安全感，从而自然地表露出自己的情感呢？这的确是一个巨大的挑战，特别是在讨论类似枪支这样的话题时。相关的争论已经持续了几十年，每个人都坚信自己才是代表正义的一方，而对方则是违背道德且大错特错的一方。

在华盛顿特区讨论枪支

2018 年 3 月，一个温暖的春日，梅兰妮·杰夫科特与其他支持枪支管控的伙伴，以及人数相当的枪支权利支持者抵达了华盛顿特区，聚集在美国国会山新闻博物馆的大厅。同一周末，由佛罗里达州帕克兰的马乔里·斯通曼·道格拉斯高中枪击案的幸存者组织的"为我们的生命大游行"也正在举行。在博物馆门外以及美国各地超过

800个城镇，学生和家长走上街头游行，反对枪支暴力。与此同时，作为回应，数百个枪支权利支持者的团体也在举行反抗议活动。总而言之，那一天，估计有200万美国人走上街头，表达他们对美国持枪政策的支持或反对。

当参与此次对话活动的人们走进新闻博物馆时，他们能听到门外有10万人在高喊口号。"当时的场面非常壮观，"杰夫科特对我说，"真可谓鼓舞人心，你看到有那么多人在为了一个更美好的世界而奋斗。我接着走进了一间会议室，坐下来准备和持有40支枪、声称自己还需要一把AR-15来猎鹿的人展开讨论。"

在所有参与者就座之后，活动组织者向大家阐述了他们的宗旨："无论你对外面正在发生的事情持何种态度，我想我们每一个人都明白，此刻，我们的国家正在尝试进行一场艰难的对话。"约翰·萨鲁夫说，"这是一场关于枪支和安全的对话，而这个话题在美国已经持续存在了两个多世纪。然而，在这么长的时间里，几乎所有相关的对话都举步维艰。"萨鲁夫指出，有关枪支的讨论通常会演变为大喊大叫和相互指责。甚至更糟糕的是，人们倾向于只与观点类似的人聚在一起，因而很少有机会与持不同观点的人进行实质性的讨论。萨鲁夫对与会者说："对一个民主社会来说，这是极其危险的。如果我们无法跨越分歧进行对话，那么我们也就无从共同做出决定。"因此，这次活动旨在围绕枪支问题展开开诚布公的讨论，同时"表明我们完全有能力以一种全新的方式进行对话。我相信，即使存在分歧，我们也可以通过一种经过了深思熟虑的、文明的方式进行讨论并互相学习"。

不过，在正式讨论开始前，萨鲁夫补充道，与会者首先要接受一些培训。

这些培训尤为重要，因为组织者还有另外一个同样重要的目标。[135]组织者明白，此次活动的每一位参与者都对枪支议题非常熟悉，从陈述事实到提出论点，他们都可以信手拈来。他们对各种观点及其相应的反驳论点都了如指掌，因此对于如何挫败对手、布下修辞陷阱也同样是游刃有余。

但是，此次活动的组织者希望展开一次不一样的对话。他们想要每个人首先从自身经历讲起，分享自己与枪支及枪支管制的故事，讲述那些塑造他们观点背后的情感和价值观，进而探索这种方法是否能够改变整个对话的氛围。换句话说，他们想要从一个"我们的感受如何"的对话开始，由此消除通常出现在这类讨论中的种种阻力。

不过，组织者并没有直接要求参与者分享他们的内心感受，因为当谈话双方互有敌意时，直接提出这样的要求会显得格外唐突。相反，组织者采用了一种更为巧妙的方法，向参与者传授倾听的技巧，以便让情感的倾诉者感觉更加的安全，而其中的秘诀就是证明你们正在互相倾听。

情商源于让对方知道我们感受到了他们的情感。然而，在爆发冲突或对抗时，仅仅表现出我们在认真倾听还不够。很多时候，大家互不信任，彼此戒备，会怀疑对方究竟是在倾听，还是在准备反驳。这个时候，我们需要再往前多走一步：确保让对方感受到我们的确在认真倾听。我们必须让对方看到，我们不只是在倾听，而且还在努力理解他们的意思，表明我们在试图从他们的角度来看待问题。

正如2018年的一项研究所揭示的那样，人们在证明自己正在倾听对方的发言时，会创造出一种心理安全感，"因为（倾听者）会带给诉说者一种信心，让他们感到至少自己的观点会被充分考虑，且会得到基于其真实价值的评估"。[136]当人们相信其他人正在努力理解他们的观点时，他们会更加地信任对方，并更愿意"表达自己的想法和看法"。这种由于感受到对方正在仔细倾听而产生的"安全感、价值感和被接受感"，会使人们更愿意流露自己的脆弱和纠结。如果你想要某个人表露他们的情感，那么最重要的一步就是让对方确信你正在仔细倾听他们的每一句话。[137]

在冲突中，
我们通过*证明*自己正在倾听
来激发情感。

问题是，大多数人并不知道如何有效地证明自己正在倾听。尽管他们尝试通过眼神接触、点头示意等动作来进行表达，但是说话者往往并不会留意。伦敦帝国理工学院的迈克尔·约曼斯教授指出："当一个人在说话的时候，其实很难注意到其他人的行为。"说话者通常专注于如何表达，因而很难注意到倾听者的肢体语言或其他行为，所以会错过倾听者试图传达的自己正在倾听的信号。

因此，要有效地证明自己在认真倾听，倾听者需要在说话者讲完之后通过具体的行动表现出来。在对方表达结束后，作为倾听者，我们需要证明，我们已经吸收、理解了对方表达的内容。

证明自己在认真倾听的最佳方法之一，是用自己的话重复刚刚听到的内容，接着询问对方自己的理解是否准确。

这是一个相当简单的沟通技巧：向说话者提问，反思刚刚听到的内容，并向对方确认你的理解是否准确，以此来证明你刚才认真倾听了。研究表明，这个简单的方法恰恰是向他人证明我们想要听到对方想法的最佳方法。这个方法通常被称作"理解循环"（looping for understanding）①。¹³⁸ 使用这一技巧的目标并非机械性地重复对方的话语，而是用自己的语言提炼对方的想法，以此证明你在努力理解对方的观点。¹³⁹ 我们可以不断地重复这个过程，直到沟通让所有参与者都感到满意。2020 年的一项研究发现，"在对话开始时采用理解循环的方法，可以有效预防冲突升级"。¹⁴⁰ 使用这种沟通方式的人通常会被视作"更出色的团队成员、更好的顾问"以及"未来合作中更理想的伙伴"。

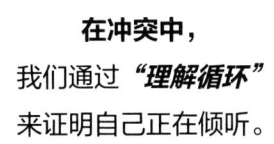

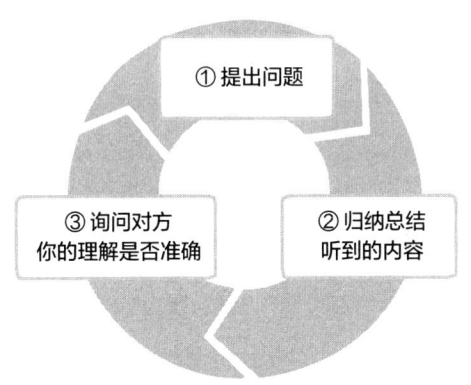

在冲突中，
我们通过*"理解循环"*
来证明自己正在倾听。

① 提出问题
② 归纳总结听到的内容
③ 询问对方你的理解是否准确

重复以上步骤，
直到每个人都同意大家理解无误。

在新闻博物馆的大厅里，约翰·萨鲁夫将与会者分成了不同的小组。在每个小组中，其中一人，即讲述者，需要分享一个"对他们

---

① 如果你想更深入地理解这一有效的沟通技巧，我建议你阅读阿曼达·里普利的著作《高度冲突》。

而言充满挑战性的时刻，一段他们自己也不确定是否会成功的经历，描述他们如何通过尝试最终取得了成功，并为自己感到自豪"。随后，小组中的其他人，即倾听者，需要提出问题。提问结束后，倾听者需要总结他们刚刚听到的内容，并询问讲述者他们的总结是否准确无误。

很快，新闻博物馆的大厅里便充满了与会者展开"理解循环"的各种声音。来自亚拉巴马州的枪支权利支持者大卫·普雷斯顿同自己的小组成员分享了他的故事。他讲述了自己在 11 个月大时，母亲自杀身亡的经历。他说："在我生命的前 5 年里，因为大家都为我感到难过，从没有和我说过'不'。但是，永远不对一个孩子说'不'其实是不对的。这会让你的生活变得一团糟，让你变得非常自私。更重要的是，当这种情况又和一个你几乎已经不记得的人的那种悲伤联系在一起时，就更加糟糕了。"说到这里，普雷斯顿忍不住哭了起来。"好在，我已经往前走了一大步。"他接着对小组的其他成员说，"我为自己感到骄傲，因为我已经和我爱的人一起建立了新的生活，我学会了如何向他们表达我的爱。在此之前，说实话，我不知道要怎么做。"

普雷斯顿的小组成员按照之前有关"理解循环"的指示，开始向他提出问题：他现在对母亲有什么感觉？他会如何向人们表达自己的爱？他从这个悲剧中学到了什么？

之后，小组成员们开始逐一总结自己听到的内容。来自纽约的一位自称控枪派的女士说："我听到的是，你觉得自己人生的大部分时间都在感受痛苦，而且对你来说，你很难表达这种痛苦，所以你把周围的人都给推开了。"

"一点儿没错。"普雷斯顿说，"当你在南方长大时，你从小就会被教导不要外露自己的情感，不要抱怨，不要显得软弱。结果就是，你会把所有的情感都积压在心底，最终表露出来的就只有愤怒。"

"所以，你现在想要让那份痛苦彻底消失。"那位女士接着说道。

"是的。"普雷斯顿回答道，"听你这么说，我感到宽慰。"说着，他握住了她的手，"谢谢你听我讲这些"。

普雷斯顿后来告诉我，这是他一生中最有意义的对话之一，尽管对方基本上就是一位陌生人，而且观念还完全不同。"听她那么说，我有一种被认同感。"他对我说，"我好像第一次，作为一个成年人，真正去聊这个话题。我觉得自己可以开放地谈论这些，而且对方也真心想要理解我。我感到我可以诚实地面对自己。"

希拉·赫恩指出，像"理解循环"这样的方法之所以有效，是因为它能够让人们在情感层面获得共鸣，即使双方的生活经历完全不同。她解释说："我们每个人都经历过恐惧和希望，感受过焦虑与爱。"当我们创造出一个可以彼此分享情感的环境时，当我们向对方表明我们渴望互相理解时，我们其实就是在建立信任，哪怕是在习惯于将彼此视为敌人的人之间，也是如此。

赫恩在哈佛法学院教授"理解循环"的方法，是因为它是探究深层的、情感化问题的最佳技巧之一，而这些问题往往会破坏具有争议性的谈判或协商。[141]"每个人都有一个解释他们为什么会争吵的故事，"赫恩对我说，"而这些故事都不一样。我们通常很难理解对方究竟在想什么，即使我们自以为自己知道。"理解循环的过程就是一个你倾听他人的故事，同时向对方证明你听到了他们表达的内容的过程。"当我们开始彼此理解时，我们才能真正开始讨论实际的问题。"

・・・

最终，活动的组织者引导与会者开始讨论他们来到华盛顿特区的核心议题：枪支。不过，这一次的对话以一种不同以往的方式展开。[142]与会者首先要和大家分享一个故事，解释枪支问题为何对他们来说至关重要。这个过程的核心原则是：讲述自己的亲身经历，而非转述在网上听到的或看到的其他人的故事；无须表达任何的教训或收获，只陈述个人的回忆、感受和看法即可。至于倾听者，他们可以提出问题，但是问题必须是开放性的、充满好奇的，不要以提问的方式进行反驳，也不要提出自以为知道答案的问题。

杰夫科特听到一位女士讲述了她的一位亲戚在自家遭遇袭击的经历。这位女士表示，就在事发后的第二天，她第一次去了射击场，而且从此之后，她一直将一把手枪放在床头柜里。她对小组的其他成员说："因为我不想让那样的事情再次发生，我永远不会让自己成为一名受害者。"对此，杰夫科特提出了一个问题，她询问对方是否担心枪支可能会被盗用或误用。对方回答说自己已经采取了预防措施，枪上装有扳机锁，而且家中没有孩子。"那把枪让我感到心安，"她说，"所以当有人提议要把它收走的时候，我觉得他们实际上是想让我再次陷入无能为力的境地。"

小组中有人加入对话，对她的发言进行了总结："所以，那把枪对你来说是一种象征，意味着你不想让任何人有机会伤害到你。我这样理解，对吗？"

那位女士回应说："它是一种证明，证明我有权感到安全。我有权利和其他所有人一样感到安全。"

另一位参与者分享了自己和孩子们一起狩猎的体验。他不仅教孩子们狩猎技巧，还传授他们生态学的知识和家族历史，并表达了一种由衷的自豪感。还有一位参与者提到自己居住在边境附近，那里时不时有毒品走私活动。他自己就曾用步枪吓跑了一名入侵者。杰夫科特分享了自己的故事，讲起她和女儿都曾经历过学校枪击案，也表达了对女儿人身安全的担忧。在这个过程中，小组成员互相提问，认真总结他们听到的内容，直到每个人都认为其他成员对自己的故事理解无误。

"倾听每个人的故事让我深感震撼。"杰夫科特对我说，"这让我意识到自己之前思考问题还是过于天真了。我一直假定所有的拥枪派都和我在集会上看到的那些愤怒的白人男性一样。"

随着两天的讨论行将结束，活动组织者设定的两个目标都已顺利实现。首先，与会者就枪支问题进行了开诚布公的讨论，而所有的对话都没有演变为大喊大叫的争吵。其次，与会者学会了如何表明自己在认真倾听，学会了如何真诚地提出问题，并在讨论过程中如何保持平和与真实。这一点，如果足够幸运的话，可以帮助大家建立互相理解的情感基础。

"整个周末都令人振奋，"杰夫科特对我说，"我离开的时候还在想，如果我们能在更大规模上做到这一点，我们真就能改变这个世界。"当活动结束，所有参与者离开华盛顿特区时，他们承诺将继续保持联系。为此，组织者创建了一个私人的脸书群组，以便参与者们能继续讨论。群组中有主持人负责引导线上对话，并邀请了另外 100 多人在线参与。这些线上新成员虽然没能亲身参与在华盛顿特区开展的培训，但是组织者希望他们能从主持人以及那些在新闻博物馆接受过培训的参与者那里学习到新的沟通技巧。

然而，事情并未如预期那样发展。

"我回家上网大概也就45分钟，就有人称我是穿长筒靴的纳粹。"曾经是一名警察的乔恩·戈弗雷说。对于杰夫科特来说，情况变化得似乎更快，"我飞回家，一上脸书，一切便分崩离析"。

爱的心理疗愈师

为什么有些对话会突然地转变了方向？为什么有时我们自以为已经与某个人建立了真正的连接，可是随着环境的改变，或者一场小冲突的升级，双方突然就疏远了？

在20世纪70年代，一群年轻的心理学家开始探究这一类的问题，尤其是夫妻关系中的冲突处理问题。令人意外的是，婚姻关系直到那时都很少受到学术界的关注。丹佛大学的心理学教授斯科特·斯坦利指出，夫妻问题传统上大多是由"牧师或者朋友介入处理的"，而且"婚姻关系在当时也并不是一个被优先考虑的课题"。

这群年轻的心理学家分别来自包括北卡罗来纳大学教堂山分校、得克萨斯农工大学、威斯康星大学、华盛顿大学在内的十几所高校。他们成长于20世纪60年代。这是一个社会文化发生剧烈变革的时代，离婚率上升，避孕药问世，性别平等的观念逐渐融入了社会主流文化。人们对婚姻的观念以及对伴侣的期望也在这一时期出现了深刻的变化。这些社会变革使研究者开始思考：为什么在社会环境急剧变化的过程中，有些夫妻依然能够维持数十年的幸福婚姻？而有些原本坚信彼此是灵魂伴侣的夫妻却会陷入无休止的争吵和痛苦之中？

这群心理学家虽然从未有过正式的名称或官方名单，但有人称他们是"爱的心理疗愈师"。他们的早期研究主要通过录像访谈进行。他们邀请婚姻关系中的双方来到实验室，让双方描述各自的婚姻生活、性生活、对话以及争吵。他们对夫妻双方的争论尤其感兴趣。

当夫妻双方争吵时，研究人员会用摄像机记录下来。几年之间，他们累积记录了超过 1 000 次的争吵场景。

这些早期的研究揭示出了一些有趣的模式：许多夫妻擅于彼此倾听，并能向对方清楚地表明自己在认真倾听。斯坦利教授认为："这是婚姻的基本要素之一。如果你无法向伴侣表明你在倾听，那么你可能根本就不适合结婚。"虽然夫妻间不一定会展开"理解循环"，但是凭借直觉和接收到的建议，他们知道要如何表达他们试图理解对方的意愿。

然而，尽管有些夫妻能够做到相互倾听，但是美国的离婚率仍在迅速上升。1979 年，有超过 100 万对夫妻选择结束婚姻，这个数字是 10 年前的 3 倍。这一现象让研究者心生疑问：为什么那些能够彼此倾听，并向对方证明自己有在倾听的夫妻，最终还是会选择分开？

研究人员开始深入分析他们的研究数据，最终有两大发现。第一，不出所料的是，他们确认几乎所有的夫妻都会争吵。其中，大约 8% 的美国夫妻每天至少争吵一次，其他夫妻则偶尔发生争执。[143] 然而，无论争吵的频率如何，几乎在每一段婚姻关系中都存在着某种程度的冲突。

第二，对一些夫妻来说，冲突或争执并不会带来长期的负面影响。尽管有些夫妻争吵频繁，但是他们依然表示对自己的婚姻感到满意，对自己选择的伴侣感到幸福。争吵过后，他们没有离婚的打算或持久的不满。对他们来说，冲突就像是突如其来的暴风雨，一阵狂风骤雨过后，天空又是一片湛蓝。

然而，对另外一些夫妻来说，情况却截然不同。在这些婚姻关系中，即使是再小的冲突也极具破坏性。轻微的争吵往往会演变为剧烈的对抗，而和解只是暂时休战，所有累积的伤害和怒气都会在下一个引爆点爆发。这些不幸福的夫妻经常会考虑离婚，并频繁以离婚相威胁，甚至想象着如果有一天真离了，应该如何向孩子们解释。[144]

因此，研究人员开始探究幸福与不幸福夫妻之间的区别。他们特别关注这两组夫妻的吵架方式是否不同。他们提出的第一个假设是：两组夫妻会因为不同的事而吵架。心理学家推测，不幸福的夫妻往往围绕着更严肃的议题发生争执，比如金钱、健康、药物和酒精问题；而幸福的夫妻则可能为一些生活琐事而争吵，比如去哪里度假。

然而，研究结果表明这一假设并不成立。实际上，幸福与不幸福的夫妻会因为类似的问题发生冲突。[145]他们都可能因为金钱问题、健康问题，甚至听上去有点儿犯傻的度假目的地而发生争吵。

研究人员的第二个假设是：幸福的夫妻更善于处理彼此的分歧。这可能是因为他们妥协得更快，或者很快就对吵架本身感到厌倦。

然而，这个假设同样不成立。研究者并未发现哪一组夫妻在解决冲突方面表现得更为熟练或更愿意妥协。此外，当研究人员仔细观察那些幸福的夫妻时，他们发现其中有些人并不善于解决问题。他们会反复争吵，也从未找到解决方案。尽管如此，他们依然享受着自己的婚姻生活。

有意思的是，甚至还有一些夫妻会用"正确"的方法争吵，他们会阅读有关亲密关系的书籍，掌握不少深刻见解，但最终仍会互相怨恨。加州大学洛杉矶分校婚姻与亲密关系实验室的负责人本杰明·卡尼指出，虽然有些夫妻看似做对了所有事，但"最终还是以离婚收场"。[146]

因此，研究人员开始寻找能够解释幸福与不幸福夫妻关系的其他因素。他们留意到，许多夫妻，无论幸福与否，在描述他们的争吵时经常会提到"控制"一词。一位女士在接受科学家的采访时说：

"他总想要控制我，总想要摆布我，让我说我不想说的话。"她进而解释说，这通常是他们夫妻开始争吵的原因。"我想要自己做决定，而他却想要控制一切。"

夫妻对掌控感的焦虑在许多方面都有表现。研究人员发现，许多离婚案例都发生在夫妻双方经历重大的人生变故之后。这些变故在一定程度上触发了一种失控感。例如，孩子出生或一份充满压力的新工作，都会让人感到无法控制自己的时间，心中充满焦虑。健康问题也会影响我们对自己的掌控感，而诸如退休或孩子离家上大学这样的重大变动，也会让未来变得更加难以预料。这些重大变化常常让人们感到疲惫、孤独和焦虑，让人们觉得失去了对自己的日常生活、身体和心理的掌控。

当然，我们每个人都渴望能够掌控自己的生活。在影响一段浪漫关系成败的诸多因素中，一段关系是否增强了我们对个人幸福的掌控感便是其中之一。[147] 对夫妻而言，双方对掌控权的争夺是非常自然的现象。它涉及一个人如何平衡自己的需求、欲望、角色和责任。然而，研究人员在分析录像带时发现了一个之前被忽略的动态现象：在发生冲突时幸福与不幸福的夫妻似乎会以完全不同的方式来处理掌控权的问题。

无论幸福与否，夫妻双方在争吵过程中都会试图掌控局面。有时，丈夫会限制自己愿意讨论的话题范围，比如"我不想谈这个"，而妻子会任意设定对话时限，比如"这件事就谈 5 分钟，之后在我这儿就结束了"。

然而，研究人员发现幸福与不幸福的夫妻在追求掌控感的方式上存在明显差异。在不幸福的夫妻关系中，寻求掌控感通常表现为试图支配对方。在研究人员录制的一次冲突中，一位男士冲着妻子大声喊道:"你现在给我闭嘴,别说了!"¹⁴⁸ 而那位妻子随后也大声咆哮道:"你也别一天到晚只有工作,对孩子不管不顾,你不能因为自己今天不开心就拿我们撒气!"接着,她开始说出自己的要求,而其中的每一条都在试图控制丈夫的行为,"你得回家吃晚饭,别对我吹毛求疵,偶尔也问问我过得怎么样"。在接下来的 45 分钟里,这对夫妻总在试图控制对方的言辞("别用那种腔调跟我说话!")、讨论的话题("别扯那个")以及彼此的身体动作("你再翻个白眼试试,我立马走人")。

数月后,这对夫妻离婚了。

幸福的夫妻则在对掌控感的追求上表现得完全不同。与试图控制对方不同,他们更倾向于控制自己、自己所处的环境以及冲突本身。

在冲突中,

| 每个人都想要拥有掌控感…… | 但是试图控制他人具有毁灭性的后果。 |

例如,幸福的夫妻会投入大量精力来控制自己的情绪。当感到自己怒不可遏时,他们会主动叫停。他们会努力通过深呼吸让自己冷静下来,或者将情绪写下来而不是大声地发泄出来,又或者用"我感到""我需要"这样的第一人称来表达自己的感受。他们还会回想自己爱对方身上的哪些特点,并回忆过往的快乐时光。这些都是在他们

平静时通过练习获得的能力。他们有意让自己说得慢一点儿，这样就可以在即将说出一些过于尖锐的言辞时及时停下来。他们更有可能通过转变话题或开个玩笑来缓和紧张气氛。"幸福的夫妻会放慢吵架的节奏，"卡尼表示，"他们表现出更多的自我控制和自我意识。"

幸福的夫妻还会精心控制自己所处的环境。他们不会在冲突出现的那一刻就立即开吵，而是尽可能地选择在一个更安全和适宜的环境中进行困难的对话。例如，争吵可能出现在凌晨两点，可是那个时候，每个人都疲惫不堪，孩子可能还在哭闹，那么幸福的夫妻不会让争吵持续，而是会将相关讨论推迟到早晨再说。那时，他们已得到了充分的休息，而孩子也处于安静的状态。

最后，幸福的夫妻似乎更专注于控制冲突本身。卡尼指出："当幸福的夫妻发生争吵时，他们会尽量大事化小，小事化了，避免冲突升级扩大。"但是，不幸福的夫妻则容易让一个小争议蔓延、扩散至生活的方方面面。例如，"他们一开始在为'是去你家还是我家过节'而意见不合，但是很快，争执就演变为'你自私透顶，你从来都不洗衣服，正是因为你我们才经济紧张'"。在婚姻疗愈领域，这类由小争议引发的连锁反应被称为"数怨并诉"（kitchen-sinking），是一种特别具有破坏性的争吵模式。

在冲突中，

专注于控制：

1. 你自己
2. 你所处的环境
3. 冲突的界限

专注于以上这三个方面——自我控制、环境控制和冲突的界限控制，为幸福的夫妻带来的一个重要优势，即使得幸福的夫妻意识到他们双方可以共同控制一些事情。虽然他们仍有争吵，意见不合，但是当他们试图有所控制时，他们实际上站在同一条阵线上。

夫妻双方追求掌控感的不同方式是影响婚姻幸福与否的关键因素之一。如果在剑拔弩张之时，夫妻双方能够专注于共同控制一些东西，那么激烈的冲突就有可能被有效避免。如果我们专注于控制自己、自己所处的环境和冲突的界限，那么争吵通常可以转化为一场对话，旨在帮助双方互相理解，而非占得上风或彼此伤害。当然，控制感并非婚姻关系中唯一重要的元素。只不过，如果夫妻双方无法共同享有这种控制感，争论就往往难以结束，双方的关系也难以向着好的方向发展。

这个洞察在其他领域同样具有重要意义。在任何形式的冲突中，无论是职场辩论还是线上争论，试图掌控局面是一个人的自然反应。有时，这种掌控的欲望会驱使我们去控制最明显的目标：与我们发生争执的那个人。我们希望对方听从我们，以为如此对方就能理解我们的观点；我们试图让对方从我们的角度看待问题，以为这样对方就会赞同我们的立场。事实上，这种强制性的做法几乎没有什么效果。任何试图迫使他人听从和接受我们观点的做法只会让冲突升级。

因此，更好的策略是利用我们对掌控的渴望，与对方共同寻找能够缓解紧张气氛或缩小争吵规模的方法。这种合作往往能扩展至对话的其他部分，最终让双方肩并肩地找到解决方案。

这也就解释了为什么"理解循环"的沟通方式如此有效。当我们向他人展示出我们在认真倾听时，我们实际上是在给予对方一些主导谈话的掌控感。这也阐释了为什么"匹配原则"会如此有效。当我们跟随对方的引导，在对方表现出情绪化时以情绪化的方式回应时，或者当对方表现出具体务实的思维方式，而我们也以同样的方式跟进时，我们实际上是在与对方共同控制对话的走向。

爱的心理疗愈师认识到，除了需要证明我们在认真倾听，我们还应寻求对恰当的事物的掌控感，于是，他们开始革新婚姻疗愈的方法。一些新方法开始在婚姻疗愈中发挥作用，这些方法专注于帮助伴侣接受彼此的差异，而非试图改变对方。10年间，成千上万的心理治疗师开始使用爱的心理疗愈师开发的技巧。丹佛大学的研究员斯坦利指出："婚姻疗愈师过去经常认为，他们的目标是帮助婚姻双方解决他们的问题。"但是，如今的婚姻咨询更专注于教授双方实用的沟通技巧。

"很多冲突其实并没有解决方案。"斯坦利对我说，"但是当人们感到有掌控感时，冲突有时便会自然消散。当你说出心中所想，而你的另一半也听到了你的表达，你们便找到了可以共同努力的部分，问题也就不再像之前那样看起来那么严重了。"[149]

线上的枪支对话

梅兰妮·杰夫科特、乔恩·戈弗雷以及其他参加活动的人士回家后发现，事态已迅速升级。在一个约有150人活跃的私人脸书群组中，很多人不分昼夜地发送消息，4周内发出了15 000多个帖子。参与讨论的大部分人都是新近入群的，他们对在华盛顿特区举行的培训会议一无所知，既没有学到活动组织者所传授的沟通技巧，在现实生活中也没有产生交集的机会。

在脸书上，大家偶有共鸣，但更多的是不愉快的经历。[150] 一位参与线上讨论的人对另一个人说："我不知道是你的假设还是你的轻视更侮辱人。"对方立即回应道："所以你擅长给孩子们洗脑，让他们只看到自由的危险，是吗？"紧接着，他们互相辱骂，称对方是傻子、白痴、纳粹和法西斯。[151]他们写道："有人就是愚蠢至极，完全无法理解我的观点，我猜可能是因为你上大学时忙着吸毒和享乐，根本没有时间学会如何思考。"

由于在华盛顿特区接受了沟通技巧的培训，这个群组的主持人成了"带着好奇心、文明礼貌、仔细倾听的典范"，并努力想要在群组内"建立对话的原则"。[152]可是，他们发现这套方法在网络环境中有时并不那么奏效。他们尽力强调各种倾听技巧，并鼓励大家文明对话。[153]令人遗憾的是，他们的努力在网上的效果远不及在华盛顿特区面对面的交流。

这些问题恰恰是线上交流普遍存在的困境。有时，原本想要表达讽刺的评论被误解，发帖人的措辞无意间冒犯了他人，对一些人来说毫无敌意的发言对另一些人则是刺耳的挑衅。有一个反复出现的问题尤为引人注意。这个问题与婚姻关系研究者发现的导致夫妻关系紧张的问题一样：人们在脸书上总试图互相控制。这种试图控制他人的行为虽然不是扰乱对话的唯一因素，但是它的存在无疑会撕裂对话。[154]

例如，在脸书上，一些参与讨论的人经常试图控制他人的言论：可以说什么话，阐述什么样的观点以及表达哪些情感。例如，当一位线上用户分享自己因为邻居家有枪而感到不安时，另一位用户可能会说："因为邻居家有枪，你就感到害怕，真是荒谬。"还有人可能会质疑说："你怎么会有这种感觉。"

当然，控制欲有时会以更加微妙且难以觉察的方式表现出来。例如，有人刚提出了一个问题，另一个人立马给出了解决方案或者发表长篇大论。这可能会让提问者感觉对方试图掌控对话的走向和论调。有时，人们甚至会有意淡化问题的严重性。比如，当一个人对另一个人表达对枪支训练课程的不安时，对方可能回应道："这种事没什么大不了呀。"这种回答实际上是在试图定义哪些担忧是合理的，而哪些是愚蠢的。

有时候，人们甚至在不自觉地试图进行控制。例如，一位女士写道："看到有人车轱辘话说个不停，一遍又一遍发表有关枪支的冗长言论，真是让人厌烦。"虽然她只是想要表达自己的不快，但实际上是在限制大家应该聊些什么。她接着写道："我更感兴趣的是听到其他女性的意见，我对男性的看法没有一点儿兴趣。"这种情况表明，我们在试图施加控制时，有时可能并不自知。我们觉得自己只不过是在直抒己见，或给出建议，而没有意识到在他人看来，我们其实是在强行主导对话的方向。

"感觉大家越来越爱划分阵营。"一位讨论的参与者写道。面对这种情况，群组的主持人开始像婚姻顾问一样，引导小组成员专注于如何共同控制对话。当冲突一触即发时，主持人就会发消息，敦促大家专注于自己的情感和需求，这是一种促使各方控制好自己的礼貌方式。一位主持人发帖说："当你感觉情绪激动，就像箭在弦上时，请深呼吸。当你发觉自己想要防御抵抗时，请试着先后退一步。"主持人努力推动人们去思考如何维护他们通过文字创造的这个环境。当讨论中出现像"警察国家""自由战士""攻击性武器"等敏感词汇时，主持人会建议大家使用更中性的、不会导致两极分化的语言，比如"法治"、"枪支权利倡导者"和"战术步枪"。主持人还鼓励参与者留意控制冲突的界限，一次只讨论一个主题。例如，一位主持人向群组成员写道："我想提醒大家，这不是一个谁赢谁得分的辩论赛，我觉得大家可以冷静一下……我们暂停一会儿再讨论，也许效果会更好。"

这种引导群组成员控制自我、所处环境以及冲突边界的做法产生了积极的效果。对话变得更友善、顺畅，也更人性化了，人们互相攻击的次数明显减少。有人写道："尽管自从加入这个群组以来，我对枪支的立场并未改变，但是我讨论问题的方式肯定已经被改变了。我现在愿意坐下来，好好地进行这些复杂的对话。"

随后，一个令人意想不到的情况发生了。戈弗雷，那位前警察，向杰夫科特发送了一条私信，说他注意到她在线上讨论的发言总被打断，所以他想帮助改善这种情况。于是，他们共同策划了一个行动。第二天早上，杰夫科特发帖支持了一个充满争议的议题：允许执法人员从公民家中没收枪支的"红旗法案"。杰夫科特知道，自己的这个帖子一定会引发激烈的回复。

不过，戈弗雷已经做好了充分的准备。他在其他人做出回应前便先行发言表示，作为一名曾经的警察和拥枪支持者，他很多时候都希望没收那些对自己或他人带来危险的人手中的枪支。接着，他表达了希望听到人们在讨论中分享个人经历的愿望。他努力想要创造一种适合讨论的环境，并明确辩论的边界。参与者开始分享自己或亲人的枪支被没收的经历。杰夫科特并没有据理力争，而是开始采用"理解循环"的方式，总结并回应其他人的故事。很快，数十人加入讨论，分享经历，一致承认这个问题既复杂又敏感。"有时，人们并不了解如何真正地倾听，"一位名叫布列塔尼·沃克·佩蒂格鲁的主持人对我说，"他们将倾听等同于辩论，就好像如果你让对方提出了一个强有力的论点，你就输了一样。但实际上，倾听意味着让别人讲述自己的故事，即使你不同意，你也可以努力去理解他们为什么会有那样的感受。"

同时，在脸书讨论群组中另一位活跃的控枪支持者，来自宾夕法尼亚州布林莫尔的海伦·科恩·布鲁德曼，正前往参加她所在的城市举行的一场反对枪支游行的筹备会议。当她抵达现场时，她看到有志愿者正在制作写有"美国全国步枪协会道德败坏"等字样的标语牌。这让布鲁德曼感到不安。"就在几个月前，我自己可能也会举着这样的标语牌，"她对我说，"但是，美国全国步枪协会中也有不少像乔恩·戈弗雷这样的人。说实话，他是个好人。我们不能一概而论。"

冲突的化解通常并不会那么迅速。希拉·赫恩向我解释道："用一次对话来改变一个人的观点是非常困难的。这需要一定的时间。而且，我们需要经常性地反复探讨，直到每个人的观点都被听到。"[155]但是，如果讨论的环境让我们感到不安全，或者参与对话的其他人并没有认真倾听我们的表达，又或者他们试图控制我们可以表达的东西，那么对话就很容易偏离轨道。在这种情况下，伤害和愤怒就会滋生，怨恨也会随之累积，冲突开始逐渐升级。但是，如果我们共同努力寻找可以控制的东西，努力创造一个共同讨论的空间，我们就更有可能找到一条向前推进的路径。

• • •

这项旨在就枪支问题进行文明对话的实验在正式启动6周后，随着脸书群组的关闭而宣告结束。实验结果复杂多样：并非每个人都能放下敌意，也并非每个人都能找到与他人建立连接的方式。有人被主持人移除，也有人自动退出。几周后，一位群组成员写道："我开始对这个群组失去兴趣。没有人想要改变自己的看法。你要么相信最基本的人权,保护自己、家人、社区和国家的权利,要么接受这些最基本的权利可以被任意剥夺的观念……我知道,我在这个问题上的立场是坚定的,你的立场可能也是……但我想,最终我们还是会在投票箱前见分晓。"[156]即使对那些在对话中感受到意义的人来说,他们对沟通对象的感觉有时也是矛盾的。杰夫科特对我说:"有一个家伙,我如果以后再也不和他说话,我也不会觉得有什么不好。"

当然,也有人成功跨越了巨大的分歧,找到了真正的连接。对这些人来说,这次体验影响深远。活动结束的6个月后,组织者进行了一次调查,其中有一位参与者写道:"我开始在生活的其他领域中运用这些学到的沟通技巧。"[157]另一位参与者表示:"我发现自己在与持有不同观点的人交谈时变得更加宽容。过去,我无法忍受那些持极端立场的人,但是现在我能够与他们对话,我学会了在倾听他们观点的同时表达自己的观点。"[158]

对乔恩·戈弗雷来说,这次活动具有变革性的意义。他告诉我,他仍然拥有几十支枪,并因为相信特朗普会保护第二修正案而选择再次投票给他,而且在参加这次实验之前,他曾经将所有的持枪反对者同共产主义者或素食主义者归为一类,认为这些人都是不了解现实世界的一帮"傻白甜"。

然而,这次体验后,他开始重新思考一些问题。自活动结束后,他养成了每隔几个月就给杰夫科特打电话的习惯,只是为了保持联络并听听她对时事的看法。

"知道吗?这是一个复杂的世界。"戈弗雷说,"如果你想要弄明白、搞清楚,你就需要拥有各种不同的朋友。"

运用指南Ⅲ

线上线下的情感对话

无论我们有没有意识到,情感都在影响着我们的每一次对话。即使我们不承认,这些情感也始终存在。如果我们持续忽视这些情感,它们就可能变成建立连接的障碍。

因此,在任何有意义的对话中,建立情感连接都是一个关键目标。这恰好也是学习性对话第 3 条原则所强调的内容。

> **原则 3**
>
> 询问他人的感受,
> 分享自己的情感。

在许多对话中,当某人向我们表露自己的情感,或者当我们尝试理解为何频繁与某人争吵,又或者当我们试图拉近与某人疏远的关系时,只要我们愿意,这将是开启一场关于"我们的感受如何"的对话的好时机。展开这类对话的最佳方式之一就是提出深入的问题。

提出深入的问题能够有效地建立亲密感,因为这类问题鼓励人们分享自己的信仰、价值观、感受和个人经历,让人们展露内心深处的脆弱。这种脆弱性会引发情绪传染,使得对话的参与者更加地协调一致。

深入的问题可以很轻松,比如"你理想中的一天是什么样的",

也可以很沉重，比如"你最后悔的是什么"。此外，并非所有深入的问题一开始就显得很深奥。一些看似简单的问题，比如"讲讲你的家庭"或者"你今天看上去怎么这么开心"，虽然很容易提出，但往往能引发深入的对话，因为这类问题在邀请对方分享那些让他们感到骄傲、担忧、快乐或兴奋的事情。

几乎每一个问题都可以转化为一个更加深入的问题，关键在于掌握以下三大要素：

1. **深入的问题关注的是一个人的价值观、信仰、判断或经历，而不仅仅是事实。** 不要只是询问"你在哪里工作"，而是应该试图探寻对方更深层次的感受或体验："在工作中，你最喜欢的部分是什么？"（根据2021年的一项研究，生成深层次问题的一个简单技巧是在提问前想象自己正在与一位亲密的朋友对话。面对这位朋友，你会提出什么样的问题呢？）

2. **深入的问题往往触及人们的感受。** 有时，这类问题可以很简单，例如："你对……有什么感觉？"同时，我们也可以引导对方描述某些特定的情感，比如："……会让你感到快乐？"此外，深入的问题可以是让某人分析在某个特定情境下的情绪，例如："你觉得他为什么会生气呢？"或激发同理心："如果那件事发生在你身上，你会有什么感受？"

3. **深入的问题应该让回答者感到自己正在分享个人的经历或感受。** 这类提问会让我们感到好像在分享自己的一些东西。这种感觉也许会让我们犹豫和不安。但是研究表明，人们几乎总是乐于被问及并回答深层次的问题。

一旦我们提出了一个深入的问题，我们就需要仔细倾听对方的回答。倾听不仅需要我们关注对方的用词表达，更需要我们留意他们非言语的情感表达，如声音、手势、语调、节奏，以及身体姿态和面部表情。

在上一个《运用指南》中，我们介绍了一些识别人们对话目标的有用线索。我们同样需要学会如何识别他人的感受。然而，由于情感或情绪很容易被误解，例如将挫败感误解为愤怒，将安静误解为悲伤，所以我们要格外留意以下两点。

- 情绪：对方看上去是振奋还是沮丧？表情如何？是在笑，还是在喊叫？情绪高昂还是低沉？
- 能量：对方表现出来的能量是高是低？是安静内向，还是颇为健谈且表情丰富？如果对方看上去很开心，这种高兴是平静满足的（低能量）还是兴奋外向的（高能量）？如果不开心，是伤感的（低能量）还是焦虑不安的（高能量）？

通过观察对方的情绪和能量水平来衡量情感……

	情绪	
能量水平	正面	负面
高	振奋	生气
低	喜悦	沮丧

……而后与对方的情感进行匹配，表明你正在倾听。

一个人的情绪和能量水平通常能在匹配情感时为我们提供必要的信息。有时候，我们可能并不希望与对方的情绪同步，例如在对方愤怒时同样愤怒，这可能导致双方的关系更加疏远。但是，如果我们能够意识到并接纳对方的情绪和能量状态（比如，"你看上去似乎不太高兴。怎么了？"），我们就能够在情感上与对方保持一致。

回应情感

在我们表达了自己的情感之后，接下来该怎么做呢？

在情感沟通中，向对方表明我们确实听见并理解他们的情感非常重要，因为这有助于双方做出回应。

这里使用的关键技巧就是"理解循环"，其基本步骤包括：

- 提出问题，表示你正在用心理解对方的意思。
- 用自己的话总结重复对方表达的内容。
- 询问对方你的理解是否准确。
- 重复这个过程，直到每个人都同意大家理解无误。

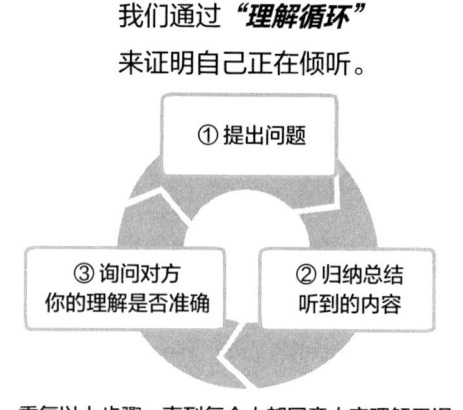

我们通过**"理解循环"**
来证明自己正在倾听。

① 提出问题
② 归纳总结听到的内容
③ 询问对方你的理解是否准确

重复以上步骤，直到每个人都同意大家理解无误。

理解循环的目的不是简单地复述，而是用自己的语言捕捉并概括对方的想法，以此表明我们正在努力理解对方的观点。这个过程需要持续重复地进行，直到大家彼此充分地理解并达成一致。

理解循环具有两大好处：

首先，它帮助我们确保自己正在倾听他人的发言。

其次，它向对方表明我们正在努力理解他们。

第二点尤为重要，因为它有助于建立具有互惠性的脆弱感。情感的互惠不仅仅指分享自己的感受，更关键的是提供"同理心的支持"。这种互惠是一个微妙细腻的过程。例如，如果有人说自己被诊断出癌症，那么我们此时不应该通过讲述自己的病痛或疼痛来回应对方，因为这么做实际上是在将注意力从对方那里转移到自己身上，而非真正的提供支持。

但是，如果我们换种方式回应，例如，"我知道这非常可怕，你现在感觉怎么样"，我们就能表现出想要理解对方的同理心。

我们可以通过以下方式来回应对方向我们展示的脆弱性……

- **开启理解循环**。持续进行，直到你准确理解了对方的感受。
- **询问对方的需求**。他们需要的是安慰、同理心、建议还是严厉的关爱？（如果你不确定，请继续进行理解循环。）
- **请求对方同意**。例如，可以询问"如果我告诉你，你的话对我有什么影响，你会介意吗"，或者"你介意我分享一些个人经历吗"，又或者"我可以分享一下我看到的别人处理这个问题的方法吗"。
- **提供反馈**。可以简单地描述自己的感受，例如，"听到你这么痛苦，我也很难过"，或者"真为你感到高兴"，又或者"能成为你的朋友,我感到很荣幸"。

互惠性并不意味着要用自己的脆弱来回应对方的脆弱,或者用自己的悲伤来应对对方的悲伤。相反,它代表着在情感上保持开放的态度,倾听对方的感受和需求,并分享自己的情感反应。

理解如何改变冲突?

在冲突中分享感受也许会很困难。当我们与他人发生冲突时,或者与持有不同价值观和目标的人交谈时,我们很难甚至不可能建立起连接。

然而,正因为情感往往会导致许多冲突,所以在发生争执时谈论"我们的感受如何"反而更为重要。这类对话会帮助我们建立起沟通的桥梁。

研究发现,在冲突中表明我们正在认真倾听并分享我们的脆弱性能够显著增强沟通效果。我们可以采用具体的技巧来证明我们正在倾听。

当我们与某人正在发生冲突时……

- **首先,确认理解**。通过理解循环,以及"我想确认一下我理解了你的意思"之类的表达来确认自己理解无误。
- **其次,寻找具体的共识点**。在对话中寻找可以表达认同的地方,比如,"在这一点上,我完全同意你"或者"你在……方面是对的"。这些表达有助于提醒双方,尽管我们存在分歧,但我们在寻求共识。
- **最后,调整表达方式**。避免使用笼统且带有评判性的语言,如"每个人都知道那是错的"或者"你总是把这个搞错"。相反，应使用如"有一些""也许是"这样的措辞，并针对具体的情况进行讨论，例如"我想谈谈你昨晚为什么要把碗筷留在水槽里"，而不是泛泛而谈，例如"我想谈谈你为什么从来不做家务"。

这表明沟通不是为了胜出，而是为了互相理解。你不需要回避分歧或淡化自己的观点。你完全可以提出自己的想法，为自己的信念辩护，甚至与对方辩论、挑战对方的观点，前提是你的目标是双方能够深入理解彼此，而不是赢得争论。

如果是线上交流，一切会有何不同？

人类进行口头交谈的历史已经超过100万年，书面语言交流的历史也已有5 000多年。在历史长河中，人类形成了一套共同遵守的交流规范和几乎下意识的行为习惯，比如接电话时调整语调，在信件结尾时表达对信件读者的喜爱等，这些都使得人与人的沟通变得更加顺畅。

相比之下，人们通过互联网在线上进行交流始于1983年。可以说，相关的规范和行为准则仍处于发展的初级阶段。

线上交流的一个主要问题是它缺乏我们在面对面交流时，通过声音和肢体语言所传递的信息，比如声调、手势、表情，以及说话时的节奏和能量。即使在写信时，我们也会通过字句的细微差别来精心编辑我们想要表达的内容。

然而，人们在线上的交流通常是迅速且未经深思熟虑的，缺少编辑和整理的过程，有时甚至是混乱不堪的。线上交流缺少了声音中包含的线索，也没有传统书信中包含的深思熟虑。

但线上交流将持续存在下去。那么，我们需要了解些什么呢？研究表明，有4个关键因素可以提升线上对话的效果。

当进行线上交流时，请记得……

- **重视礼貌**。众多研究表明，如果线上对话中的一方始终保持礼貌，那么双方的紧张关系就会得到有效缓解。[159]一项研究发现，在线上辩论时简单地增加一些"谢谢"和"请"这样的词汇，即使其他内容保持不变，也能显著改善对话中的紧张气氛。
- **警惕讽刺的语言**。当我们用揶揄的语气说话时，通常会带有一种讽刺意味，听者会立刻感受到这一点。然而，当我们敲击键盘表达具有讽刺性的观点时，尽管我们能在脑海中想象出说这些话的语调，但是阅读这些评论的人却无从感知到这一点。
- **更多地表达感激、敬意、问候、道歉，温和对话**。研究显示，当我们在对话中主动表达感激（如"你的评论让我受益良多"）、期望（"我很想听听你的想法"），用问候开启对话（如"嗨！"），提前道歉（如"我希望你不会介意……"）以及谨慎表达自己的意见（如"我认为……"）时，线上交流的效果会变得更好。
- **避免在公共论坛上批评他人**。在另一项研究中，研究人员发现，在线发表负面评论要比在现实生活中更容易产生不良后果。这种行为往往会激发出更多的负面内容，并促使人们更频繁地批评他人。当我们在网上公开批评他人时，我们实际上是在助长不良的线上文化。[160]

当然，所有这些策略同样适用于面对面的交流。很多策略都是我们从小学习的基本礼仪。然而，在线上交流时，我们很容易忘记这些原则，因为我们打字速度太快，或是在开会间隙匆忙回复，又或者没有再读一遍自己输入的信息就急于发送出去。我们应当考虑到我们的表达可能产生的影响。因此，如果能在网上发言前多加思考，我们就会获得意想不到的正面效果。

社交对话

我们是谁？

在一场富有意义的对话中，参与讨论的不仅是我们的个体身份，还有塑造了到今天为止我们之所以是我们的一切：我们的经历与背景、家庭与友情、追随的信念以及我们喜爱或厌恶的群体。换言之，我们带入讨论的是我们的整个社会身份。许多对话与这些身份直接相关，涉及我们共同认识的人、在社群中的人际关系、我们对这些关系的看法，以及它们对我们生活的影响。

过去 10 年间，寻求社会正义的运动和令人痛心的暴力事件，使我们深刻感受到社会不平等和偏见如何深入地影响着许多人的生活，它们对一些人的影响要远大于另一些人。要解决这些社会问题，讨论人与人之间的差异显得尤为重要。

在接下来的两章中，我们将进一步探讨社交对话，找寻即便在困境中也行之有效的沟通策略。第 6 章将讨论我们如何借助我们进化而来的本能——信任与我们相似的人，不信任与我们不一样的人，与人建立连接，即便他们同我们的背景和信念截然不同。第 7 章则将探讨如何有意识地优化那些极具挑战性的对话，比如关于系统性的不公正的对话。

诗人及社会活动家奥德丽·洛德写道："造成我们分裂的不是我们的差异，而是我们认识、接受、赞美这些差异的能力。"关于"我们是谁"的对话所探讨的，正是我们的社会身份如何让我们以及我们生活的这个世界变得更加丰富多彩。

6

我们的社会身份塑造了我们的世界

说服反疫苗者接种疫苗

1996 年，杰·罗森布鲁姆从医学院毕业后，成了亚利桑那大学儿科住院部的一名实习医生。尽管他已在俄勒冈健康与科学大学获得了医学博士和科研博士学位，但是作为一名初出茅庐的实习医生，他预料到自己会接手许多其他人不愿意从事的业务。在实习的第一年，他大部分的工作内容是进行基础的婴儿健康检查。每一天，罗森布鲁姆都要接待众多一脸焦虑的新手父母，他会询问婴儿的喂养时间安排以及婴儿是否有尿布疹，然后向对方演示正确的婴儿包裹技巧和拍嗝方法。

这份工作平淡无奇。直到每次接诊快结束的时候，罗森布鲁姆才有机会展示一下自己的医学才能：做好准备工作，并给婴儿进行一系列的疫苗接种。根据美国儿科学会的建议，婴儿应在出生后的三个月内开始接种各类疫苗，例如预防小儿麻痹症和百日咳等疾病的疫苗。大多数父母都会积极配合，确保孩子按时接种。

然而，总有一些父母对此持怀疑态度。他们担心疫苗接种可能会导致孩子患上孤独症，出现身体畸形或不孕不育等问题。他们怀疑疫苗只不过是医药公司的赚钱伎俩，接种疫苗反而会让孩子更易生病，从而让这些公司有机会销售更多的药物并从中获利。此外，还有一些父母仅仅因为对政府推荐的疫苗不信任，而拒绝让孩子接种。罗森布鲁姆知道，这些想法不仅是非理性的，而且还具有极大的误导性。但是，这种现象似乎正变得越来越普遍。

"为此，我曾向一位资深前辈请教。"罗森布鲁姆对我说，"面对拒绝为孩子接种疫苗的家长，我应该怎么做呢？他说你就直接告诉对方，我是医生，我懂得比你多。"

尽管罗森布鲁姆是医院里年纪最轻、资历最浅的医生，但他也知道这么做并非有效之策。因此，他利用业余时间专门设计制作了一些宣传单，详细说明疫苗如何挽救了无数人的生命，同时他还复印了一些医学研究资料，并在检查期间播放科普教育视频。他告诉这些父母，每次看到有孩子因未接种疫苗而罹患原本易于预防却危及生命的疾病时，他有多么地悲伤难过。罗森布鲁姆尝试了所有能想到的方法，可惜效果不佳。他说："我提供的信息越多，他们似乎就越固执。有时候，我和家长分享研究成果，准备好图表和宣传单让他们带回家。他们看似很感谢，可是你会发现他们在一周后就更换了诊所或医院。"

一天早晨，一位父亲带着12岁的女儿前来就诊。罗森布鲁姆询问他是否可以为他的女儿接种疫苗。"绝对不可以。"这位父亲坚决地表示，"我们才不要把毒药注入我们的身体，你是想杀了我们吗？"面对这种情况，罗森布鲁姆没有坚持。他对我说："你不可能说服这样的人。他们坚信接种疫苗是愚蠢的，而医生不是傻子就是阴谋同谋者，他们的自我形象就建立在这种认知之上。"

罗森布鲁姆在完成住院医生的实习后加入了俄勒冈州波特兰的

一家医院，这种情况仍持续存在。在接下来的 20 年里，他习惯了推荐疫苗，也习惯了倾听部分病人有关注射疫苗充满危险或疫苗本身就是一场阴谋的说辞。这些头头是道的言论，无论多荒谬，都已经不再让他感到惊讶。不过，让他诧异的是，反对疫苗接种的人群呈现出极端的多样性。"你会遇到因为只食用有机食品而拒绝接种疫苗的自由派，也会遇到认为让人们接种疫苗是政府暴政的保守派，还有一些自由主义者声称比尔·盖茨想通过疫苗在人体内植入微芯片。有意思的是，疫苗接种的反对者通常彼此厌恶，互相瞧不上。但是，一遇到疫苗问题，他们又好像开始高唱同一首赞美诗。"

这一现象同样让研究人员感到诧异。首先，拒绝接种疫苗的人似乎与典型的阴谋论者没有太多的共同点，后者通常是在访问了一些稀奇古怪的边缘网站或同某个奇怪的亲戚交谈之后，才沉迷于阴谋论的。可是，反疫苗人士的关注点主要集中在为什么整个社会会不加质疑地接受这些药物。[161] 随着学术界开始探究反疫苗人士的心理状态，许多研究者提出这些人对疫苗的敌意与其社会身份密切相关。[162] 换言之，与他们自我构建的身份密切相关，而这些身份是建立在他们所隶属的群体、交往的人群、参与的组织以及过往经历之上的。

. . .

在上一章中，我们探讨了关于枪支管控的艰难对话，对话的参与者因观念和政治立场的不同而各执一词。然而，还有另外一种让人们难以建立连接的分歧，它源于我们的社会身份，换句话说，源于社会如何看待我们，以及我们作为社会中的个体如何看待自己。这些差异和冲突可能基于种族差异（例如，我是黑人而你是白人）、性别认同（例如，我是跨性别者而你具有传统的性别属性）或出身背景（例如，我是移民而你是本土居民）。在这种情况下，如果想要建立连接，除了理解循环或证明自己在认真倾听，我们还要采用另一种策略。

正如一本心理学教科书所述，社会身份是"自我概念的一部分，源于我们对所属社会群体的归属感，我们赋予这种归属感的价值，以及它在情感层面对我们的意义"。[163] 一个人的社会身份由多种因素共同塑造，包括由我们选择的朋友、就读的学校、工作的地方带来的自豪感或戒备心。此外，社会身份也源于我们因家庭传统、成长背景或信仰选择而感受到的责任或义务。我们每个人都有自己的个人身份，这是我们在社会环境之外对自己的认知和理解。[164] 同时，我们每个人也都拥有社会身份，即我们作为不同社会群体的成员对我们自己的看法，以及我们认为的他人对我们的看法。

众多研究表明，一个人的社会身份对其思想和行为具有深刻的影响。[165] 例如，1954 年，在一个著名的实验中，参加夏令营的 11 岁男孩被随机分为两组，两个小组分别被称为"响尾蛇组"和"雄鹰组"。[166] 这个简单的随机分组足以让孩子们与同组成员建立密切的关系，同时将另一组视为敌对方。双方的敌意甚至最终发展为撕毁对方小组的旗帜、向对方投掷石块等行为。其他的实验也表明，在社交环境中，人们会为了融入某个群体而编造自己的过去、为产品支付过高的费用，或者在目击犯罪时选择视而不见。[167]

我们每个人都有多重的社会身份，这些身份可能包括民主党人或共和党人、基督徒或穆斯林、黑人或白人、白手起家的百万富翁或工薪阶层，所有这些身份都复杂交错。[168] 例如，我是一名来自南方的、信仰印度教的、同性恋计算机工程师，我投票支持自由主义。这些身份认定会促使我们对其他人做出某些假设。2019年，曼彻斯特大学的一位研究者指出，这些身份认同可能会微妙地导致我们在"夸大群体间差异"的同时又过分强调"同一群体内部的相似性"。[169] 我们的社会身份会不自觉地促使我们认为与自己相似的人（心理学家称之为"内群体"）更有道德、更有智慧，而那些与我们不同的人（"外群体"）则是可疑的、不道德的，甚至是具有威胁性的。因此，虽然社会身份有助于我们与他人建立连接，但它同时也在强化我们的刻板印象和偏见。

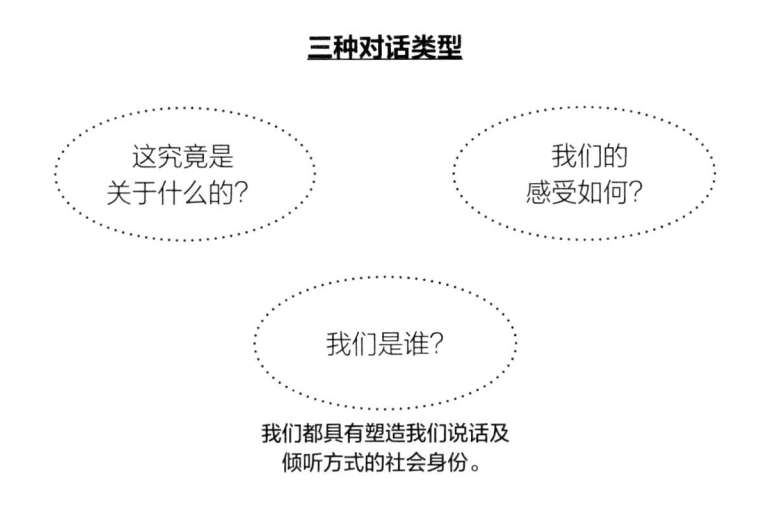

三种对话类型

- 这究竟是关于什么的？
- 我们的感受如何？
- 我们是谁？

我们都具有塑造我们说话及倾听方式的社会身份。

这种社会行为倾向，无论好坏，很可能植根于人类的进化史。纽约大学的心理学教授约书亚·阿伦森解释道："如果人类在很久以前没有发展出对于归属感和社交互动的深切需求，那么我们作为一个物种很可能早已灭绝。如果一个婴儿没有社交本能，或者母亲不关心自己的后代，那么这个婴儿就无法生存。因此，人类传承下来的特质之一就是会关心和保护自己的内群体,寻找自己归属的社群。"

对归属感的渴望是"我们是谁"这类对话的核心。这类对话发生在我们讨论自己在社会中的位置和关系时。[170] 无论是谈论组织内部的最新八卦("我听说会计部的人都要被解雇了")、表明归属感("我们家都是尼克斯队的球迷")、识别社会关系("你是伯克利毕业的?那你认识特洛伊吗?"),还是强调社会差异("作为一名黑人女性,我的看法和你的不一样"),我们都在进行一场关于"我们是谁"的对话。

这类对话通常有助于我们建立连接,例如,当我们发现自己和对方都曾是高中篮球队的队员,或者都参加过"星际迷航"大会时,我们会更容易信任对方。尽管这种"人以群分"的方式可能会有其负面影响,比如我们可能会流露出瞧不上那些不是运动员或不欣赏斯波克的人的倾向,但是这种分类有其明显的好处。当我们看到与他人重叠的社会身份时,我们通常更易于与对方建立起连接。

当然,并非所有的社会身份都具有同等的影响力。例如,我们支持同一个球队并不意味着,当我得知你家里有16支突击步枪,或者你认为吃肉的人应该被定罪时,我还会信任你。此外,在特定的环境中(比如在医疗环境中),某些社会身份(比如医生的身份)要比其他的身份更具有权威性。[171]

换言之,社会身份的重要性和显著性会随着环境的变化而变化。举例来说,如果我参加一个邻里间的烧烤派对,在场的每个人都投票给了贝拉克·奥巴马,那么我穿着支持奥巴马的T恤可能并不会增强我与邻居间的亲近感。但是,如果我穿着这件T恤出现在了美国全国步枪协会的集会上,并遇到了另一位穿着同样T恤的人,那么我们之间就会产生一种惺惺相惜的情谊。因此,各种社会身份的意义(性别、种族、政治观点以及在超级碗中支持哪支队伍等身份标签的重要性），会根据我们所处的环境和周围的情况而相应地发生变化。

· · ·

多年来，罗森布鲁姆医生遇到了越来越多的拒绝给孩子接种疫苗的父母，他开始意识到这些父母的拒绝行为与其社会身份息息相关。他们中的有些人对现行的医疗体系持怀疑态度，有些人则不喜欢政府的干预。罗森布鲁姆医生认为，出现这种情况的部分原因与进行相关讨论的环境有关。在就诊室里，作为专家的他与寻求建议的患者之间权力不平衡，这很容易引起对方的反感。2021年发表的一项研究表明，权力不平衡和其他因素导致"近1/5的美国人至少在某些时候认为自己是反疫苗者，而且许多人甚至将这个身份标签视作其社会身份的核心"。[172] 研究还发现，抵制疫苗的人通常觉得自己比其他人更聪明、更具有批判思维能力，也更关注自然健康。此外，他们可能从中获得了一种"心理上的优越感"，包括"自尊的提升和社区归属感的增强"。那些自认为对疫苗持怀疑态度的人，"更倾向于将主张广泛接种疫苗的主流科学和医学专家视为具有威胁性的外群体"。

参与这项研究的一位学者，来自波士顿大学的马特·莫塔告诉我，试图让他人改变这种态度是极其困难的，"因为这相当于你在要求他人放弃其自我认知的核心价值观和信念"。莫塔进一步解释说，如果将让对方认识到"迄今为止，原来我坚信的都是错误的"作为改变对方的先决条件的话，那么这种尝试"几乎注定无法成功"。

不过，罗森布鲁姆认识到，问题不只是出现在患者一方，医生也会受到其社会身份的影响。他回想起一位资深前辈曾建议他直接告诉患者"我懂得比你多"。他意识到这种态度其实源自社会身份错位而引发的傲慢。那位医生之所以会有这样的优越感,是因为他属于专家群体,有专家身份。不论他与自己的病人有多少共同之处,是否住在同一个社区,孩子是否就读于同一所学校,一旦病人拒绝接受他的建议,他便会将对方视为无知的、理应被蔑视的群体的成员。尽管罗森布鲁姆不愿承认,但他知道自己偶尔也会有类似的偏见。"当你穿上那件白大褂,你就开始觉得自己好像无所不知。"他对我说,"每当有病人和我意见不合时,我会立刻觉得对方太落伍了或想法有问题。"

如果罗森布鲁姆希望与疫苗反对者有效地讨论疫苗问题,那么他需要采取更贴近对方的交流方式,并向对方表明他理解对方的担忧。换句话说,他需要开启关于"我们是谁"的对话。

为此,他需要做到以下两点:

- 第一,作为医生,改变他自己心中的刻板印象。这些刻板印象导致医生将反疫苗者看作无知且不负责任的人。
- 第二,确保参与对话的患者都能感觉到自己被尊重,彼此都把对方视为同一群体的伙伴。

2020年6月,随着美国新冠病毒感染的病例数超过了200万,联邦政府宣布将向所有公民提供疫苗。[173] 同时,美国国家卫生研究院估计,为实现群体免疫,约85%的美国人需要接种疫苗。[174]

罗森布鲁姆的第一反应是这简直太荒谬了!不可能有那么多人愿意接种疫苗!

"但我知道我们必须试一试。"他对我说,"如果我们无法与反疫苗者建立连接，那么数百万人将面临生命威胁。"于是，他开始思考一个可能的前进方向。"如果我们让每个人开始重新思考关于疫苗的这些对话呢？如果我们让他们开始重新塑造自己呢？"

克服内在偏见

参加实验的女生至少有一个共同的特点——数学成绩优异。她们大多是密歇根大学大一和大二的学生，数学成绩在美国SAT（学习能力倾向测试）中排名前15%，在至少两门大学的微积分课程中获得了高分，而且都曾告诉过研究人员"数学对自己的个人和职业目标非常重要"。[175] 虽然也有一些男生参与此次实验，但是研究人员的关注对象是女生，因为他们怀疑，几乎没有人，包括这些女生自己，完全明白她们其实处于一个劣势地位。

早在几年前，华盛顿大学的心理学教授克劳德·斯蒂尔在研究大学生的成绩模式时就埋下了这项实验的种子。总体上，他观察到的结果与预期相符：高中成绩优异的学生更有可能在大学期间表现出色。

然而，有一个模式令斯蒂尔感到困惑。他对一组在SAT考试中得分相近的黑人和白人学生进行了比较分析。尽管根据这项标准化的考试，这些学生的成绩相近，这至少意味着他们为大学学习做好了同等的准备，但斯蒂尔在比较他们的大学成绩单时却发现，黑人学生的成绩普遍较低。"我不明白为什么会这样。"斯蒂尔对我说。后来，他在自己的著作《韦瓦第效应》(*Whisling Vivaldi*)中写道："在SAT考试的每一个分数段，哪怕是在最高的分数段，黑人学生进入大学之后的成绩也总是低于其他学生……这种现象非常普遍，无论是英语、数学还是心理学成绩均是如此。"[176] 他还指出："除了非洲裔美国人，在拉丁裔、美洲原住民，以及学习高等数学课程，在法学院、医学院和商学院就读的女生身上也出现了同样的情况。"

一开始，斯蒂尔考虑是不是老师的原因。[177] 他怀疑，老师可能存在种族主义或性别歧视的问题，或者无意中受到了刻板印象的影响。

可是，随着研究的持续深入，斯蒂尔开始怀疑是其他因素导致了成绩差异。数据显示，黑人学生和学习高等数学课程的女生在考试中得分较低的一个主要原因是：他们在限时考核时往往表现不佳。虽然这些学生勤奋努力并掌握了相应的知识，但是在参加有时间限定的考试时（比如，时长一个小时），他们往往会因为对自己的答案存疑而反复验证，这浪费了他们宝贵的时间。

斯蒂尔因此将研究焦点从老师转移到了学生身上。他怀疑这些学生可能受到了自卑的困扰，但是观察结果似乎并不支持这一假设。他们并没有从一开始就假定自己会得低分。相反，许多学生都认为自己已经为考试做好了准备，并渴望证明自己的能力。斯蒂尔开始思考究竟是什么因素在影响这些学生的表现。他逐渐发现，这些学生受到了与其社会身份相关的刻板印象的束缚。[178] 他们知道社会对他们所隶属的群体，无论是女性还是黑人学生，都持有偏见。

斯蒂尔从个人经历出发，深入探讨了社会身份如何能够深刻地影响个人生活。他出生在芝加哥，父亲是黑人，母亲是白人。在当时那个年代，跨种族婚姻在美国的许多州还被视为非法。斯蒂尔本人就经历了种族主义的戕害。他的父母积极参与民权运动，反对在学校和居住区域实施种族隔离和投票歧视。在成长的过程中，斯蒂尔以不同的方式参与到社会运动之中。他离开了芝加哥，最终在俄亥俄州立大学获得了心理学博士学位，并开始专注于偏见心理的研究。他在美国最负盛名的大学中快速发展,曾在犹他大学、华盛顿大学、斯坦福大学和哥伦比亚大学任教。当他在职业生涯的发展中期来到芝加哥大学时,他开始设计实验,研究他在学生成绩中观察到的令人困惑的模式。

1999年,斯蒂尔与同事史蒂文·斯宾塞共同进行了一项针对数学成绩优秀的女生的研究。他们调查发现,这些数学专业的女生感到"她们必须不断地证明自己,而且她们对事业的投入也常常会遭受质疑"。这些女生非常清楚社会普遍存在的刻板印象,即女性天生不如男性擅长数学。正如斯蒂尔所说,"她们知道自己必须要应对这种刻板印象"。尽管这种刻板印象并没有现实依据,但它依旧在大众认知中普遍存在。

斯蒂尔在实验中将参与者分为两组,分别参加一场具有挑战性的数学考试和一场相当难度的英语考试。[179] 通常情况下,女性在英语学习上的能力不受负面刻板印象的影响。这两项考试的时长均为30分钟,难度与GRE(美国研究生入学考试)相当。

结果显示,在英语考试中,男女生得分相近;但在数学考试中,男生平均得分高出女生20分。女生在英语考试中的答题效率与男生持平,而在数学考试中效率较低。斯蒂尔指出:"她们会更频繁地核对答案、重新计算。"他解释说,女生的时间之所以不够用,"是因为她们在进行多任务处理,一部分大脑在回答问题,而另一部分则忙于思考:我得再检查一遍,我必须小心仔细,我知道人们对我们有刻板印象"。[180]

斯蒂尔认为,似乎对于女生来说,仅仅知道社会上存在着对其性别不利的偏见,就足以让她们在考试中表现不佳,即使她们明白这种偏见是错的。他后来写道:"由于存在对女性数学能力的负面刻板印象，所以单是参加一场难度系数较高的数学考试，就可能让女性感受到被污名化的风险，即因为身为女性而被认为数学能力有限。"这种刻板印象引发的焦虑让这些女生在考试中无法专心答题且表现迟疑，最终得分较低。

斯蒂尔随后招募了学习水平相当的黑人和白人学生参加 GRE 的语言推理考试。[181] 他指出在这一类考试中普遍存在"黑人学生智力较低"的刻板印象。测试结果显示，"白人学生在这次难度系数较高的考试中的表现远胜于黑人学生"[182]。如果这种显著差距存在于 GRE 考试的各个部分，那么整体性的差异将是巨大的。斯蒂尔认为，这种差异性源于黑人学生对社会刻板印象的自我认知，这导致他们在考试中难以集中注意力，心理压力过大，最终考试成绩不理想。他还指出，如果明确告知黑人学生考试不涉及智力评估，那么刻板印象的影响力就会明显降低，他们的成绩也会显著提高，与白人学生不相上下。

斯蒂尔及同事将这种对人的消极影响称为"刻板印象威胁"。自 20 世纪 90 年代末进行首次实验以来，已有数百项的研究证实了这种效应的存在及其带来的负面影响。[183] 仅仅知道某个刻板印象的存在，就足以影响一个人的行为。斯蒂尔指出，对黑人学生、学习高等数学的女生或其他群体来说，"威胁他们的仅仅是社会上对其身份的刻板印象，而不一定是周围人的种族主义观念。"即使一个学生的周遭并没有带有偏见的人，但是这个学生仍然可能因为知道某种刻板印象的存在而受到影响，从而表现不佳，而他的表现又反过来"可能被视作对于该刻板印象的佐证"。[184]

当然，我们每一个人都会受到刻板印象的影响。例如，杰·罗森布鲁姆和其他医生受到了刻板印象的影响，导致他们对不接受建议的患者产生了负面看法。社会中普遍存在医生就是专家的刻板印象，促使医生认为自己更有见识。同时，社会中还存在着另外一种刻板印象，即尽管医生知识渊博，但是他们受制于腐败的政府，这让患者对医生抱有怀疑。这些社会身份标签能够改变我们的行为，即便并非我们的本意，甚至与我们的本意截然相反，比如在考试时反复核对答案，或者傲慢地对患者说"我懂得比你多"。

那么，如何才能减轻或消解"刻板印象威胁"呢？斯蒂尔及其他研究者探索出了一些方法。[185] 在一项实验中，他们向女性参与者说明，他们要进行一项经过特别设计的、避开性别差异的测试；在另一项实验中，他们向黑人学生强调，此次测试只是为了探究"普遍的问题解决能力"，丝毫不涉及"对一个人智力水平的衡量"。他们发现这么做能有效降低刻板印象威胁所产生的影响。斯蒂尔在其著作中写道："通过这些干预措施，黑人受试者摆脱了潜在的污名威胁。"

换言之，研究人员改变了环境，这减少了刻板印象的显著性和威胁性。斯蒂尔对我说："这种方法在课堂上的效果很好。但是，在社会范围内加以应用却很困难，因为刻板印象广泛存在。"

● ● ●

2005 年，在得克萨斯基督教大学的校园内，另外一组数学系的男女学生受邀参加了另外一项实验。负责实验的研究人员对最初的实验方案进行了一些调整。[186] 为了确保每个人的脑海中都浮现出一种具有威胁性的刻板印象，首席研究员达娜·格雷斯基专门在实验开始时告诉参与者："我正在研究 GRE 测试，一个众所周知的刻板印象是男生的数学成绩通常要优于女生。"以往的研究表明，这种明确的提示会让很多女生在考试过程中联想到这个刻板印象，并取得较低的得分。

这一次，参与者被分为三组，分别被带入了不同的房间。

第一组的成员在走进房间后，立刻开始进行 GRE 数学考试，没有其他任何的介绍或进一步的指导。

第二组成员则在考试开始前，被要求进行一个简短的自我描述。格雷斯基指导他们说，描述自己的一个简单方法就是画一张图，来概括你的身份和角色。不过，她提醒大家，因为时间有限，所以图中只需要包含自己最基本的信息，并展示了一张自己制作的示例图。

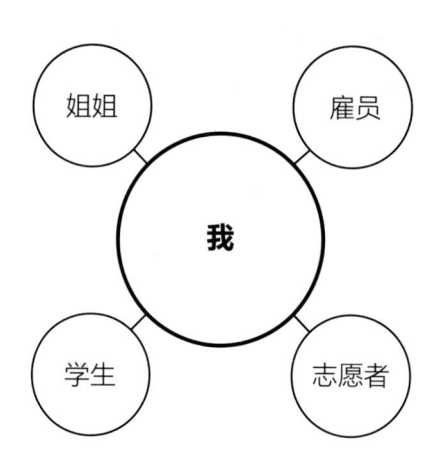

第三组的成员也在考试开始前被要求进行自我描述，但是这一次，他们得到的指示是"尽可能地详尽"，并绘制一张详细的草图。这张图需要包括他们参加的各种俱乐部、各项爱好以及在生活中的众多身份和角色标签。他们也得到了一张示例图作为参考。

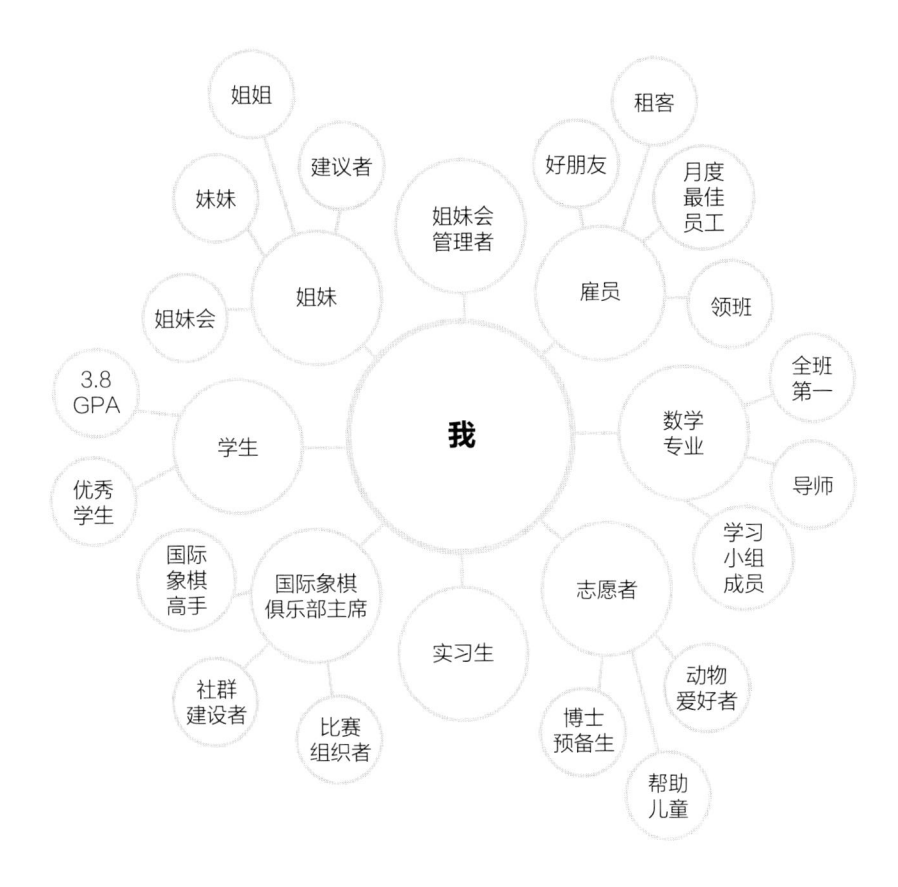

```
                姐姐
        妹妹    建议者   好朋友   租客
                         月度
                姐妹会          最佳
                管理者          员工
        姐妹会   姐妹    雇员   领班
                                    全班
                                    第一
  3.8
  GPA                               数学    导师
        学生           我           专业
  优秀                                     学习
  学生                                     小组
                                          成员
  国际    国际象棋           志愿者
  象棋    俱乐部主席                动物
  高手                               爱好者
                         实习生
        社群            比赛       博士
        建设者          组织者     预备生
                              帮助
                              儿童
```

在完成草图后,第二组和第三组的成员开始进行数学测试。

研究人员后来在报告中写道,他们试图探究"提醒女性个体所具有的多重身份和角色是否会减轻刻板印象威胁的影响力"。他们指出:"一名典型的女大学生可能会通过她的性别、种族、民族、社会阶层、宗教、姐妹会、在校年级、工作、运动队、俱乐部会员资格、家庭等多种方式来定义自己……那么,让一位普通的女生在参加数学考试的同时意识到自己的其他社会身份(即使这些身份与其是否具备数学才能无关),是否会对她有所帮助?"这项研究的假设是,让参与者想起自己所有的复杂身份，可以帮她们改善心理环境，从而减轻格雷斯基从一开始就提出的由女性在数学考试中表现不佳的刻板印象所引发的身份焦虑。

研究人员对考试结果进行了评分。他们发现在第一组和第二组中，女生的整体表现没有男生出色。这与研究者的最初预期一样，即负面的刻板印象确实会削弱这些女大学生在考试中的表现，即使第二组成员有机会进行简短的自我描述，结果也并没有改变。

然而，第三组的女生表现出了显著的不同。由于她们被引导深入思考自己生活的各个方面和多重身份，她们的最终表现同男生一样出色，在得分上与男生没有差别。这表明，意识到自己多重身份的女生能够有效地消解刻板印象所带来的负面影响。研究人员指出："绘制节点较少的自我概念图被证明是无效的。相比之下，绘制节点较多的自我概念图能够显著提升那些感受到刻板印象威胁的女性的表现。"

• • •

罗森布鲁姆医生从这些研究结果中看到了他心中问题（如何摆脱许多医生头脑中"医生最懂"的刻板印象）的解决途径。他知道，一旦穿上白大褂，自己就很容易形成单一的自我认知，即自己只是一名医生。"但是，如果你能记得自己还是父母，你就能体会到父母在为孩子做健康决策时的那种恐惧与忧虑，从而对孩子的父母有更多的理解和共情。"他对我说："如果你能记得自己还是别人的邻居，你就会意识到邻居不会说出像'我懂得比你多'这样的话。"

在进行"我们是谁"的对话时，我们有时会只抓住一个单一的身份，例如：我是你的父母、老师或老板。这实际上是在自我设限，使我们只能从一个角度来看待世界。我们忘记了自己身份的多重性和复杂性。如果我们能从父母而非医生的角度来思考问题，那么我们可能也会对要注射给孩子的药物表示怀疑。我们也会意识到，提出问题和有所质疑正是负责任的父母应当做的事。

罗森布鲁姆由此开始尝试一种新的交流方式：在遇到病人的父母时，他会先花几分钟寻找彼此的共同点。"如果对方提起其他的家庭成员，那么我也会谈起自己的家人；如果他们说自己就住在附近，那么我也会聊起自己住在哪里。"他对我说，"尽管医生通常不会聊自己的个人生活，但我觉得建立连接很重要。"

对患者来说，罗森布鲁姆医生这么做似乎是在努力让他们放松。但实际上，他这么做也是为了让自己放松。他说："这会提醒我，我不仅仅是一名医生。所以，当遇到一些看似离谱的观点，比如疫苗就是阴谋时，我的第一反应不是恼怒，而是尝试理解，因为我深知那种被专家牵着鼻子走的感觉。我自己也有过类似的经历。"

因此，在关于"我们是谁"的对话中，重中之重是要不断地提醒自己，我们都具有多重身份。我们是父母，也是兄弟姐妹；我们在某些方面是专家，但在其他领域则完全是外行；我们是朋友、同事、爱狗人士或讨厌慢跑的人。我们拥有的多重身份让我们复杂丰富，没有任何一个刻板印象能够完全描述或定义我们。我们每一个人都有很多有待表达的东西。

这就意味着有关"我们是谁"的对话需要具有更多自由的流动性和探索性。换句话说，这类对话需要我们深入挖掘，邀请他人分享自己来自哪里、如何看待自己以及他们遭遇的偏见（如种族主义、性别主义）、父母和社会对他们的期望如何影响了他们的生活。"当我的儿子去学校参加考试时，我会告诉他，虽然今天的考试很难，但要记得你不只是一名考生。"得克萨斯基督教大学的研究员格雷斯基说,"当我们认识到自己身份的多样性时,那些负面的声音就会变得不那么强势。"

引导这样的对话的过程是一个相对直截了当的过程。在有关"我们是谁"的对话中,我们可以邀请对方分享自己的背景、自己拥护的对象以及他们所属的群体如何塑造了他们的身份(比如"你来自哪儿呀?哦,真的吗?在那里长大是什么感觉?")。接着,通过描述你如何看待自己来回应对方("你知道,作为一个南方人,我认为……")。最后,在对话过程中,提醒对方和自己我们每个人都具有多重身份,从而避免陷入单一维度的陷阱,例如,你可以问:"你说作为一名律师,你支持警察,但是作为父母,你会担心警察拦下你的孩子吗?"

当然,认识到我们都拥有多重身份只是"我们是谁"这一对话类型的一部分。它有助于我们更全面、清晰地看待彼此。但是,仅靠这一点并不总是能够说服他人,比如说服抵制疫苗的父母相信医生。

为了更有效地进行说服,我们还需要寻找彼此的共同点。

足球场上的敌对双方

2018年春天,伊拉克卡拉科什的街头出现了即将举办新足球联赛的传单[187]。这个消息实在令人意外,因为当时的卡拉科什刚刚从一场残酷的战争中恢复过来。在过去几年里,这座城市里信仰基督教的居民遭遇了ISIS极端组织("伊斯兰国")的无情袭击,数百名基督徒惨遭杀害,约5万人被迫逃离家园。[188]在那段时间ISIS洗劫教堂,焚烧基督徒拥有的商业机构,侵犯女性基督徒[189]。

在被ISIS侵袭之前,卡拉科什原本有多支成人业余足球队,这些队伍大多由基督徒组成。可以说，基督徒和穆斯林几乎从来不一起踢球。事实上，他们在球场之外也少有交集。一直以来，这座城市有专属的基督教餐厅和穆斯林餐厅、基督教杂货店和穆斯林杂货店，而且每家店铺都配有保安，他们会检查顾客带有宗教标识的身份证。

在卡拉科什的基督徒难民陆续返回家园后，他们的足球队也开始逐步恢复比赛。正是在这样的背景下，一份宣传新联赛、邀请球员前去参加一场信息推介会的传单突然出现在了基督徒社区。这场会议被安排在一座被大火焚毁了一半的教堂内举行。此次联赛的组织者在会上表示，他们将赞助所有的比赛，参赛球队无需支付费用，而且每一位参赛球员将会获得一件印有自己姓名的球衣。此外，每场比赛将配备专业的裁判员、全新的球网和足球，组织者还将为获胜队伍颁发奖杯。然而，此次联赛规定，只有那些已经组建了的球队才能参加。在卡拉科什，按照以往的惯例，一支球队往往只有 9 名球员，但此次联赛要求每支队伍有 12 名球员。由于当地球员数量有限，预计一半的球队可以增补其想要的球员，继续保持全员是基督徒的惯例；但是，还有一半的球队则需要为了满足参赛要求而引入由联赛官员挑选的 3 位穆斯林球员。[190]

举办此次足球联赛的构想来自斯坦福大学的一位在读博士萨尔玛·穆萨。[191] 穆萨对验证"接触假说"[192]这一理论颇有兴趣。根据这个理论假设，在特定条件下，将有社会身份冲突的人聚集在一起，有可能会促使他们放下过往的恩怨。可是，在卡拉科什这样一个地方，绝大多数的基督徒居民在民意调查中表示，想要通过一次足球联赛来弥合彼此间深深的敌意显得有些不切实际。事实上，在推介会上，当教练和球员得知有近一半的现有球队必须纳入穆斯林球员时，很多人都拂袖而去。穆萨对我说："他们告诉我，这么做会破坏球队的团结,并警告说这么做很可能会引发新的冲突。"

不过,专业的裁判员、大奖杯和新款球衣还是吸引了一些球队报名参赛。最终,共有24支球队完成了报名。穆萨及其助手将穆斯林球员分配进了一半的参赛队伍。他们随后分发了赛程表,并开始观察球队的训练和比赛情况。

起初的训练气氛确实紧张。一些基督徒球员甚至拒绝向穆斯林队友介绍自己,而在休息时,双方在场边座位上也恨不得中间隔着十万八千里。穆萨观察到,"穆斯林球员试图融入",但基督徒球员却明显表现出敌意。为了促进彼此的合作,穆萨制定了一项原则,要求每位队员必须有相同的上场时间。因此,尽管基督徒同穆斯林球员在替补席上坐得泾渭分明,但是他们在训练和比赛中不得不展开合作。

这一改变本身就足以产生影响。一开始,有一些球队坚持使用叙利亚语,这是中东基督徒的常用语言,但是包括穆斯林在内的其他人都无法理解,因此场上的沟通遇到了障碍。于是,有两支球队的教练制定了一条新原则:大家在场上必须说穆斯林和基督徒都能听懂的阿拉伯语。当这两支球队因沟通改善而开始赢球时,其他球队的教练也开始纷纷效仿。

大约一周后,一些基督徒球员开始抱怨他们的穆斯林队友经常迟到,耽误了宝贵的训练时间。穆斯林球员解释说他们居住在城市的另一端,出行主要依靠行驶缓慢的公交车,而且沿途还需要经过多个检查站。为了解决这一问题,基督徒球员决定集资为穆斯林球员支付出租车费,以便他们能更快地到达训练场。

随着时间的推移,穆萨渐渐发现自己难以在球场上区分基督徒球员和穆斯林球员了。他们一起坐在替补席上,共同庆祝进球得分,甚至有一支球队还把一名穆斯林球员推选为队长。令人意外的是,一些全队都是基督徒的球队开始抱怨队内没有穆斯林球员,这让他们处于劣势。当穆萨对球员进行调查时,她发现混合团队中"表示自己不介意下个赛季继续参加混合队的球员数量比例上升了13%,表示自己会在评选体育精神奖时投票给穆斯林球员(非自己球队的队友)的球员数量比例上升了26%,而在实验介入结束后的6个月内表示自己更愿意与穆斯林球员一起训练的球员数量比例更是上升了49%"。[193]当然,偏见并没有完全消失。基督徒球员承认他们对非队友的穆斯林球员仍然有所保留。但转变无疑是显著的。有一天,当穆萨和同事们在卡拉科什散步时,他们看到一些基督徒球员与他们的穆斯林队友一起,正在一家酒吧里观看巴塞罗那对阵皇家马德里的比赛。

此次联赛的决赛在卡拉姆莱什青年队和尼尼微平原守卫队之间展开。开赛前,这两支球队进行了团体合影。它们都是穆斯林和基督徒球员组成的混合队,有球员在拍照时还带来了在战争中遇难的家庭成员的照片。"那些巨大的照片被高举着,他们是某个球员的叔叔或堂兄弟,"穆萨说,"而他们的身边就站着自己的穆斯林队友,他们彼此搭着手臂。"在尼尼微平原守卫队最终获胜后,所有的参赛球员投票选出了年度最佳球员,而获此殊荣的是一位穆斯林球员。比赛结束5个月后的调查显示,基督徒球员与穆斯林球员仍在一起踢球。一位球员形容道:"比赛结束时,我们互相拥抱、亲吻并祝贺对方,即使是输掉了比赛……我们还是会彼此见面,互相打电话,邀请对方到家里喝茶或喝咖啡。"穆斯林球员在接受调查时表示:"大家似乎不再在乎对方来自哪个区了。"此外,他们还"向联赛的工作人员提议,希望将来能够邀请该地区全是穆斯林球员的球队参加比赛"。[194]

可以说,实验结果完全超出了穆萨的预期。穆萨告诉我:"也许有人会说,这仅仅是因为体育运动打破了隔阂,但事实不止于此。我们对整个活动的结构性调整和细致安排引发了意想不到的积极结果。"

在此次联赛的设计中，有三项关键决策显著地改变了球员之间建立连接的外部环境，而这些决策恰恰是如何成功展开"我们是谁"的对话的核心。

第一项关键决策基于一个心理学原理，该原理曾帮助数学系的女生意识到自己在数学系学生之外的其他身份，来提升她们的考试成绩。同样地，此次联赛通过设定足球队的人数和角色，鼓励球员去思考他们在宗教信仰之外的其他社会身份。例如，一位球员可能是穆斯林，但他同时也是一位守门员，还负责在中场休息时带领大家一起做拉伸；另一位球员可能是基督徒，但他同时负责给全队带运动饮料，他还是队长，在比赛前还要给大家加油鼓劲。穆萨解释说："我们努力让每一位球员意识到自己的多重身份。这些身份因为共同的目标——在场上赢球，而变得比他们的宗教身份更加重要。"

第二个关键决策是确保赛场上每位球员的平等性。首先，卡拉科什存在明显的社会阶层差异。历史上，基督徒通常要比穆斯林更富有，受教育程度也更高。ISIS 的入侵虽然暂时打破了这种社会结构，但是随着基督徒的回归，旧有的社会秩序开始重新恢复。穆萨强调指出："在球场上，每一位球员的上场时间必须是一样的，不存在任何差别。"这也就意味，至少在比赛期间，因社会身份差异引起的敌意和怨恨会被暂时搁置。[195]

最后一个关键决策也是"我们是谁"的对话成功展开的原因之一，那就是引导球员形成全新的"内群体"，建立一种共有的社会身份。这种内群体的力量十分强大，因为它建立在球员已有的身份之上。对外界来说，穆斯林球员和基督徒球员能够如此迅速地建立起连接有些不可思议，但对穆萨来说，这并不意外，因为她并未要求这些球员重新定义自己，而只是强调了他们已经具有的一种共同身份——足球队友。当这个身份被凸显时，他们各自的宗教身份便没有那么突出了。

这些社会环境的改变体现了成功开展"我们是谁"的对话所需的三大核心元素：

首先，尝试引导沟通对象意识到各自的多重身份。让参与对话的每个人认识到自己具有多重身份，没有人是单一维度的，这一点至关重要。在对话中认识并承认身份的多样性有助于打破固有的刻板印象。

其次，确保对话中的每个人都处于平等的地位。避免在未被请求的情况下提供建议，或是夸耀你的个人财富或资源。应选择一些每个人都能分享个人经验和知识的话题，或者大家都不熟悉的新话题。鼓励发言较少的人多表达想法，健谈的人多留意倾听，以此确保每个人都参与其中。

最后，寻找已经存在的社会相似性。我们在认识新人时往往会自然地寻找共同认识的人或共同感兴趣的事。然而，重要的是我们需要进一步深化这种连接感，使双方的共同点更加突出。如果双方的相似之处与一些深层的、有意义的事物相关，那么这种相似性就会变得更加强大。例如，我们可能都是吉姆的朋友，但是只有当我们开始探讨友谊对我们来说究竟意味着什么的时候，或者为什么同吉姆交朋友很重要的时候，双方的连接感才会更加紧密。同样，我们可能都是湖人队的球迷，但是只有当我们分享与父母一起观看比赛的经历，一起回忆那些激动人心的时刻时，我们之间的关系才会更有深度和力量。

> **如何谈论"我们是谁"？**

1. 引出多重身份。

2. 确保地位平等。

3. 基于现有的身份创建新的内群体。

有关"我们是谁"的社交对话是通往更深刻的理解和更富有意义的连接的大门。然而，要实现这一点，我们必须深化讨论，引出每个人都具有的多重身份，并分享共同的经历和信念。"我们是谁"的对话之所以强大，不仅是因为这是建立在双方共同点之上的连接，更是因为它让我们有机会分享真实的自己。

解决疫情带来的难题

2021年春天，杰·罗森布鲁姆感到非常焦虑。新冠病毒感染疫情已导致全球超过200万人死亡，数十亿人处于隔离状态。[196] 虽然美国已经开始展开疫苗接种工作，但罗森布鲁姆并不认为它会达到预期的效果。他对我说："很多专家认为，只要向民众证明疫苗的安全性并展示相关数据，人们的态度就会改变。但是，任何和反疫苗人士打过交道的医生都明白，这种方法根本行不通。这些人早就掌握了大量的数据，并花了不少时间上网搜索！单靠这种方式是不可能说服他们改变已有的观念的。"

罗森布鲁姆作为志愿者加入了一个名为 Boost Oregon 的组织，寻求推广疫苗接种的新途径和新方法。全球已经涌现出数百个类似的团体，它们大多由医生和社会学家组成，形成了一个宽松的网络，旨在说服公众接种疫苗。[197]这些团队中的许多人对疫苗反对者进行了长期研究，发现进行"动机访谈"是最有效的策略。[198]这种访谈技巧原本是20世纪80年代为帮助有嗜酒习惯的人士开发的。根据2012年的一篇论文的观点，在动机访谈中，"咨询师几乎不会尝试说服或劝导，而是通过巧妙的引导让来访者自己进行思考，并在口头上表达自己支持或反对做出改变的理由"。[199]也就是说，动机访谈的目的是通过引出个人的信念、价值观和社会身份，将所有这些复杂问题摊开来讨论，从而激发出令人意想不到的改变。

十多年来，美国的疾病控制与预防中心一直在敦促医生们运用动机访谈技巧同拒绝接种疫苗的患者进行沟通。对于罗森布鲁姆及其同事来说，这意味着他们需要以一种特定的方式同那些对新冠疫苗抱持怀疑态度的人进行交谈。例如，当一位年长的患者走进波特兰的里马·查米医生的诊所时，他说自己之所以不想接种新冠疫苗，是因为他听说这类疫苗尚未经过科学测试。这时，查米医生并没有与他争辩，而是向对方提出了一些开放性的问题，比如他如何看待自己。对方表示自己是一名退休的警官，有三个孙子孙女，而且非常虔诚，教堂是他生活中最重要的地方。他对查米医生说："这就是我不想接种疫苗的原因。上帝会眷顾我的。我会勤洗手、戴口罩，相信上帝会保佑一切，他知道我要走的路。"

查米医生是那种每个人都希望遇到的医生，她自信且令人感到温暖，不仅能安抚哭闹的婴孩，也能用善解人意的微笑安慰过度焦虑的父母。作为一名母亲，她的孩子们深知不听取她的建议可能会让自己面临风险。在她的整个职业生涯中，她一直致力于为移民、儿童、穷人和无家可归者提供服务。她深刻理解作为医疗专家群体一员的责任和意义。她对我说:"白大褂有它的力量。"

面对这位特殊的患者,查米医生知道,无论自己提供多少数据证明新冠疫苗的安全性,或多少次提及教皇鼓励人们应该接种疫苗的劝告,都无法改变他的想法。她说:"传统的说教方式只会让他更加抗拒。"于是,她决定另辟蹊径,不再谈论新冠病毒,转而赞美他的信仰:"哇,你的信仰给予了你那么多的力量,真好!你显然与上帝关系很亲近。"

接着,查米医生巧妙地提及了他的另外一个身份。她轻描淡写地说:"我想,你的孙子孙女的健康对你来说也非常重要。"他表示同意,并表达了自己做祖父的喜悦。

"我们又聊起了其他话题。"查米医生说,"在就诊即将结束的时候,我用一种总结性的方式对他说:'你知道,我通常不会和病人谈论宗教,但我真心感谢上帝赋予了我们研究和制造疫苗的大脑、实验室和能力。也许,正是他赐予了我们疫苗,以此来保护我们。'"随后,她便离开了房间。

查米医生让双方都认识到他们各自具有的多重身份,并且其中的一些身份,比如对宗教的虔诚和对儿童的关爱是他们的共同之处。除此之外,她便什么也没有做。然而,正是这些共同的身份,为理解疫苗的安全性提供了新的视角。也就是在这一刻,他们的会面结束了。

30分钟后,那位年长的患者依然留在检查室里。查米医生把一名护士拉到一边,问道:"他怎么还在这里?"

"他想要接种疫苗。"那位护士回答道。

就这样,查米医生和罗森布鲁姆医生通过动机访谈的方式与数百人讨论了疫苗问题。"当然,每次情况都不一样。"查米医生说,"有时会聊宗教，有时会谈孩子，有时我只是简单地问一句，在 1~10 分之间，你给疫苗打几分？当对方说是 3 的时候，我就会接着问，为什么不是 2 或者 4，我真的很好奇为什么是 3，这对你来说有什么特殊的意义吗？"

就像萨尔玛·穆萨举办的足球联赛一样，查米医生与病患的对话也建立在双方平等的基础之上，在这里没有谁是养育专家或知晓上帝意愿的人。他们会在已有的社会身份之上共同构建一个新的内群体，比如我们都想为了家人做正确的事。尽管大家各不相同，但是在这一点上，他们是一样的。

"曾经有一对父母带着两个孩子走进我的诊所。"罗森布鲁姆医生对我说，"他们一家刚搬来不久，一看就属于社会的中上阶层，接受过良好的教育。但是，他们的两个孩子没有接种过任何疫苗。他们的父母对我说，他们听到了一些有关疫苗的可怕消息。而且，当他们就这些消息咨询之前的医生时，对方直接驳斥了他们。"

于是，罗森布鲁姆医生和这对夫妇多聊了一会儿。他询问他们住在哪儿，打算让孩子上哪所学校以及周末喜欢做什么。他也分享了一些自己的生活点滴。在交谈中，他们发现彼此都喜欢某些餐馆和公园。接着，他仔细询问了对方对疫苗以及其他事物的担忧，比如，是否担心孩子们上学后会不适应？对糖和碳酸饮料有什么看法？在整个过程中，罗森布鲁姆医生并没有直接和他们说应该接种疫苗，而是通过提问了解对方的想法，并在听到对方的回答后分享自己的观点。对话结束时，这对父母当天就为孩子们制订了疫苗接种计划。"这种做法之所以有效，是因为他们感到自己被真正听到了。"罗森布鲁姆医生对我说，"如果你想让人们倾听你的表达，那么你就必须找到让彼此连接的方式。"

关于"我们是谁"的对话之所以如此重要，是因为我们的社会身份会深刻影响我们的言论、倾听方式和思维习惯，即使我们并不希望如此。我们的身份能够帮助我们发现同他人共有的价值观，但也能够将我们推向刻板印象的泥潭。有时候，仅仅是提醒自己，每一个人都具有多重身份，就能改变我们说话和倾听的方式。有关"我们是谁"的对话有助于我们理解自己选择的身份和社会赋予我们的身份，而这一切构成了我们的自我。①

然而，如果仅仅谈论我们的身份本身就令人感到受到了威胁，又会发生什么呢？在这种情况下，我们又该如何有效地表达自己和倾听他人呢？

---

① 人们倾向于认为，只要找到共同之处，我们就能够进行良好的交流和沟通。但是，正如下一章所述，要建立连接，我们也需要理解差异如何塑造了我们。

7

如何更安全地展开最困难的对话?

网飞遇到的问题[200]

如果你询问网飞的员工,公司内部什么时候开始出现了问题,许多人会提到同一个时间点——2018年2月的一个下午。当时,约30名网飞公关部的员工正聚集在洛杉矶总部的一个会议室里,开每周一次的例会。那一年是网飞自创建以来业绩最辉煌的一年,营收超过150亿美元,订阅用户达到1.24亿。大家坐在会议室里互相闲聊、彼此交流,直到他们的上司、公关总监乔纳森·弗里德兰站起来发言。

他提到,公司最近推出了一部名为《汤姆·塞古拉:无耻之徒》的单口喜剧节目。大多数与会者都还没听说过这个节目,事实上,它的观众数量也并不多。网飞平台上随时都有成千上万个节目在播放,每年订阅用户的观看时间总计高达700亿小时。因此,单单一出单口喜剧,就像许多其他的节目一样,大概率会来去匆匆。但是,弗里德兰之所以在会上提到这个节目,是因为其中一位喜剧演员的表演涉及了一些具有争议的内容:塞古拉在节目中戏称自己怀念那个可以公开使用"智障"这类词汇、取笑唐氏综合征患者的时代,并抱怨说自己不能再说"矮子"这样的词了。

有好几个维护残疾人权益的协会已经发起了抵制行动，弗里德兰指出公司要做好应对更多批评声音的准备。他强调大家务必认真对待此次的不满和抱怨，并认识到"智障"这个词有可能造成的伤害。弗里德兰解释说，对于那些孩子在认知上与同龄人有差异的父母来说，这个词就是对他们心灵的一次重击。接着，为了再次表明这种伤害的严重性，他做了一个类比：这就如同一位非洲裔美国人听到"黑鬼"这样具有侮辱性的词汇时的感受一样。[201]

会议室里顿时鸦雀无声。紧接着，气氛发生了变化。大家都在想，他刚才真说出了那个词吗？

弗里德兰似乎并没有留意到这种变化，继续讲其他的议题。会议结束后，公关部的员工们回到了各自的工位。大多数并未再继续思考这件事。[202] 但是，也有一些人与其他同事聊起了刚才发生的一幕，大家一传十，十传百。有两名员工专门找到弗里德兰，就他刚才的用词向他表达了抗议。他们强调，无论在什么情况下，说出那个词都是不可以被接受的，而他作为公司高层的一员，这么做极具冒犯性。弗里德兰表示认同，及时道歉，并向人力资源部汇报了事件始末。

网飞的一位员工向我透露："也就是从那一刻起，公司内部的纷争出现了。"

· · ·

企业家里德·哈斯廷斯在 1997 年一手创立了网飞。[203] 哈斯廷斯奉行一种非同寻常的经营理念，他坚信：原则越少，效果越好。他认为公司的发展往往受到爱管闲事的管理者拖累，层层叠叠的官僚机制更是在铺就一条毁灭之路。基于这种信念，他制作了一份长达 125 页的演示文稿。这份演示文稿在网飞内部几乎人手一份，成了新员工的必读材料。后来，这份材料被上传至互联网，人们称之为"网飞文化指导手册"，其下载量超过数百万次。[204]

"网飞文化指导手册"表明，公司追求卓越，而作为回报，公司员工被赋予了超出寻常范围的自由度。员工可以随意休假，自由选择工作日期和时间，可以在没有任何事先报备的情况下随意购买任何东西，无论是头等舱机票、新电脑，还是投资数百万美元收购一部电影，只要员工能够证明这么做的合理性。

与大多数公司将员工申请竞争对手公司的职位视为不忠不同，网飞反而鼓励员工向其他公司递交求职申请。如果他们能够获得对方更高的薪酬，网飞要么匹配跟进，提高待遇，要么支持他们另觅高职。[205]根据这份文化指导手册，网飞期望员工能够完成"数量惊人的重要工作"。为此，网飞的员工几乎可以百无禁忌地尝试任何事，只要最终能带来更高的利润或更新的见解。

当然，如果员工不能一如既往地表现优异，那么他们也会被明确告知，仅仅表现得"足够合格"是不够的，他们会在被解雇时得到"一笔慷慨的遣散费"。在网飞，员工被解雇是常有的事。每当发生这种情况，公司就会启动一个例行程序，向该员工隶属的团队、部门，有时甚至是整个公司发送邮件，详细解释解聘该员工的缘由。[206]同时，离职员工不尽如人意的工作习惯、有问题的决策过程和所犯的错误，也会被详尽无遗地通报给留下的员工。一位网飞的现任员工对我说："我刚进网飞的第二天就收到一封'吉姆为什么会被解雇'的邮件。说真的，我当时非常震惊。邮件的内容相当直白。"这让他一度怀疑自己是不是来错了地方，这里是不是太过险恶。"但是，我后来才逐渐明白，这样的邮件实际上很有帮助，因为只要你读过几封，你就会清楚公司对你的期望是什么。它消除了以往所有的神秘感。"

随着公司的不断壮大，网飞也遇到了成长的烦恼。2011年，哈斯廷斯在几乎没有经过太多内部讨论的情况下对外宣布，他打算将公司一分为二：一家公司继续负责DVD（多用途数字光盘）的邮寄业务，而另一家公司则专注于提供在线流媒体服务。这一决策并未收获市场好评，公司股价随之暴跌了77%。这迫使哈斯廷斯几乎是立即撤回了自己的分拆计划。

网飞的管理高层团队后来将这一重大的决策失误及其引发的危机后果归咎于公司内部反对机制的不足。他们指出，公司管理层本应该明确表达对哈斯廷斯计划的不同意见并极力反对该计划。事实上，所有员工都应积极挑战彼此的决策，这是公司的一条规定。"网飞文化指导手册"因此进行了调整修改，强调指出"默不作声的反对是不被接受的"。哈斯廷斯甚至对员工说："如果你不同意某个想法或观点，但又不表达自己的意见，那就是对公司的不忠。"他还鼓励每个人都应该在团队中"寻求异议"。不久之后，公司的大小会议上就频繁出现互相质疑提案的争论。有些团队甚至开始安排"反馈晚餐"，要求团队成员轮流表达自己对每一位同事的欣赏之处，以及五六个他们认为对方的不足之处。

对一些人来说，这种直抒胸臆的工作氛围令人振奋。网飞的一位员工对我说："通常，你都会想要搞清楚你的头儿、你的头儿的头儿到底是怎么想的，到底在做什么。但是现在，这种焦虑统统不见了。"然而，对另外一些人来说，这种做法非常残忍。一位名为帕克·桑切斯的员工说："这种方式允许人们变得咄咄逼人。有时候，我会因此哭上一个小时。"

不过，这种公司文化的一个显著优点是它让所有的讨论都变得相对容易，"可以说百无禁忌"。网飞的一位高级执行官对我说，"你觉得你的上司犯了错误？那就直接告诉对方。你不喜欢某个人的开会风格？那就直接说出来。你因此会得到的更可能是升职而非惩罚"。员工会定期发送电子邮件给哈斯廷斯，对他的策略或在会上的发言提出批评，或者在公司内部的留言板上公开表达不满。"而他还要在开会时对此表示感谢，"这位执行官补充道，"我从未在这样的公司文化中工作过。真的是非常了不起。"

这种做法的效果显而易见。网飞的股票市值显著回升，公司规模也在持续扩大。它非同寻常的公司文化使其能够吸引并聘请到全世界最优秀的软件工程师、电视制作人、技术行家和电影制片人。这使网飞迅速成为硅谷和好莱坞最受赞赏、最成功的公司之一。《财富》杂志将哈斯廷斯评选为年度商业风云人物。[207]

接着，就发生了乔纳森·弗里德兰在例会上说出"黑鬼"一词的事件。

为什么有关身份的对话很重要

在过去5年里，随着许多公司内部存在的种族主义和性别歧视被媒体报道，以往被忽略的性侵犯案件被曝光，以及呼吁平等与包容的社会运动的兴起，如何建立一个更公平公正的职场环境再次成为公众关注的焦点。成千上万的公司聘请了"包容性指导师"，或者购买了与多元化、公平性和包容性相关的培训课程，希望能就如何对抗种族主义、性别歧视以及其他形式的偏见进行有意义的对话。今天，几乎每一家《财富》1 000强的公司中，至少有一位管理高层致力于解决那些可能对部分员工和客户造成不公平影响的偏见和结构性不平等问题。

这些措施都是解决实际问题的重要步骤。它们提醒我们，社会的确存在着不公平和不公正的现象。而这些现象使一些人难以获得他们想要的工作、应得的薪水，他们或许仅仅因为肤色、出生国或其他理应不影响其职业生涯的身份特征而没有得到应有的尊重。

然而，良好的意愿并不意味着效果显著。[208] 一支由来自普林斯顿大学、哥伦比亚大学和希伯来大学研究者组成的研究团队分析了400多项旨在降低和减少偏见的项目举措，他们发现在76%的案例中，最好的评价结果竟然是"长期影响不明朗"。[209]《哈佛商业评论》在2021年发表的一篇文章指出，8万多名员工在经历了认识无意识偏见的培训之后并没有"改变他们有偏见的行为"。[210] 另一项对过去30年各项数据的分析显示，"多元化培训的积极效果通常只能维持一两天，而且……很可能反而激活了偏见或者引发了反弹"。还有一项研究表明，在接受了认识无意识偏见的培训之后，"黑人男性和女性在组织机构中的晋升可能性往往会降低"，因为这些培训反而突出了种族和性别的刻板印象。2021年，《心理学年度评论》（*Annual Review of Psychology*）发布总结时指出："针对旨在减少偏见的干预措施的研究正在蓬勃发展。从众多指标来看，这一领域得到了显著关注。然而，如果这些研究的目标是针对全球普遍存在的偏见问题提供可行的、强有力的、有证据支持的解决建议，那么无论是在理论层面还是在实践层面，许多研究结果都存在着偏差和误导。"

但是，无论如何，这都不意味着应该放弃为消除不平等或偏见而做出努力，也不意味着消除偏见和结构性不公正是完全不可能的。正如我们在有关刻板印象威胁的讨论中所看到的那样，确实有一些有意义的见解能够帮助历史上被边缘化的群体获得成功。有一些干预措施，例如发生在伊拉克卡拉科什足球场上的故事，已经有效地化解了人们之间的分歧。

不过，找到应对不平等和偏见的有效方法，远比聘请一位讲解多元化的顾问，或安排一次下午培训复杂得多。而且，这种复杂性还因为很多人认为进行有关"我们是谁"的讨论可能会带来风险而加剧。虽然我们希望每个人都能意识到，不可以对人使用带有种族歧视的语言，但是在进行其他类型的对话时，如何确定是否越界其实很难。在询问同事的背景、信仰、身份和工作以外的生活时，我们要怎样把握好尺度，才不至于冒犯他人呢？此外，我们也时常会担心自己说错的话或提出的幼稚问题，会破坏我们的友谊或职业生涯，我们又该如何应对这种顾虑呢？

当然，有关"我们是谁"的对话并不局限于种族、民族和性别等议题，还包括许多与我们的祖先无关的社会身份的讨论。这些对话之所以难以展开，是因为它们可能涉及对个人的直接批评，例如批评表现不佳的员工、抱怨自己的伴侣，或是告诉老板他们未能满足我们的期望。在这些情况下，对话很容易被理解为对对方身份的质疑、对其个人能力和判断力的贬低，甚至被看作对其身份价值的攻击。

那么，当我们要讨论敏感议题时，如何才能更好地进行"我们是谁"的对话呢？如何引导人们以一种能够促进团结而非导致分裂的方式讨论差异呢？在像职场这样看似充满风险的环境中，我们要如何推进这些至关重要的对话呢？

●　●　●

就在弗里德兰在公关部例会上以类比方式说出"黑鬼"一词的几天后，网飞的5 500名员工几乎都知道了这件事。[211] 而且，许多人对公司接下来要如何处理这件事有着强烈的看法。

人力资源部随即启动了调查。弗里德兰向参加那次会议的员工、他的团队，以及公司的其他部门正式道歉。接着，他参加了一个面向高级员工的外部会议，在会上解释了事件经过以及他从中得到的经验教训。他还与人力资源部门开会，表达了自己的悔意。然而，也就是在这次会议上，他再次不慎说出了"黑鬼"一词。很快，这一失言又一次尽人皆知。

在网飞涵盖范围广泛的社群内，一些员工开始在公司内部的留言板上愤怒地发帖，抱怨公司多年来对内部存在的种族问题视而不见。然而，这些帖子又引发了其他一些人的批评。他们认为问题的根本不是什么种族主义，而是一些员工对网飞公司的强势文化过于敏感。与此同时，网飞的一些有色人种员工表示自己感到被排斥和被边缘化，在晋升时总是处于劣势。然而，坚持"默不作声的反对是不被接受的"这一准则的人士则认为，这些员工之所以错过晋升，并非因为偏见，而是因为他们的工作还不够出色。[212]

大多数网飞员工的观点则位于这两种极端意见之间。他们承认弗里德兰表现不当，有所冒犯，但是理应获得谅解。网飞的一位高层对我说："没错，弗里德兰犯了一个错误。但是，他承认了错误，正式道歉并试图弥补。每个人都会犯错，关键是我们能否提出并接受不同的反馈意见，从中学习，继续前行，这才是我们应该做的。遗憾的是，有些人抓住错误本身死死不放。"

然而，让情况"雪上加霜"的是，网飞的高层团队全是白人，且几乎都是男性。一位网飞的员工对我说："这种情况就像是，公关部的负责人在使用了'黑鬼'这样的字眼之后还能全身而退，公司里的黑人员工因此感觉自己是公司里的'二等公民'，他们有权利为此发声、抗议。我认为那一刻成了一个分水岭。原本有些人感觉网飞特别完美，但是在那一刻，大家会想：等等，有些事情是'畅所欲言，鼓励异见'也无法解决的。"

围绕这一事件的争论似乎每周都在增多。最终，在事件发生的几个月后，哈斯廷斯告知弗里德兰他必须离职。之后，哈斯廷斯向全公司员工发送了一封"为什么解雇弗里德兰"的邮件，解释说对方至少两次在"工作中使用了'黑鬼'这样的字眼，表现出令人难以接受的低种族意识和低敏感度……无论在什么样的情境下，这个词背后所代表的情感和历史都是无法被稀释中和的"。同时，哈斯廷斯还表示后悔自己没有及早采取行动。①

弗里德兰的离职在网飞内部引发了复杂的反应。一些员工对此感到欣慰，而另一些员工则表现出不满和反感。最重要的是，这件事引发了一种混乱的情绪。网飞原本标榜的文化是大家可以畅所欲言。但是，很显然，带有种族意味的侮辱性言语绝对是个禁区。问题是，如果你正在讨论的某个节目本身就带有种族歧视性的语言呢？如果你的目标是检视一个角色的语言是否恰当，那么你引用对方的原话是否会给你带来麻烦呢？比如，网飞曾经播过一个很受欢迎的喜剧节目《私立学校老黑》(*Private School Negro*)，那么员工在开会时是否可以直接引用呢？到底什么能说，什么不能说呢？网飞的一位高管对我说："边界到底在哪儿令人困惑，哈斯廷斯的邮件并没有让大家更清楚。但是，发送这类解释性邮件的目的不就是为了明确问题，让一切更清楚吗？"

---

① 弗里德兰在加入网飞前已工作多年，拥有丰富的职场经验。他在接受我的采访时也表达了对此次事件的悔意。他说："我明白我为什么会被解雇。我好像有点儿愚钝，没有理解别人听到那个词会有什么感受，我就不应该提它。这确实是我长期职业生涯中的一次失误，但我不确定仅凭一个错误来评判一个人是否公平。"

就在弗里德兰事件发生的前一年,网飞在其文化指导手册中专门增加了强调包容性的部分。该部分要求员工对于"我们的不同背景如何在工作中影响了我们保持好奇,而不是假装这种影响不存在",同时"认识到我们每个人都带有偏见,并且要努力地克服偏见"。公司鼓励员工讨论偏见,并"对有人被边缘化的现象进行干预"。尽管如此,许多人认为,按照这些标准,公司的表现并不理想。为了加强这一方面的努力,网飞招聘了新的高层管理人员,其中就包括维尔纳·迈尔斯女士,她将负责一个新成立的致力于保障公平性和多样性的部门,以此促进对话,抵抗偏见,让网飞成长为极具包容性的典范企业。

但是,在一个提倡直言不讳和尖锐辩论的文化中,我们该如何处理那些极为敏感的话题呢?尤其是那些可能因为不当措辞或尴尬评论而引发愤怒或伤害的议题呢?

为什么有些对话难以进行

2019年,两位分别来自哥伦比亚大学和加州大学伯克利分校的研究人员,对超过1 500人进行了询问调查,让他们描述自己在过去一周遇到的最困难的对话。[213]

研究人员意在探究为什么有一些话题,比如种族、性别和民族等,讨论起来异常困难。为了获得角度广泛的不同观点,他们通过在线广告招募了来自不同行业的参与者。这些参与者的年龄范围从18~73岁不等,经济状况也有贫有富。在一定程度上,这个样本群体反映了在一家大型公司内部可能存在的多样性。

研究人员向每一位参与者提出了一系列的问题,例如:你最近是否参与过令你感到不适的对话?你是否曾与带有偏见的人一起交谈？你是否听到有人开玩笑地说"像你这样的人"，或者模仿你的说话方式，或者因为你与某人种族或性别相同就假设你们是朋友？

从参与者的回答当中，研究人员很快就发现，一些对话之所以具有挑战性是因为讨论的话题，比如宗教或政治，本身就具有敏感性。然而，他们也注意到，许多起初看似温和的对话，比如关于体育、工作或电视节目的讨论，也会因为某些令人不安或不舒服的评论而突然变得气氛紧张。

这些引发不安的时刻正是研究者关注的焦点。他们试图了解：一个人究竟说了什么话、怎么说的，会引发另一个人的焦虑或愤怒？是什么因素促使倾听者开始收紧退缩、越来越具有防御性，甚至想要发起反击呢？

研究人员迈克尔·斯莱皮安和德鲁·雅各比-森霍尔发现，有多种因素可能导致沟通恶化。[214] 比如，有人说了冒犯性的话，或者讲了一些无知或残酷的话。这可能是有意为之，也可能是无心之举。但是，他们特别指出，有一类行为尤其会引发人们的不安和不适，那就是说话的人违背听者的意愿、强行将听者归入某一个群体，对话也会因此变得糟糕。

有时候，说话的人会将听者归入一个自己不喜欢的群体，比如"你可是个富人，所以你知道，大多数富人都是势利小人"。这个时候，听者会因为对方暗示自己是势利小人而感到被冒犯。有时，说话的人会将听者排除在自己尊敬的群体之外，例如"你又没有上过法学院，所以你根本不懂法律是怎么一回事儿"，这时听者会因为被指无知而感到被侮辱。

有时候，说话的人会间接地发表这样的评论，例如："你属于比较好的共和党人，但大多数的共和党人都只考虑自己的利益"，或者

"你进那所大学是因为你聪明,但大部分像你这样的靠的都是平权运动"。有时候,发言者似乎并没有意识到自己的话语会冒犯别人,比如"就是因为你没孩子,所以你可能不会理解父母看到孩子被那样对待时的感受"。无论措辞如何,这些表达的结果通常都是一样的:它们令人感到愤怒和疏远,对话也因此破裂。

这类评论引起不满的原因在于,它们将听者无端地归入了一个他们自己并不认同的群体,比如富有的势利小人、自私的共和党人和"才不配位"的大学生,或者将其排除在某个他们认同的群体之外,比如懂法律的人和对孩子有同情心的人。这其实是对听者的自我感觉和个人身份的一种攻击,所以,被冒犯的听者就会变得具有强烈的防御性。

在心理学上,这种情况被称为"身份威胁"。这种威胁对人与人的沟通具有极大的破坏性。斯莱皮安解释说:"当有人说你不属于某个群体,或者把你归入一个你不喜欢的群体时,你会产生极度的心理不适。"研究显示,当人们感到身份威胁时,他们的血压会上升,应激激素水平会增高,身体会进入一种防御状态,开始寻找反击或逃避的方法。[215]

身份威胁是"我们是谁"这类对话难以进行的一个重要原因。例如,当网飞公司的一些员工指责自己的某些同事"过于敏感"或者做法"不符合网飞的精神"时,他们实际上是在强行把对方归入一个他们并不喜欢的负面群体(比如易怒的抱怨者),或是将对方排除在一个人人都希望成为其中一分子的群体之外(比如在网飞成功立足的人)。接着,被批评的人开始反唇相讥,指责批评他们的人实际上拥有特权地位,这本身就是对种族身份不敏感的明证。而批评者又会觉得他们被归入了种族主义者和偏执者的行列,这种被强加的负面身份必然引发他们做出防御性的回应。

身份威胁不止会在职场出现。它可以出现在任何地方：聚会上、酒吧里，或者在等公交车时与陌生人的攀谈中。正如斯莱皮安和雅各比-森霍尔所发现的那样，这种现象非常普遍。在他们调查研究的1 500多名参与者当中，只有1%的人最近没有遇到过身份威胁。他们2021年在《社会心理学与人格科学》上发表文章指出："参与者在过去一周内平均经历了11.38次身份威胁。我们观察发现，40%的参与者感到自己的某一个身份受到了威胁，而60%的参与者感到自己的多个身份受到了威胁。"[216]

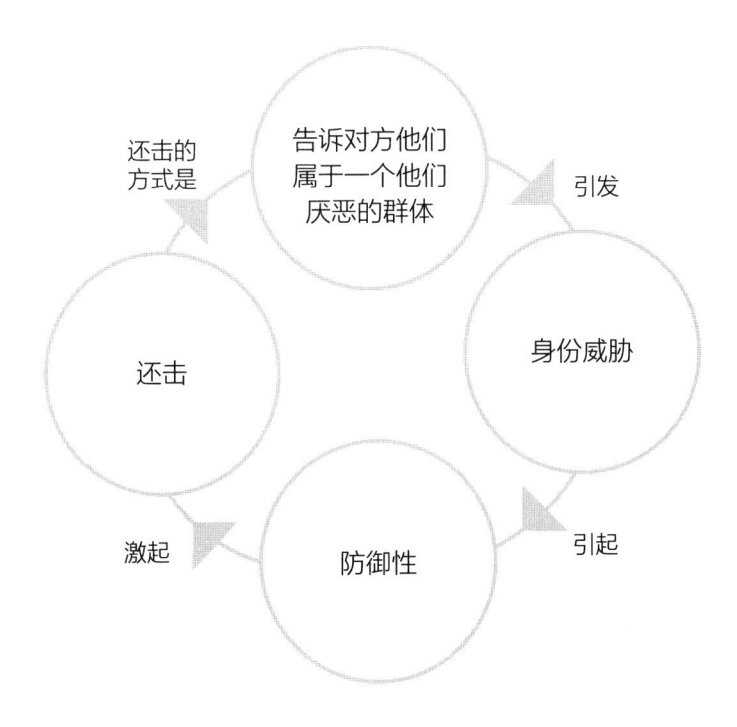

告诉对方他们属于一个他们厌恶的群体 —引发→ 身份威胁 —引起→ 防御性 —激起→ 还击 —还击的方式是→（循环回到开头）

参与这项研究的人们表示,他们因为居住地、工作地点、结婚伴侣、约会对象、出生地、说话方式、收入水平以及其他的诸多因素而感受到了身份威胁。[217]即使是富有的白人异性恋者,或其他享有社会优势的人,也会受到这种身份威胁的影响。然而,对于穷人、黑人或者其他的少数群体来说,他们几乎每天都会面临身份威胁。

我们每一个人都曾在某个时刻感受过身份威胁带来的刺痛,或者也曾说过本无意冒犯但最终被解读为敏感度不够的话。这种可能产生的身份威胁经常会阻碍人们进行有关"我们是谁"的讨论。在2021年的一项研究中,70%的参与者表示,他们认为即使在朋友之间进行有关种族的对话也存在风险。[218]领导该研究的研究员基亚拉·桑切斯解释说:"黑人朋友担心他们的白人朋友可能会无意间说出种族歧视的言论,从而损害他们的友谊;而白人朋友则担心他们会不小心说了带有偏见的话。因此,双方在交流时都表现得小心谨慎。"

如果我们希望让这个世界变得更加地包容和公平,那么进行有关"我们是谁"的对话就至关重要。哈佛大学社会心理学家罗伯特·利文斯顿在其著作《对话》(*The Conversation*)中提到:"理论上,种族主义问题可以通过正确的信息、充分的投资、明确的策略和有效的执行得到解决。"他指出:"我们需要彼此交谈,尤其是与来自不同社交圈的人进行交流。只有当我们开始真诚且富有洞察力地展开有关种族的对话时,只有当我们作为一个群体共同决定采取行动时,情况才会有所改变。"[219]

如果我们希望社会发生改变,那么进行关于"我们是谁"以及我们想要成为谁的对话就显得尤为重要。

涉及种族问题的对话通常被认为是最困难的对话之一。对研究人员来说，这类对话是研究困难对话中动态变化的有用模型。例如，在 2020 年，为了探索如何进行更真诚也更开放的有关种族和民族的对话，另一组科学家招募了 100 多对关系亲密的朋友进行面对面的交流，谈论各自与种族和种族主义相关的经历。[220] 研究的主要目的是了解在这类讨论开始前，我们是否可以采取某些措施让困难的对话变得易于展开。

参与此次研究的每对朋友都由一位黑人和一位白人组成，而且在实验开始前均不知道要讨论种族问题。

在这项实验中，部分参与者形成了对照组，在实验开始时接收到了一些基本指示。他们被告知要讨论"最近发生在自己身上的与民族或种族有关的经历"，并且黑人参与者先讲述。[221] 由于每对朋友都彼此认识，所以他们被鼓励讲述"一段之前未曾互相讲述过的故事"。对话的建议时长大约是 10 分钟。

另外一些小组则为实验组，他们的准备与对照组略有不同。[222] 他们得到了相同的指示，即谈论"最近发生在自己身上的与民族或种族有关的经历"，但是在正式讨论开始前，实验组的参与者接受了一个简短的培训。研究人员向他们解释："我们想花点儿时间分享一些我们学到的如何与不同族群的朋友讨论种族问题的知识。有时候，谈论种族议题很正常，但有些时候可能会在一开始让人感到尴尬或不舒服。每个人的个人经验和背景不同，所以有这种不适感是很正常的。"接着，研究人员要求参与者简短地写下"与不同种族群体的朋友讨论种族问题可能会带来的一些好处"。同时，他们询问参与者：

"有什么困难会妨碍你和你的朋友体验到这些好处？"最后，研究人员让参与者描述在他们看来，"采取哪些行动有可能会帮助他们克服障碍并体验到这些好处"。

整体来说，这个练习分为三步：首先，承认此次讨论可能会令人感到尴尬；其次，思考可能遇到的障碍；最后，制订一个克服这些障碍的计划。整个过程只需要几分钟，且在两个朋友正式见面前完成。研究人员在这个练习中没有提供对话指导，没有设置任何的话题禁区，没有提醒双方要互相尊重、讲礼貌，或解释如何避免身份威胁。此外，他们也没有要求参与者互相分享自己在准备过程中给出的答案。参与者只是简单地记录下自己的一些想法，而且愿意的话就放在一边。

研究人员假设，仅仅让参与者事先意识到一场有关种族或民族的对话可能引发不适，就能够帮助他们更容易地应对这种不适。[223] 通过促使参与者在对话开始前思考对话的结构，包括他们对对话的期望、他们认为可能出现的紧张局面以及如何处理这种局面，就可以减少对话中的障碍，或者让对话中的障碍不那么尴尬。

换言之，研究人员认为，让参与者在对话开始前稍微更深入地思考一下对话将如何展开，可能会让身份威胁不那么具有威胁性。

当对话正式开始后，实验组和对照组的对话流程基本相似。然而，对照组的成员，即那些没有接受培训的参与者，在交谈开始后遇到了一些困难。有些人似乎不愿意深入讨论种族问题，很快便转换到其他诸如课业或体育这样相对安全的话题上。甚至有一对朋友，尽管彼此关系亲密，但由于对对话内容感到太过不适，而在对话开始仅3分钟后便起身告别。[224]

接受了预先培训的实验组成员的对话则进展得更为顺利。有一些朋友交谈了很久。他们互相提问，深入讨论，并就各自的经历进行交流。他们并非在泛泛而谈，而是详细地分享了种族和种族主义带给他们的感受，描述了那些让令他们痛苦或者有意义的时刻。其中，有一名黑人男子向他的白人朋友讲述了在商店购物时被店员从头盯到尾的感受。他说："我能感觉到那位店员一直在看着我，监视我，看我摸过的每一样东西。"尽管他们是大学好友，但是他们从来没有谈论过种族问题。这名黑人男子继续说道："在美国，我没法忘记，我是谁，我就是一个黑人。"[225]

这名黑人男子刚刚描述的场景在其他情境中会很可能引发身份威胁。例如，他的白人朋友可能会质疑他，是否真的存在种族主义这样的问题（"店员这么做可能是出于其他原因"），或者试图淡化朋友的不快（"你身边的朋友可不是种族主义者"）。然而，这种看似试图宽慰对方的回应，实际上隐含着他的黑人朋友可能过于敏感，或者没必要那么焦虑的暗示，从而淡化了这种经历的严重性和带来的困扰。与此同时，这位黑人参与者则可能会感到，他的白人朋友不愿意承认存在种族主义，或者被自己的白人特权蒙蔽了双眼，不由自主地流露出了白人至上主义的心态。如此一来，这两个人就会在无意间互相威胁到对方的身份。

事实上，当黑人参与者分享了自己的经历之后，虽然他的白人朋友有些不适，但还是承认并确认了他听到的一切。他说："在我们的朋友圈里，没有人比你更真诚，也许有的人会……"说到这里，他神情沮丧地停顿了一下，而后接着说："我觉得，即使我们的朋友圈已经很多元化了，但我们却不大谈论这个问题。"这位白人参与者没有淡化或否定他黑人朋友的感受，也没有质疑对方讲述的细节，更没有提出任何解决方案。他只是对朋友所面对的困境表达了认可。

"谢谢你。"那位黑人朋友回应道。他坦言自己作为一名黑人在一个主要由白人构成的社会环境中感到紧张,但是他补充说:"和你们在一起的时候,我感觉很舒服,似乎暂时能忘掉那些来自种族的压力,和你们轻松愉快地相处"。

在这些及其他类似的对话中,我们几乎看不到戏剧性的瞬间、出乎意料的重大发现或是情感的剧烈波动。对研究者来说,这恰恰是此次研究的重点:这些对话之所以难能可贵,正是因为它们如此自然、平常。作为朋友,他们能够开诚布公地探讨一个不那么轻松的话题,而没有选择回避它。

研究人员后来在整理数据时发现,进行这类对话之后,参与者通常会感到彼此的关系更加亲密,也能更自在地讨论种族问题。[226] 接受了对话前培训的黑人参与者特别表示,他们能够更坦率地与自己的白人朋友们交流。[227] 达特茅斯学院的研究者基亚拉·桑切斯告诉我,她认为这样的效果"源自对话中充满支持性的话语,比如,'你一定很受伤','真抱歉,这种事竟然发生在你的身上',或'你遭遇到了歧视,真是太糟糕了'。有时候,仅仅是表达对他人遭遇和情感的理解,就足以让对话结果大不相同。"

因此,从各种困难对话中,甚至是从与身份相关的对话之外的困难对话中,我们可以学习到以下几点。第一,正如之前的例子所示,在对话开始前有所准备,哪怕是在开口前稍加思考,都能显著影响对话效果。我们可以提前预想有可能出现的障碍,思考自己想表达的内容,以及考虑对方认为重要的是什么。在任何一个具有挑战性的对话开始前,花几分钟来思考你希望对话如何进行,可能会遇到什么问题,以及一旦遇到问题你要如何应对。

第二,对某个话题感到担忧或有所顾虑并不是回避的理由。当我们需要告知朋友一个不好的消息、向上级表达不满，或与伴侣讨论不愉快的事情时，我们自然会感到犹豫和紧张。但是，我们可以通过让自己意识到这次对话之所以重要的原因来缓解这种紧张感。同时，我们也可以在对话初期就向我们自己和对方承认，这次对话很可能会令双方感到不适或尴尬，以此来减轻焦虑情绪，使对话更易于进行。

第三，思考对话会如何展开与思考在对话中说什么一样重要，尤其是在进行有关"我们是谁"的对话时。谁先开口？（研究表明，地位较低的一方应该先开始。）我们预期会出现哪些情绪？（如果我们对可能的不适和紧张有所准备，那么处理起来就会更容易。[228]）有可能会出现哪些障碍？一旦出现，我们要如何应对？

最重要的是，我们要考虑这次对话可能带来哪些好处，这些好处是否值得我们冒险一试？（答案通常是肯定的。几乎每一位基亚拉·桑切斯实验的参与者在事后都表示很高兴有机会参与其中。）

对话开始前需要思考的问题

- 你希望对话如何展开？
- 此次对话会如何开始？
- 可能会出现什么障碍？
- 一旦出现，你准备如何应对？
- 最后，这次对话会带来哪些好处？

第四，在任何困难的讨论中，尤其是在涉及"我们是谁"的对话中，我们要避免泛泛而谈，一概而论。我们应当在对话中分享自己的经历和感受。身份威胁往往源于笼统的概括，比如不由分说地将他人进行归类，如"律师都不诚实"，或者给他人贴上他们厌恶的标签，如"投票给那个家伙的人可都是种族主义者"。这样的概括忽视了个人的独特视角和复杂身份，让每个人成了在单一维度上被概念化的对象。[229]

只有当我们描述自己的经历、情感和反应时，也就是说当我们感到足够安全，不介意展示真实的自己时，我们才能消除身份威胁。当然，要做到这一点需要我们做出一些努力，因为避免泛泛而谈不仅意味着我们要诚实地表达自己，也意味着我们需要仔细倾听对方具体的痛苦和挫折。我们绝不能屈服于轻视他人挣扎的诱惑，也不能仅因为看到了他人的不适就急于解决问题。同样，我们不能因为自己没有经历过对方的苦难就否认这些苦难的真实性。

当我们接受并理解他人观察这个世界的方式以及他们的多元身份时，当我们倾听他们的故事并体会他们的感受时，我们便能开始理解为什么两个观点大体一致的人，会因为不同的背景，在诸如治安、育儿方式或浪漫关系等不同方面，有着截然不同的看法。在这个过程中，我们逐渐看到，我们对世界的认知是如何被我们的成长环境、种族、民族、性别以及其他的身份所塑造的。我们也因此开始理解关于"我们是谁"的讨论可以向我们揭示多少深层的认知，并由此建立起彼此间的连接。

网飞"没有规则"的规则

乔纳森·弗里德兰离开网飞4个月后，维尔纳·迈尔斯女士作为主管包容性战略的副总裁加入了网飞。当时，网飞仍处于一片混乱之中。尽管公司的每一位员工都公开反对歧视，并渴望营造一个公平的工作环境，但并非人人都认为公司需要进行改变。"很多人都是善良友好的，他们认为只要内心反对种族主义并相信平等就足够了，"

迈尔斯说，"但事实并非如此。"[230]

在加入网飞之前，迈尔斯曾是一名律师，后来也做过一家法律事务所联盟的执行董事，致力于丰富法律专业领域内的种族多样性。在成为马萨诸塞州总检察长的副幕僚长[231]之后，她推行了一系列增进该机构多样化的措施，并最终创立了一家咨询公司，帮助其他企业提升包容性。"她是我见过的最有魅力的人之一。"一位之前曾在她的咨询公司工作的员工告诉我，"她会让每个人都感到舒服自在。"迈尔斯在处理弗里德兰事件的档口开始与网飞合作，所以她对网飞的公司文化有一定的了解。最重要的是，她懂得如何引导人们在开口前更加深入地思考。

然而，网飞的公司文化就是鼓励员工在深思熟虑之前迅速表达观点并采取行动。公司的文化指导手册宣称，公司的目标就是"追求又大又快又灵活"，而且"在发展的过程中力求简化规则"。[232] 网飞的员工被激励要不拘一格，打破结构性限制，勇于挑战所有事物。"你可能听说过预防错误要比修复错误的成本更低……""网飞文化指导手册"上写道，"但是，在创意环境中，情况并非如此。"当哈斯廷斯写书分享他的经验时，他敦促读者在"更接近混乱的边缘行事"，并"保持一定的松散度，迎接持续不断的变化"。

当处理最具挑战性和敏感性的话题——比如偏见和偏执时，这种毫无禁忌的文化氛围可能会导致灾难性的后果。一位员工向我透露："在网飞，似乎没有人知道如何在讨论敏感话题时控制局面，避免情况失控。"自从弗里德兰离职后，员工们对于哪些对话是可以被接受的感到困惑。在进行有关"我们是谁"的讨论时，毫无顾忌地坦率表达是否恰当？是否要避免谈论某些话题？一位公司的高管表示："没有人清楚地知道界限究竟在哪里，结果大家开始完全回避这类讨论。"

迈尔斯的团队意识到,大家闭口不谈其实就是问题的一部分。他们认为,必须鼓励公司员工展开对这些棘手且敏感的问题的讨论,以此帮助大家充分理解部分同事所经历的困境,告诉大家如何应对在公司内部及全球范围内存在的不平等现象,以及让大家意识到自己如何在无意间促成了这些问题。

但是,这样的对话需要以一种正确的方式展开,必须在一个人人都感到安全的环境中展开。网飞原本无情但诚实的公司文化需要进行适度的调整,以此促使员工在面对自己和他人时能提出正确的问题。

换句话说,网飞需要建立一些规则。

• • •

当然,他们不能直呼其为规则,因为在网飞,规则就是禁忌!于是,迈尔斯及其团队将其称为指导原则。当他们开始举办员工研讨会、与公司各部门对话,以及为公司领导层提供多样性和包容性的培训时,这些指导原则均被明确提出。[233] 也就是说,在讨论与身份相关的问题时,任何人都不能指责、羞辱或攻击他人(但只要是出于善意的提问就都是被接受的)。① 在每一次培训开始前,他们都对目

---

① 无论是在网飞公司内部,还是在社会上,我们对提问的内容应有一定的限制。迈尔斯对我说,"对于跨性别者和无性别者群体,人们经常好奇他们的身体特征,但是这样的询问是不恰当的。我们通常不会对符合传统性别认知的人提出此类问题"。因此,迈尔斯强调:"我们需要提醒每一个人在提问前先审视自己的动机,是出于个人的好奇,还是因为得到的答案会帮助每个人取得成功?"

标进行了明确详细的说明，例如"尽可能地带着同情心与勇气建立连接"或"接纳心中的不适感和未知感"。对话的结构性框架也在主持者的不断提醒下建立起来，例如"我想我们先留意一下刚才的所有表达"或者"有些人对这个问题有很强烈的情绪反应；我们可以先做个深呼吸"。

大家从一开始就明白，这类对话可能会令人感到尴尬，甚至会不可避免地犯一些错误，但这些都是可以接受的。[234] 与会者被告知要分享自己的经历，讲述个人故事，避免泛泛而谈。当一位同事讲起一些痛苦的经历时，其他人要认真倾听，不要试图去解决问题或轻视其重要性，而要表达出对其遭遇和痛苦的抱歉和理解。

他们鼓励每一个人发言，因为让其中一部分人讲述自己的生活经历，而其他人仅仅作为旁观者是不公平的。大家在讲述的同时也在反思种族、民族、性别及其他身份标志是如何塑造自己的生活的。这一点至关重要，因为每个人都拥有自己独特的种族、民族、性别及其他多样的身份。我们所有人都会感受到某种被排斥的刺痛。[235] 这种共通的体验不会拉开彼此的距离，反而能增进彼此的共情。[236]

展开困难对话的一些指导原则

对话开始前先明确指导原则。
哪些可以讲，哪些是越界的？

承认不适感。
这是一场具有挑战性的对话，可能会引发不适。
有不适感很正常。

每个人都会犯错。

交流不是为了完美表达,而是为了满足好奇心,收获理解。

交流的目的在于分享你的经历和观点,
而非说服他人改变想法。

禁止指责、羞辱或攻击。

谈论自己的观点和经历。
不花时间描述他人的想法。

保密至关重要。
大家都需要有安全感,
这也就意味着每个人确信自己的发言不会被外传。

尊重是前提。
即使意见不同,我们也要尊重彼此被听到的权利。

有时需要暂停。
有一些对话会再次触发创伤。请慢下来,鼓励大家按下暂停键或暂时离开。
我们对不适有预期,但是感到痛苦或受伤害是暂时先停下来的信号。

在研讨会上,迈尔斯通常以讲述自己过去的错误作为开场。她会分享自己曾经如何弄错了他人的性别。例如，有一次她非常尴尬地告诉一位跨性别的朋友，使用人称代词"他们"来指代跨性别人士可能并不是最好的选择。她还聊起自己"有一次坐飞机时听见广播里传来了一名女飞行员的声音。当飞机颠簸时，我心里想的却是'希望她真的会开飞机'！"可是，她很快就意识到当飞行员是男性时，她从来没有过这样的想法。她对研讨会的参与者说："我之前从未意识到我竟然存有这样的偏见。但事实上，我的偏见真实存在。"

接着，她会引导与会者分享一次他们感觉自己被排除在外的经历。[237] 往往这个时候，会场上首先会出现一段漫长的沉默，而后才会有一些零星的轻声对话。最后，迈尔斯会提高难度，让人们描述一次自己曾将他人排除在外的情况，并反思如果时光倒流，他们会希望自己在哪些方面做得不一样。这个问题常常更令人恐惧。①

在一个专为公司管理层举办的研讨会上，迈尔斯的一位副手韦德·戴维斯分享了自己的背景故事，以此作为开场。他提到自己在路易斯安那州和科罗拉多州长大，是一个家境贫寒的黑人同性恋者。他曾经是美国国家橄榄球联盟球队的一名角卫，但曾多次被解雇，最后彻底离开了职业体育界。他坦承自己在处理种族主义和性别歧视的问题时犯过很多错误，有过无知的假设，也曾不经意间发表过冒犯他人的言论。

接着，戴维斯引导参加研讨会的管理层成员反思自己在职业生涯中所拥有的特权或者被排斥的经历。最后，他谈到自己与网飞的管理层就其招聘程序有过深入的交流。他指出，很多人表示想要找

---

① 这样的研讨会只是迈尔斯及其团队在网飞公司工作的一部分。有关其他部分的详细介绍，请参阅文末的注释。

到各种不同的候选人。但是，他也留意到一些网飞的求职者未被录用，因为他们"未达到标准"，尤其是那些来自代表性不足的群体的求职者。

戴维斯由此提出了一个关键性的问题："那么，网飞的标准到底是什么？你如何判断一个人是否达标了？"

参加研讨会的高管们开始分享他们在招聘时看重的个人特质。一位设计师说，他希望能找到曾经就读罗得岛或帕森斯这样的设计学院，后来又在苹果或脸书这样的大公司工作过的求职者。他强调："多样性对我很重要，但最关键的是，你要知道什么样的人会在这里取得成功。"

话音未落，他突然停了下来，似乎意识到了什么。"哦，天哪。"他说，"听听我刚才说的。我知道了，我说的不就是自己吗？我讲的就是我的背景。天啊，我无意间将自己的经历设定为了招聘标准。"他一边说，一边环顾四周："这样做不好，不是吗？"

戴维斯后来告诉我，这次对话的核心就是让参与者意识到他们可能在无意中助推了某种不平等。研讨会的目的不是说出正确的话，或者表达什么完美的见解。完美不是目标，"因为如果你在努力说出完美的话，那么就会丧失真实性"。戴维斯强调："我们的目标是让对话持续下去，让人们能够在混乱的对话中学到东西，并互相支持。"

最初，这类研讨会让部分网飞员工感到不安。他们不想参加，即使参加，也不愿意发言，更不愿意第一个发言。他们担心自己说错话冒犯他人，害怕不经意间提出了具有伤害性的问题，更惧怕这些问题会一不小心让人误以为自己是种族主义者或性别歧视者。然而，慢慢地，员工们逐渐发现这些研讨会并没有想象中的那么可怕。[238]大家可以彼此坦诚地提出问题。没有人会因为犯错而遭到指责。随着研讨会的规模越来越大，讨论这些困难的话题也变得越来越容易。最终，网飞的几千名员工都至少参加过一次这样的研讨会，其中许多人甚至参加过不止一次。他们开始互相提出有助于深入理解对方的问题[239]：作为一名跨性别者，这究竟意味着什么呢？身为一名黑人母亲，你对警察是什么感觉？作为一名父亲，你是否担心如何在工作和育儿之间寻找平衡？① 由于这些讨论都是在指导原则的框架下进行的，每个人都很清楚会有令人不适的时刻，也会有人说错话，但是处理这种不适感，以及亲眼看到我们的表达会如何影响他人，正是研讨会的一部分。

在展开"我们是谁"的对话时，如果遇到最困难的情况（比如双方并没有机会一起踢球，也不可能通过尝试不同的方法来谈论疫苗），我们该怎么做呢？当得知如果讨论种族主义、性别歧视或其他敏感的话题有可能影响到我们的友谊和职业生涯时，我们又该怎么办呢？

网飞提出了一种解决策略：制定指导原则并确保其被明确传达。这包括邀请每个人参与对话，赋予每个人发言权，并让每个人都进行自我审视。公司专注于营造一种归属感，确保每个人都感到被欢迎。斯坦福大学的心理学教授格雷格·沃尔顿指出："如果一开始就需要面对某些固有偏见，那么对大多数人来说，这不是一个令人舒服的开始。它会让人感觉受到了威胁。"[240] 但是，当对话专注于为每个人营造归属感，促进多元化和包容性时，你实际上是在"邀请人们参与其中，互相学习，承担起改善和提升的责任"。

---

① 需要指出的是，在鼓励大家积极提问的同时，指导原则中也明确提到，人们有权拒绝回答。这一点至关重要，因为过往的经验表明，边缘群体常常被要求过度分享自己的个人经历。相关信息请参阅文末注释。

需要注意的是，这类讨论从来与完美无关。完美永远不是目标。正如迈尔斯所说，"大部分的讨论的目的在于提高对自己、自己的文化以及他人文化的认识"。讨论的目标是认识到我们自身的偏见，"我们将谁排除在外，又将谁包含在内"。

或者，正如基亚拉·桑切斯所说，讨论的目的并非"消除不适感，而是给人们提供一个可以继续使用的框架。这两者之间的区别看似很小，但背后的逻辑差别在于是否认可不适感的存在价值，也就是说，能否认识到不适感本身也是有益的"。正是这种不适感促使我们在开口前多加思考，并努力去理解他人如何以不同的方式去看待或倾听。不适感提醒我们继续前行，让我们知道我们所追求的目标值得我们努力。

影响

截至 2021 年，几乎每一位网飞员工都接受了有关归属感、多元性和包容性的培训。[241] 公司专门设立了多个资源组，服务于不同的社群，其中包括非洲裔、南亚裔、西班牙裔、原住民、跨性别人群、男女同性恋者，以及退伍军人、有孩子的父母、受身体残疾或心理健康影响的员工等。研究人员发现，一些旨在减少偏见的项目效果不佳，原因在于这些培训过于简短或未能吸引所有人参加。但是在网飞，持续的干预性措施和明确的指导原则，使得关于"我们是谁"的讨论变得更加容易。

在迈尔斯加入网飞仅仅三年后，公司发布的数据显示，在招聘少数群体人才方面，网飞已经超越了硅谷和好莱坞的许多大公司。[242] 在网飞员工中，女性占比达到了 52%；在管理层中，女性的比例为 45%。在美国，至少有一半的网飞员工来自历史上被边缘化的种族或民族群体，其中 19% 的员工是黑人或西班牙裔。[243]

这些成绩不仅在科技行业令人赞叹，而且在娱乐业也同样罕见。南加州大学的研究人员在将网飞与其他娱乐公司进行比较时发现，网飞的节目制作团队相比其他大多数的工作室拥有更多的女性编剧，此外，网飞还拥有比例超出常规预期的黑人和其他历史上代表性不足的群体成员，他们从事的工作包括电影制作人、演员和制片人。[244] 这些数据表明，网飞已经发展成了一个对大多数员工来说，与乔纳森·弗里德兰发表种族歧视言论时截然不同的公司。

2021 年 10 月，网飞推出了戴夫·查普尔的脱口秀新特辑《戴夫·查普尔：胜利最终章》。查普尔是全球最受欢迎的喜剧演员之一，向来以其针对种族、性别和性取向问题的尖锐评论而闻名。在此次特辑中，他开玩笑地说自己因为"上当受骗"而称赞了一位跨性别的女性很漂亮。他表示"性别就是一个事实"。结果，他的这番言论引起了极大争议，被许多观众视为对跨性别社群非法化的倡导和对性暴力幸存者的嘲讽。查普尔还就整个社会对说唱歌手 DaBaby 的态度表达了遗憾。他说 DaBaby 曾涉嫌杀人却仍被社会接纳，但在发表了恐同言论后就成了社会的弃儿。

负责监督媒体对性少数群体偏见报道的组织 GLAAD 表示，这个特辑节目"嘲笑了跨性别者和其他的边缘群体"。一位网飞的员工在社交平台推特上抱怨道，这期节目"攻击了跨性别群体，质疑了他们的合法性"。一些外部团体开始发起抗议活动，并呼吁抵制网飞。

这些抗议的声音迫使网飞当时的联席首席执行官特德·萨兰多斯公开表态，为这个喜剧特辑节目进行辩护。他在发送给所有员工的电子邮件中争辩道："我们坚信屏幕上的嬉笑怒骂并不会转化为现实世界中的具体伤害。"他表示《戴夫·查普尔：胜利最终章》是

"迄今为止我们观看次数最多、最受欢迎且获奖最多的脱口秀喜剧特辑"。萨兰多斯的表态激起了更猛烈的反对声浪。各大网站和报纸纷纷跟进报道,短短两个月内发表了2 000多篇相关文章。当示威者聚集在网飞公司位于洛杉矶的总部进行抗议时,也有反抗议者到场支持,双方随后爆发冲突。

尽管从外界看来,网飞似乎再次陷入了内部冲突。但是,在公司内部,员工的看法却完全不同。实际上,参与抗议的只是少数的网飞员工。[245] 一位因为查普尔的特辑节目向公司高管正式投诉的员工表示,"我们没必要那么做"。公司随后举行了多次的内部研讨会,员工在这些场合中有机会表达自己的愤怒和不满。面对种种质疑,公司管理层不得不进行反思,相关的改革的请愿书也在公司内部四处流传。员工提出了各种批评,而公司也已经建立了一个用于倾听和回应的系统。"我们知道如何让自己的声音被听见,"这位员工对我说,"这是一个确保每个人都能知道我们感受如何的系统。"

当然,分歧依然存在。公司的跨性别员工资源组敦促管理层在特辑节目中添加一个免责声明或删除其中最具争议的部分。然而,出于对艺术表达自由的尊重,这些请求最终未被采纳,即使节目效果的确具有冒犯性。对这一回应倍感失望的网飞员工选择了离开公司。

然而,即使是对这期特辑节目提出抱怨的员工也对我说,在进行紧张的讨论时,对话的整体基调依然是富有同理心的,而且每个人都有发言权。就在公开为特辑节目进行辩护的几天后,萨兰多斯主动通过《好莱坞报道》表达了歉意。他说:"我搞砸了。"他承认自己未能充分听取员工的担忧。"我理应在第一时间就通过邮件承认,有部分的员工因此受伤,这种伤害是真实存在的……现在回想起来,我会觉得我之前发送的邮件缺乏人性。"也就是从那一刻起,他继续说道,他开始关心"如何仔细倾听,并理解员工们的真实感受"。

一位参与组织针对查普尔特辑节目发起的内部请愿活动的员工向我透露,"这类对话通常都火药味十足",但是网飞已经学会了如何妥善处理。"事情发生后,我们组织了类似市政厅会议的大型集会。开会之初,我们就明确了各项原则:人人皆可发言,但是禁止指责、羞辱或攻击他人;发言前请深思熟虑;我们需要的是实质性的建议,而不只是批评和指责。"在那次会议上,有员工当面批评公司的领导层。"跨性别员工谈及了自己在公司的经历以及他们认为公司应该做出的改变,"该组织者补充道,"还有员工表示,'虽然我不完全同意你的看法,但是谢谢你的发言,我理解你们经历的伤害,并愿意参与这样的对话'。这让人感觉这是一场真正的对话。"

和社会一样,公司内部总是存在这样或那样的分歧。妥协并不总是可行,有时甚至也不是目标。通常,我们能够追求的最佳结果是互相理解。只有通过深入的理解和开放的对话,一个社区和民族才能真正地繁荣发展。当我们为讨论分歧甚至冲突留出空间时,我们彼此之间才有可能真正建立连接。

当然,网飞并没有完全解决种族主义和偏见的问题。迈尔斯对我说:"要根除这些大型的、结构性的问题并没有一劳永逸的方法。"我们真正需要的不仅仅是网飞在招聘机制、晋升渠道和员工支持方面做出改变,更需要整个社会的转变。[246] "但是,如果你不教人们如何进行这一类的对话,就相当于不给他们彼此倾听的机会,"迈尔斯说,"这虽然不是解决方案,但绝对是我们需要迈出的第一步。"[247]

有关"我们是谁"的对话也许困难,但它至关重要。1963 年,约翰·肯尼迪在遇刺身亡的 5 个月前,对一群美利坚大学的学生说:"如果我们无法解决彼此之间的分歧,那么我们至少可以确保多样性的存在。归根结底，我们最基本的共同点在于，我们都居住在这个小小星球上，呼吸着同样的空气，一样珍视子孙后代的未来。我们也都是终将逝去的普通人。"

这些共同之处使我们能够互相学习、弥合分歧、展开对话、增进理解、协同合作。有关身份的对话揭示了我们彼此的连接，让我们得以分享完整的自我。

运用指南 Ⅳ

让困难的对话更容易

困难的对话始终存在，它们常常围绕着种族、民族或性别等敏感议题展开。有时，它们也会以其他的方式向我们发起挑战，例如：向一位表现不佳的员工提供直接的反馈、向给你支付过低薪酬的老板表达不满、为了维持关系与伴侣讨论必要的改变，或是向饮酒过多的叔叔表达关切。

这类对话之所以困难，是因为它挑战了一个人的自我认知。与员工谈论其工作表现，在他听来更像是对他职业道德、智力水平以及个人性格的质疑。向老板要求你应得的加薪可能被老板解读为你在指责他不关心员工。要求伴侣做出改变往往会让对方觉得你是在对其进行人身攻击，而你对某位饮酒过量的叔叔的担忧，可能被理解为对他生活方式的批评。

但是，这样的对话不仅是必需的，而且往往是无法避免的。因此，在学习性对话中注意第 4 条原则就显得至关重要。

> **原则 4**
>
> 探讨身份问题
> 在此次对话中是否重要。

这条原则指引我们在对话的三个不同的阶段思考我们的行为：对话开始之前、对话开始之初以及对话过程中。

对话开始之前

在进行有关"我们是谁"的对话前，你应该先反思以下几个问题，如你希望通过对话实现什么？你希望如何展开对话？以及你希望表达什么等。

- **你希望通过对话实现什么？** 你最想表达的是什么？你希望从中学到什么？你认为其他人希望在对话中表达什么、学到什么？如果在讨论前就能明确目标，我们就更有可能实现。
- **如何开启对话？** 如何确保每一个人都参与其中，并且发表自己的意见呢？为了让大家都参与进来，需要做些什么呢？
- **可能遇到哪些障碍？** 参与者会有哪些反应？会生气吗？会退缩吗？会因为担心引发争议而犹豫是否要表达必要的观点吗？如何让人们在自我表达时更有安全感呢？
- **如何处理交流障碍？** 研究表明，当我们对让自己感到焦虑或害怕的情况有预判时，它们的影响力就会降低。一旦氛围变得紧张，如何让自己及他人冷静下来呢？或者，如何鼓励沉默寡言的人积极参与？
- **最后，这次对话可能带来哪些好处？** 这些好处是否值得你冒险一试？（答案通常是肯定的。）当人们生气或不安时，或者当人们情绪激动想要退出时，如何让自己及他人认识到这场对话的重要性呢？

开始讨论前，问问自己

① 你希望通过对话实现什么？

② 你会如何开启对话？

③ 你可能遇到哪些障碍？

④ 如何处理交流中的障碍？

⑤ 这次对话可能带来哪些好处？

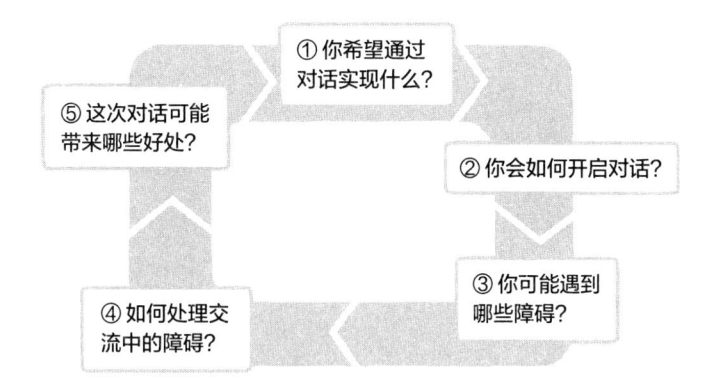

对话开始之初

困难的对话往往从一开始就充满了不确定性。特别是当我们进行有关"我们是谁"的对话时，我们常常担心自己说错话，或对有可能听到的内容感到紧张。

为了缓解这种焦虑，我们可以采取以下几个策略：

- **首先，设立对话的指导原则**。明确原则非常重要，例如，禁止任何人指责、羞辱或攻击他人。对话的目标应该是分享感受，而非争论对错。确定是否可以提问，是否可以就个人话题，尤其是敏感话题展开询问，这有助于对话的顺利展开。鼓励每个人发言，并确保每个人都有机会表达自己的观点。可以指定一个主持人来维护讨论秩序。最后，鼓励大家分享个人的经历和故事，避免泛泛而谈。除非对方想要寻求帮助，否则不要试图解决或贬低他人的问题。当一位同事讲述自己的痛苦时，请认真倾听并肯定他们的个人感受，告诉对方你为发生的事情感到遗憾和抱歉。

- **其次，明确每个人的目标。**开始对话前，分享你的期望和想法，同时询问他人的期望和目标。分清情感目标（例如"我希望我们之间依然是朋友"或者"我想把心事说出来"）、现实目标（例如"我希望通过对话达成共识，确定计划"）和团体目标（例如"我们互相理解、互存善意对我来说非常重要"）。

- **最后，请不断提醒自己，对话过程中出现不适感是正常且有益的。**我们所有人都有可能说错话，提出幼稚的问题，甚至无意中说出具有冒犯性的话语。当这些尴尬或不适的瞬间出现时，我们不应退缩，而应把它们当作学习和成长的机会。

在对话开始之初

设立对话的指导原则
- 对话遵循的规则是什么？
- 禁止指责、羞辱和攻击。
- 提出的问题是否合适？

主持人可以鼓励
- 人人发言。
- 每个人讲述自己的经历和故事，不轻视他人的问题。
- 彼此倾听。

确定每个人的
- 情感目标。
- 现实目标。
- 短期目标。

承认不适感
- 我们也许会说错话。
- 我们也许会提出幼稚的问题。
- 当尴尬或不适的瞬间出现时，我们不应回避，
- 而应将其看作学习和成长的机会。

在对话过程中

一旦为困难的对话设定了指导原则和目标,那么留意以下几点将有助于对话的顺利展开:

- **挖掘多重身份**。深入了解对话参与者的背景、故乡、所属的社团和社区、支持的组织和事业。同时,分享自己的相关信息。我们每个人都拥有多重身份,不应被贴上单一的标签。请始终铭记这一点。
- **确保平等地位**。当有关"我们是谁"的对话的每一位参与者都具有平等的发言机会时,对话的效果才是最佳的。这意味着不突出任何人的财富、人脉、特权、资历或专业知识,而是将对话聚焦于能引发所有人共鸣的话题上,或者是大家都不太熟悉的内容上。讨论个人经历或经验之所以会如此有力,是因为我们每个人对自己的所见所感都是最了解的。
- **认可经历,寻找共鸣**。询问对话参与者的身份,努力发现彼此的共同点。("你也是山谷高中毕业的吗?我也是!")不过请记得,相似之处必须是真实的。当我们继续深入探讨这些共同点,并由此加深对彼此的理解时,连接才会更有意义。(例如"高中生活对我来说太难了,你呢?你感觉怎么样?")即使暂时找不到明显的共同点,单单表达对对方经历的认可和尊重,也能够建立起一种亲近感。
- **调整环境**。社交身份的影响力会随着它在对话中的突出程度以及对话发生的环境变化而变化。有时,一个简单、微小的改变,例如将一场对话从公开的团体环境转移到更私密的场合,将对话从工作场所转移至非正式的环境,或者在正式开会前先聊聊周末过得怎么样，都能够显著影响参与者的心理安全感。反之，如果在一个环境中对话参与者感到被排斥，那么他们的心理安全感就会降低。

在对话过程中

1 挖掘多重身份。

"你在哪儿长大的？那地方怎么样？"

2 确保人人平等。

"我也对车一窍不通。"

3 寻找共同点，建立内群体。

"你也是律师？我也是！"

4 调整环境。

"想去一个安静点儿的地方吗？"

这看上去可能有些复杂。事实上，在展开困难对话时，即使再精心周到的计划也可能出现意想不到的偏差。然而，如果我们提前进行思考和规划，对有可能出现的障碍和不适有所准备，那么即使遇到与身份或刻板印象相关的挑战，我们也能够使困难的讨论变得更容易一些。

后　记

　　1937年春天，一位名叫比利·格兰特的连锁商店大亨向哈佛大学提出了一项建议。格兰特几十年前从高中辍学，后来凭借在全美开设"25美分商店"，销售厨房用品和家居用品而累积了一笔巨额财富。当时，61岁的他想要捐款回馈社会。在向哈佛大学捐赠资金时，他向学校的管理层表达了一个更具体的个人期许。随着商业版图的不断扩大，他急需招聘各类人才。因此，格兰特希望他的捐资能够资助一项帮助公司管理层更好地选拔最优秀的店长和最聪明的员工的课题。所以，格兰特提出，只要大学的研究人员愿意思考困扰他的人才选拔问题并提供建议，他便愿意捐赠一笔钱来资助相关的研究。[248]

　　尽管哈佛大学的管理层认为格兰特的提议有些功利、粗暴，但是他们也很乐意接受一笔捐款，并且已经计划好了如何使用这笔钱，于是决定接受格兰特的请求。多年来，哈佛医学院一直在开展一项名为"成人发展研究"的长期的纵向研究。这项研究首先招募了数百名哈佛本科生，随后进行了持续数十年的跟踪调查，探索了诸如"先天与后天因素、人格与健康之间的关系、精神和身体疾病的可预测性，以及宪法因素如何影响职业选择"等问题。这一次，他们计划利用格兰特的资金支持来研究为何某些人会在销售领域表现出色。此外，研究人员还将收集参与者的健康状况、家庭背景、教育经历、职业情况、情绪冲动和身体特征等数据。参与者需要接受校内体检和心理访谈，并根据要求填写详细的调查问卷。这些调查将通过邮寄问卷或家访的形式定期进行。研究人员将通过收到的反馈数据寻找能够解释某些人为何能成为生活幸福、收入稳定、身体健康的成年人，而另一些人则不能的原因。

这个研究项目最初被命名为"格兰特研究"，其规模在接下来的几年里逐渐扩大。最终，一组来自南波士顿廉租公寓的青少年也被纳入了研究范围。随着诸多的参与者结婚生子，他们的配偶和子女也相继被纳入其中。随着时间的推移，最终有超过2 000名男性和女性接受了体检、访谈和心理分析。如今，哈佛大学的成人发展研究已是全球规模最大、历时最久，也最知名的研究之一。

在第二次世界大战前夕进入哈佛大学的首批参与者当中，有两名年轻男性尤为引人注意。一位是本科生戈弗雷·卡米尔。研究人员最终认定他是一位神经质疑病的患者。一位研究员甚至不太友好地评价道："卡米尔简直是个灾难。"[249] 卡米尔的成长环境几乎与世隔绝，背后的原因是他的父母"病态地多疑"。一位研究员曾采访过卡米尔的母亲，他描述她是"我见过的最紧张的人之一"。另一位心理学家则认为卡米尔拥有"我见过的最悲惨的童年"。卡米尔于1938年入读哈佛大学，但很快就感觉自己不堪重负。他频繁访问医务室，抱怨自己患有多种神秘疾病。一位医生在他的档案中写道："这个男孩正在变成一个典型的精神病患者。"他身材瘦弱，体质孱弱，社交困难。在美国参与二战后，卡米尔和大多数的哈佛男生一样应征入伍。尽管他的许多同学后来作为军官带着荣誉勋章和奖章回到家乡，但是卡米尔却以普通士兵的身份退伍，没有取得任何值得一提的显著成就。战后，他进入医学院学习，但毕业后不久就尝试自杀，这使他成为波士顿医疗界一个大家唯恐避之不及的人物。他与家人的关系极为疏远，甚至在姐姐和母亲去世后不久的调查问卷中对她们的离世只字未提。35岁那年，他因肺结核住院治疗了14个月。他后来向研究人员透露：

"我很高兴自己生病了,这样我就可以在床上躺上一整年。"

另一位年轻人则与卡米尔完全相反。他名叫约翰·马斯登,是一位成绩出色的学生。马斯登出生于富裕之家,父母在克利夫兰经营着一家干货特许经销店。二战期间,他也自愿入伍并表现英勇。战后,他没有顺从父亲的意愿加入家族企业,而是选择追随自己的兴趣,进入了芝加哥大学的法学院,并以优异的成绩毕业。毕业后,他成了一名致力于公共服务的律师,并在婚后开设了一家成功的私人律师事务所。

格兰特研究的设计旨在追求客观性。研究团队努力避免对参与者未来有可能的成功或失败做出任何预测,以减少主观判断对研究准确性的潜在影响。然而,在面对卡米尔和马斯登这样的个案时,预测似乎不可避免。在大家看来,卡米尔似乎注定会陷入抑郁和孤独之中,或者说,他很有可能会自我了断。一位研究者写道:"几乎每一个人都觉得他注定失败。"相比之下,科学家们普遍看好马斯登的未来,认为他极有可能会成为他所在社区的领导人物,为家族增添新的荣光。一位研究者甚至评价马斯登是"事业有望成功发展的研究对象之一"。

1954 年,也就是格兰特研究启动 16 年后,研究资金开始枯竭。比利·格兰特当时已经捐赠了相当于今天 700 万美元的资金,但因为研究未能提供任何关于如何选拔店面经理的实用信息,他感到极度失望。更令他不满的是,哈佛大学在发表研究论文时也未充分提及他的慷慨资助。因此,格兰特告知哈佛大学管理层他将不再提供资金支持。研究团队不得不紧急寻找新的资金来源。他们一度试图说服烟草公司,承诺研究可能揭示吸烟的"积极理由",但最终未能获得支持。研究人员只好撰写了这个项目的结题报告,告别了这个项目。尽管有人尝试与一些参与者保持零星的联系，但随着时间流逝，这项研究的相关资料大多数被装箱封存在医学院的地下室里，淡出了研究者的研究视线。

故事到这里原本也就结束了。然而，在20世纪70年代初期，一群年轻的精神病学教授偶然打开了存放在医学院地下室里尘封已久的箱子，发现了格兰特研究的调查问卷。他们在好奇心的驱使下开始重新追踪当年的参与者，向他们发送新的问卷并安排后续的访谈。他们原本预计大多数的参与者会继续沿着当年研究结束时的生活轨迹前行。然而，当他们联系到卡米尔和马斯登时，他们出乎意料地发现当初的假设竟然全是错的。

首先，卡米尔的人生轨迹在研究封停的几十年间发生了翻天覆地的变化。当研究人员再次找到他时，他已50多岁，是家里的顶梁柱，也是其所在教会的一位领袖，还创办了一家专门从事过敏治疗的大型独立诊所，并赢得了整个波士顿医疗界的尊重。作为一位全美公认的哮喘病专家，他不仅会受邀参加各类研讨会，还会在电视上接受采访。当研究人员与他已成年的女儿交谈时，她们描述他是一位"出色的父亲"，一位"天生乐于助人的人，能像一个5岁的孩子那样自由地玩耍"。

研究人员恢复了格兰特研究的过往程序，开始了每两年一次的后续调查。每次与卡米尔的交谈都让他们感觉他似乎又更加幸福了。1994年，时年75岁的卡米尔在调查问卷中写道："在大家开始谈论并关注机能不全的家庭之前，我就已然出身于一个这样的家庭了。"但是，他接着表示自己已成功摆脱了昔日的阴影，逐渐地"成为一个自在、快乐、善于交际且做事高效的人"。几年后，在他80岁的寿宴上，有超过300人到场祝贺。他后来还告诉研究人员，自己要与朋友一起飞往阿尔卑斯山进行登山旅行。也就是在这次旅途中，卡米尔因心脏病发作去世，享年 82 岁。在他的追悼会上，教堂内座无虚席。主教在致悼词时表示："在他的身上有一种深沉且神圣的真实性。"卡米尔的儿子在发言时表示父亲"过着非常简单但又极为丰富的生活"。哈佛大学的研究人员最终认为，按照幸福感、健康状况以及对生活和工作的满意度来衡量，卡米尔是这项研究中得分最高的参与者之一，甚至可能就是得分最高的那一位。一位研究人员写道："有谁能预见到他最终会成为一个快乐、慷慨且深受爱戴的人呢？"

相较之下，当研究人员在研究中断后重新联系到马斯登律师时，他的情况却非常糟糕。当时年逾五十的马斯登在离婚后同自己在克利夫兰的孩子及家人关系疏远。尽管他的律师事业发展得还不错，但他几乎没有朋友，大部分时间都是独自一人。他在给研究人员的报告中坦言，他感到愤怒、孤独和失望。马斯登后来再婚，但几年后却表示这段关系里"并没有爱"。在回答调查问卷中的一个问题"你在烦恼时是否会去找自己的妻子"时，马斯登回答道："不，绝对不会。她不能理解我。她只会告诉我这是懦弱的表现。"当被问及如何应对困难时，马斯登的答案是："自己扛，硬撑。"一位研究人员罗伯特·沃尔丁格打破常规，提出可以帮助马斯登找一位婚姻疗愈师。然而，马斯登同妻子仅参加一次咨询之后便放弃了。沃尔丁格告诉我："他看上去就像一个破碎的人。"最终，马斯登停止回应研究人员的回访请求。他们后来收到了一份完整的未经开封的调查问卷，信封上标注着收件人已去世，而新入住的居民也不清楚他是否还有其他亲人。

研究人员不禁心生感叹，为什么这两个男人的命运会发生如此戏剧性的转变？然而，卡米尔和马斯登的案例并非孤案。当科学家们将其他参与者成年后的生活状况与其青年时期的计划和愿望做比较时，他们发现了一个惊人的模式：许多看似前途无量、注定要取得非凡成就的人，最终却陷入孤独和沮丧，对生活大失所望；而当年那些年轻时曾面临心理健康挑战或贫困等严重生活困扰的人，却在晚年过上了快乐、幸福的生活，享受着家人和朋友的陪伴。

随着时间的推移，研究人员逐渐累积了超过70年的数据资料。他们开始细致地分析这些研究资料，检视参与者的基因情况和童年经历，评估他们对酒精的依赖程度和罹患精神分裂症的倾向，统计每位参与者的工作时间和最终养育孩子的数量。研究人员的所有努力都是为了寻找到能够可靠预测一个人成年后生活状况的关键因素。研究结果揭示了一些相关性：拥有慈爱的父母能让个体在成年后更容易找到幸福。拥有与身体健康及长寿相关的基因也大有裨益，持续的体育锻炼和良好的饮食习惯也同样重要。此外，一个人早期所接受的教育和终身学习的习惯也对其之后的生活有着不小的影响。

尽管这些因素都很重要，但其中有一个因素似乎尤为突出。这个因素没有让研究人员感到意外，甚至可以说，在几十年的访谈中，它一直都显而易见，即决定一个人最终是幸福安康还是悲惨病弱的最关键变量是"他们对自己人际关系的满意度"。一位研究者写道："在50岁时对自己人际关系最满意的人在80岁时依然身心健康。"

另一位研究者的表达则更为直接，他表示："到目前为止，对蓬勃人生最重要的影响因素是爱。"这里所说的不是浪漫的爱情，而是我们与家人、朋友、同事，乃至邻居和社区成员所建立的深厚连接。"早期生活中得到的爱不仅有助于在未来获得爱，而且还会促进其他各个方面的成功，比如获得名望和高收入。这种爱还会鼓励一个人发展出一种有助于建立而非破坏亲密关系的行为方式。"

在这项研究中，那些后来生活幸福的参与者通常与许多人建立了"温暖且美好的关系"。他们婚姻美满,与子女关系亲密,并为维护牢固的友谊投入了大量精力。一位研究者观察指出:"那些人生丰富多彩的人都找到了爱,而正是爱让他们的人生如此丰富多彩。"

另一方面,那些未能在人际关系上进行深入投资的人,往往将自己的职业生涯置于家庭和朋友之上,或因各种原因难以与他人建立深层连接,这些人日后大多生活痛苦。以约翰·马斯登为例,当他在43岁,即人生过半之际,根据研究人员的要求写下自己经常思考的问题时,他写道:[250]

(1)我正在日渐变老。我第一次真正意识到了死亡的存在。
(2)我感觉我可能无法实现自己想要的东西。
(3)我不确定我是否知道如何抚养孩子。我曾经以为自己知道。
(4)工作压力巨大。

马斯登没有提及生命中的其他人或自己的人际关系,即使提起,也通常都是负面的。当他感到沮丧时,他不会寻求伴侣的陪伴和慰藉,而会独自前往办公室,试图通过工作来分散自己的注意力。当他与妻子或孩子发生争吵时,他总是选择愤然离去,而不是尝试用沟通来解决问题,或者至少让双方互相理解。哈佛大学这个研究项目当前的负责人沃尔丁格评论说:"他是一个自我要求极高的人,不仅标准严苛,他对自己的评价也相当苛刻。这一点让他在工作上表现出色,但同时也意味着他对人非常挑剔。这种性格或许是他与其他人关系疏远的一个原因。"正如这项研究中关于马斯登的调查综述所说的那样:"他对人警惕戒备,习惯性地以一种消极的方式来看待这个世界。他很难与他人建立深层的连接,一旦遇到挑战,他的本能反应是远离身边最近的人。尽管他两次结婚,但他从未真正感受到被爱。"

我们再来回看卡米尔医生的情况。他在因肺结核住院期间,开始与其他病友建立联系。他同一些病友学习《圣经》,与其他人一起玩牌,还和护士和勤杂工彼此熟识。他后来告诉研究人员,在医院的那段时间让他感到重生。"有人真心关心我。"他在一次调查问卷中写道,"自那之后,对我来说,没有什么困难是不能克服的。"出院后,他加入了当地的一家教会,并开始全身心地投入教会委员会的工作、社交聚餐、主日学校和其他各种活动中。研究人员后来发现,卡米尔直到30岁都未曾有过真正持久的友谊。然而,10年后,他成为这项研究中社交活动最活跃的人之一。随着他的社交网络不断扩大,他的职业生涯也逐渐起飞。"我的职业生涯从未让我感到失望。事实上,它令人满意的发展让我慢慢变成了现在的自己。"卡米尔在75岁那年的一次调查问卷中写道:"与人建立连接是我们必须经历的事……我们是多么坚韧又富有灵活性的生物,而我们的社会结构中又蕴含着多少的善意和美意。"他表示,与人交谈、建立连接、分享喜悦和悲伤彻底改变了他的一生。他在一次采访中说道:"你知道我学会了什么吗?我学会了爱。"

在跨越数十年的多次调查中,研究人员发现幸福的参与者一直存在着一些共同点:最幸福的参与者会定期与他人通电话,与人约定共进午餐或晚餐,给朋友发送信息表示为他们感到骄傲,或者愿意分担他们的悲伤。最重要的是,幸福的参与者多年来展开了诸多拉近与他人关系的对话。哈佛大学在2023年对这项研究的总结中指出:"经过多年来对参与者的跟踪调查,我们发现有一个重要因素与一个人的身体健康、心理健康和长寿有着稳定且密切的关系,那就是人际关系。良好的人际关系会让我们更健康也更快乐。"而且,在大多数情况下，这些美好的人际关系是通过长期亲密的对话建立并维护的。

这一核心发现在过去几十年的数百项研究中被一再证实。2018年发表在《心理学年度评论》上的一篇论文指出："现在有充分的证据显示，社会关系对寿命有着显著影响，即拥有更多高质量的人际关系有利于保障身体健康，而拥有较少且质量较低的人际关系则总与健康风险增加联系在一起。"[251] 另一篇发表于2016年的研究论文在检视了数十种健康的生物指标后发现："社会融合程度越高，个体在生命各阶段面临疾病和死亡的风险就越低。研究人员表示社会孤立的危害可能超过糖尿病和其他许多种慢性疾病。"[252]

换言之，我们与他人的深入连接能够让我们更健康、更快乐、更满足。人与人的交流可以改变我们的大脑、身体以及我们体验世界的方式。

• • •

这让我回想起我在本书序言中的自白：从很多方面来说，我写这本书是为了我自己。作为一名管理者，我意识到自己在与他人交流时经常失败，这促使我开始思考：为什么我会变成一个似乎无法读懂暗示或听懂他人表达的人。我知道我需要重新审视并改进自己的沟通方式。于是，有一天晚上，我坐下来，快速列出了过去一年里我记忆中沟通失败的时刻。我知道这听上去可能有点儿奇怪。我写下了在听妻子讲话时我心不在焉的时刻，在同事表现出脆弱时我没有共情的时刻，当别人给出好主意我却一意孤行的时刻，聚餐时只顾着自说自话而没有问及他人感受的时刻，以及那些我（实在有些羞于承认）为了完成工作而让孩子不要再问我问题的时刻。我想，我们每个人的心中或许都有一个类似的清单。但是，把它们写下来会迫使我直面一些尖锐的问题：为什么我有时很难理解别人的意思？为什么我会那么迅速地进入一种防御状态？为什么我会轻易地忽视他人明显试图分享的情感？为什么有时我说得多听得少？为什么我没有意识到朋友需要的是安慰而非建议？为什么我在孩子明显需要我的时候却把他们晾在一边？为什么我很难解释清楚自己内心的想法？

对我来说，这些都是意义重大且值得探索的问题。我意图寻找答案。为此，我开始联系神经学家、心理学家、社会学家和其他专家，询问为什么我这个一生都在忙于与人沟通的人会犯这样那样的错误。本书就源于我的探索之旅。我在书中提及的所有研究和数据分析最终为我提供了极其宝贵的信息。这些信息帮助我更好地与他人建立连接，在他人倾诉时更加专心致志地倾听，并意识到对话可以被划分为务实对话、情感对话和社交对话三种类型。除非我们了解彼此的需求，否则真正的连接很难被建立起来。最重要的是，这些见解让我认识到了开展学习性对话的重要性。这意味着我需要留意正在进行的对话类型，识别大家参与对话的目的，询问他人的情感并分享我的感受，同时思考我们的身份会如何影响我们的表达和倾听。

学习性对话

原则 1：

留意正在进行的对话类型。

原则 2：

分享自己的目标，询问他人的愿望。

原则 3：

询问他人的感受，分享自己的情感。

原则 4：
探讨身份问题在此次讨论中是否重要。

  我尝试在生活的各个方面展开学习性对话。它让我懂得了如何更多地倾听。我确实在不断进步，尽管我的妻子在上周还在质疑我晚餐时的冗长独白是否符合我在书中提出的建议。我也在努力多提问题，不仅是为了确定人们想从对话中得到什么，也是为了探索当真正的对话发生时，会出现什么样深刻的、有意义的、饱含情感的内容。当我足够幸运时，我会在倾听时尝试回应他人的幸福与悲伤、坦白与脆弱。同时，我也开始更自由地表达自己的失误和情感，更真诚地面对自己的不完美。就结果而言，我感到自己与周围的人更亲近了，与家人、朋友和同事的连接更紧密了，最重要的是，我比以往任何时候都更加感激拥有这些关系。

  在这个世界上，并不存在唯一一种与他人建立连接的正确方式。确实，有一些技巧可以让对话更轻松，不至于太尴尬，有一些小窍门可以增加你理解对方的可能性，同时也让对方更容易理解你的意图。这些对话策略的有效性会根据我们所处的环境、正在进行的对话类型，以及我们希望建立的关系的变化而变化。这些策略有时候会有不错的效果，有时也可能效果不佳。

  不过，重要的是，要有与他人建立连接、理解他人并进行深入对话的意愿，即使这个过程让你感到困难重重，即使一走了之更加容易。学习并实践那些能满足我们对彼此连接渴望的技巧和洞见是非常值得的。因为，无论是找寻爱情、友情，还是展开一次愉快的交谈，建立真诚且有意义的连接，都是生命中最重要的事。

致　谢

　　首先，我要向所有愿意与我分享他们的思考、见解和经历的人表达衷心的感谢。在撰写这本书的三年时间里，我有幸与数百位科学家和思想家进行了深入交流，他们无私地贡献了自己的时间，我对此感激不尽。在进行这样的大型项目时，总会有一些遗憾，对本书来说，其中一个遗憾是一些对本书有巨大帮助且极具魅力的人士在正文中未能被提及。因此，我要对加州大学伯克利分校的达彻·凯尔特纳教授、东北大学的丽莎·费尔德曼·巴雷特教授，以及达特茅斯社会系统实验室、NASA 和《生活大爆炸》的编剧团队中的许多成员表示特别的感谢，感谢他们的慷慨分享与支持。

　　无论是在撰写本书的过程中还是生活中，我最珍视的一些对话都发生在我与编辑安迪·沃德之间。他不仅是一位才华横溢、要求严格且视野开阔的编辑，更是一位值得信赖的朋友。在英国，尼格尔·威尔科克森为我提供了宝贵的建议和支持。在布鲁克林，斯科特·莫耶斯在我写书的早期阶段提供了宝贵的意见。此外，我还有幸与吉娜·森特雷洛合作，她把兰登书屋打造成了作家的港湾。同时，我也要感谢汤姆·佩里、玛丽亚·布莱克尔、格雷格·库比、桑尤·迪隆、阿耶莱特·杜兰特、温迪·多雷斯坦、阿兹拉夫·可汗和乔·佩雷。对于兰登书屋优秀的销售团队，我同样心存感激。

　　众所周知，安德鲁·威利为作家们营造了一个极其理想的创作环境。他的同事，同样来自威利公司的詹姆斯·普伦，在本书的海外版权输出方面做出了不懈的努力。我曾经在《纽约时报》与一众才华横溢的同事并肩工作，现为《纽约客》的撰稿人，在这里，大卫·雷姆尼克和丹尼尔·扎莱夫斯基每天都以行动证明，善意、智慧与新闻业的最高标准密不可分。此外，我还想对负责书中内容事实核查工作的大卫·科尔塔瓦，我的助手阿莎·史密斯和奥利维亚·布恩，以及给予我宝贵建议的理查德·兰佩尔表示特别的感谢。

本书的所有插图均由著名插画师达伦·布斯精心创作。我在撰写本书的大部分时间里都居住在加利福尼亚州的圣克鲁斯，我的家人也在这里受到了极大的热情款待。

最后，我要衷心感谢我的儿子奥利和哈里，当然还有我的妻子利兹，正是他们源源不断的爱、支持、指导、智慧和友善，使我完成了本书的创作。

2023 年 7 月

关于研究来源及研究方法的说明

本书的内容以数百次的访谈和数千篇学术论文为基础。许多相关资料的详细信息都已在文中或文末注释中列出。

大多数的情况是，我向那些提供了关键信息的研究者或其研究结果对我的论述至关重要的专家提供了论述摘要，请对方核查事实、提出更多意见并就分歧或信息表述方式提出疑问。他们的反馈在很大程度上影响了整本书的最终内容，这在文末注释中有详细记录。在本书正式出版前，没有任何信息源阅读过全文，所有的反馈仅基于我或事实核查人员向对方提供的摘要。

在极少数的情况下，一些信息源出于各种原因希望能匿名出现。为了保护这些信息源的隐私并符合隐私法规和道德标准，我在书中对其进行了相应的删减或修改。

注 释

序

1. 费利克斯·西加拉请求隐去其真实姓名。为了维护他的隐私,包括他的真实姓名及其职业生涯的详细信息在内的细节已被加工修改。同时,关于所叙述事件的真实性,我们已向美国联邦调查局提交了事实核查的请求。然而,根据该机构对外发布的政策,美国联邦调查局确认了一般细节,但拒绝就其他信息发表评论。
2. 同许多充满智慧的名言警句一样,这句话的具体出处并不明确,但大家普遍认为它出自剧作家萧伯纳之口。

第1章 匹配原则:招募间谍时失败而归

3. 吉姆·劳勒曾在美国中央情报局就职长达25年,至今仍受到多个议题保密协议的约束。虽然他花了很多时间与我分享他的经历,但从未透露任何机密信息。他故事中的部分细节已被修改,他向我讲了大致的情况,还有些细节则通过其他来源得到了验证。"雅思明"也是化名。劳勒并未透露雅思明的国籍,只提到她来自一个"石油资源丰富但与美国关系紧张的国家"。劳勒也未指明自己曾驻扎的国家,仅称其为一个"位于欧洲的山区国家"。你如果对劳勒的经历感兴趣,可以参阅他撰写的精彩间谍小说《活生生的谎言》(*Living Lies*)和《转瞬之间》(*In the Twinkling of an Eye*)。
4. Randy Burkett, "An Alternative Framework for Agent Recruitment: From MICE to RASCLS," *Studies in Intelligence* 57, no. 1 (2013): 7-17.
5. Marta Zaraska, "All Together Now," *Scientific American* 323 (October 2020): 4, 64-69; Lars Riecke et al., "Neural Entrainment to Speech Modulates Speech Intelligibility," *Current Biology* 28, no. 2 (2018): 161-69; Andrea Antal and Christoph S. Herrmann, "Transcranial Alternating Current and Random Noise Stimulation: Possible Mechanisms," *Neural Plasticity* 2016 (2016): 3616807; L. Whitsel et al., "Stability of Rapidly Adapting Afferent Entrainment vs. Responsivity," *Somatosensory & Motor Research* 17, no. 1 (2000): 13–31; Nina G. Jablonski, *Skin: A Natural History* (Berkeley: University of California Press, 2006).
6. Thalia Wheatley et al., "From Mind Perception to Mental Connection: Synchrony as a Mechanism for Social Understanding," *Social and Personality Psychology Compass* 6, no. 8 (2012): 589-606
7. 惠特利在此处引用了作者迈克尔·多里斯的原话。

8. Ulman Lindenberger et al., "Brains Swinging in Concert: Cortical Phase Synchronization While Playing Guitar," *BMC Neuroscience* 10 (2009): 1–12; Johanna Sänger, Viktor Müller, and Ulman Lindenberger, "Intra- and Interbrain Synchronization and Network Properties When Playing Guitar in Duets," *Frontiers in Human Neuroscience* (2012): 312; Viktor Müller, Johanna Sänger, and Ulman Lindenberger, "Hyperbrain Network Properties of Guitarists Playing in Quartet," *Annals of the New York Academy of Sciences* 1423, no. 1 (2018): 198–210.

9. Daniel C. Richardson, Rick Dale, and Natasha Z. Kirkham, "The Art of Conversation Is Coordination," *Psychological Science* 18, no. 5 (2007): 407–13. 在回答有关事实核查的询问时，该研究的负责人丹尼尔·理查森表示，尽管科学界对这类身体反应已经有记录，"但是，我个人在实验室内并未对这些具体反应进行直接验证。在一些文献综述和我自己的相关实验的引言中，我确实讨论过相关现象，比如眼动同步或身体动作的协调等"。西弗斯补充道，尽管在合作活动中观察到了这种同步现象，但研究者对其背后的因果机制尚未得出定论。

10. Ayaka Tsuchiya et al., "Body Movement Synchrony Predicts Degrees of Information Exchange in a Natural Conversation," *Frontiers in Psychology* 11 (2020): 817; Scott S. Wiltermuth and Chip Heath, "Synchrony and Cooperation," *Psychological Science* 20, no. 1 (2009): 1-5; Michael J. Richardson et al., "Rocking Together: Dynamics of Intentional and Unintentional Interpersonal Coordination," *Human Movement Science* 26, no. 6 (2007): 867-891; Naoyuki Osaka et al., "How Two Brains Make One Synchronized Mind in the Inferior Frontal Cortex: fNIRS-Based Hyperscanning During Cooperative Singing," *Frontiers in Psychology* 6 (2015): 1811; Alejandro Pérez, Manuel Carreiras, and Jon Andoni Duñabeitia, "Brain-to-Brain Entrainment: EEG Interbrain Synchronization While Speaking and Listening," *Scientific Reports* 7, no. 1 (2017): 1-12.

11. Greg J. Stephens, Lauren J. Silbert, and Uri Hasson, "Speaker-Listener Neural Coupling Underlies Successful Communication," *Proceedings of the National Academy of Sciences* 107, no. 32 (2010): 14425-30; Lauren J. Silbert et al., "Coupled Neural Systems Underlie the Production and Comprehension of Naturalistic Narrative Speech," *Proceedings of the National Academy of Sciences* 111, no. 43 (2014): E4687-96.

12. Greg J. Stephens, Lauren J. Silbert, and Uri Hasson, "Speaker-Listener Neural Coupling Underlies Successful Communication," *Proceedings of the National Academy of Sciences* 107, no. 32 (2010): 14425-30.

13. J. M. Ackerman and J. A. Bargh, "Two to Tango: Automatic Social Coordination and the Role of Felt Effort," in *Effortless Attention: A New Perspective in the Cognitive Science of Attention and Action*, ed. Brian Bruya (Cambridge, Mass.: MIT Press Scholarship Online, 2010); Sangtae Ahn et al., "Interbrain Phase Synchronization During Turn-Taking Verbal Interaction—A Hyperscanning Study

Using Simultaneous EEG/MEG," *Human Brain Mapping* 39, no. 1 (2018): 171-88; Laura Astolfi et al., "Cortical Activity and Functional Hyperconnectivity by Simultaneous EEG Recordings from Interacting Couples of Professional Pilots," 2012 Annual International Conference of the IEEE Engineering in Medicine and Biology Society, 4752–55; Jing Jiang et al., "Leader Emergence Through Interpersonal Neural Synchronization*,*" *Proceedings of the National Academy of Sciences* 112, no. 14 (2015): 4274-79; Reneeta Mogan, Ronald Fischer, and Joseph A. Bulbulia, "To Be in Synchrony or Not? A Meta-Analysis of Synchrony's Effects on Behavior, Perception, Cognition and Affect," *Journal of Experimental Social Psychology* 72 (2017): 13-20; Uri Hasson et al., "Brain-to-Brain Coupling: A Mechanism for Creating and Sharing a Social World," *Trends in Cognitive Sciences* 16, no. 2 (2012): 114-21; Uri Hasson, "I Can Make Your Brain Look Like Mine," *Harvard Business Review* 88, no. 12 (2010): 32-33; Maya Rossignac-Milon et al., "Merged Minds: Generalized Shared Reality in Dyadic Relationships," *Journal of Personality and Social Psychology* 120, no. 4 (2021): 882.

14. 在回答有关该研究事实核查的询问时，西弗斯指出，虽然我们在理解神经振荡-外界节律同步时也会伴有心跳、面部表情或情感体验方面的生理同步，但这些同步现象并不是必然发生的。他解释说："人们在倾听和理解他人时，并不一定总会出现生理上的同步现象。在一定程度上，研究对话和音乐的意义在于观察人们在互动过程中的变化，了解他们如何实现同步和不同步，以及如何相互引导。"

15. Laura Menenti, Martin J. Pickering, and Simon C. Garrod, "Toward a Neural Basis of Interactive Alignment in Conversation," *Frontiers in Human Neuroscience* 6 (2012); Sivan Kinreich et al., "Brain-to-Brain Synchrony During Naturalistic Social Interactions," *Scientific Reports* 7, no. 1 (2017): 17060; Lyle Kingsbury and Weizhe Hong, "A Multi-Brain Framework for Social Interaction," *Trends in Neurosciences* 43, no. 9 (2020): 651- 66; Thalia Wheatley et al., "Beyond the Isolated Brain: The Promise and Challenge of Interacting Minds," *Neuron* 103, no. 2 (2019): 186-88; Miriam Rennung and Anja S. Göritz, "Prosocial Consequences of Interpersonal Synchrony," *Zeitschrift für Psychologie* (2016); Ivana Konvalinka and Andreas Roepstorff, "The Two-Brain Approach: How Can Mutually Interacting Brains Teach Us Something About Social Interaction?" *Frontiers in Human Neuroscience* 6 (2012): 215; Caroline Szymanski et al., "Teams on the Same Wavelength Perform Better: Inter- brain Phase Synchronization Constitutes a Neural Substrate for Social Facilita- tion," *Neuroimage* 152 (2017): 425-36.

16. 西弗斯指出，他的研究重点是探讨对话中如何形成未来的同步性，这与即刻发生的同步性明显不同。他的博士论文研究主要涉及在音乐和运动中产生的情感感知。B. Sievers et al., "Music and Movement Share a Dynamic Structure That Supports Universal Expressions of Emotion," *Proceedings of the National Academy of Sciences* 110, no. 1 (2012): 70-75; B. Sievers et al., "A Multi-sensory Code for Emotional Arousal," *Proceedings of the Royal Society B* 286 (2019): 20190513;

B. Sievers et al., "Visual and Auditory Brain Areas Share a Representational Structure That Supports Emotion Perception," *Current Biology* 31, no. 23 (2021): 5192-203.

17. 西弗斯在此次研究中旨在探索"谁更擅长建立共识、影响他人"。他解释道:"我对探寻这一现象背后的原因很感兴趣,并试图通过科学和神经生物学来理解,为什么有些人在说服别人或增强团队凝聚力方面表现得更加出色……我并未将研究重点放在非凡的沟通技巧上。不过,我确信,有些人在这方面比其他人更擅长。科学地分析和理解为什么会出现这种差异,以及我们是否能提高个人的沟通技巧,都是非常重要的。"

18. Beau Sievers et al., "How Consensus-Building Conversation Changes Our Minds and Aligns Our Brains," *PsyArXiv*, July 12, 2020.

19. 西弗斯在研究中指出:"我们注意到,那些在团队中被认为拥有较高社会地位的个体,展现出了较低的神经振荡-外界节律同步程度。这些具有较高地位的个体还采取了不同的沟通策略,包括更频繁地发言、对他人下达指令,以及婉转地驳斥他人的观点。例如,在 D 小组中,被视为领袖的 4 号参与者在讨论中并没有增强小组成员之间的同步性。这一点非常说明问题。然而,我们的统计分析方法并不支持仅针对单一个体的深入探讨,因此我们不能断定 4 号参与者影响了整个小组的互动,可能还存在着其他的影响因素。"

20. 此处引用的参与者对话已被编辑和压缩,旨在让对话更简洁、清晰。在原始研究中,每一位参与者都被赋予了特定的编码,未被标记为"高中心度参与者"。

21. 西弗斯在其研究中发现:"那些关键的共识的构建者,并没有比其他成员说得更多或更少,而是将焦点放在了倾听上。在这一点上,他们甚至超过了小组中地位较高的成员。他们更频繁地促使发言者阐明其观点……虽然他们在小组中的影响力不是最强的,但是他们对神经同步的敏感度更高……这与大量文献中讨论的高度自我监控的特性相吻合,这些个体倾向于根据周围人的反应调整自己的行为。尽管我们的研究没有直接测量这一特质,但我们确实需要考虑这一因素。"

22. 与前一份对话记录一样,这份记录也经过了编辑和压缩,以使对话更简洁、清晰。

23. Sievers, "How Consensus-Building Conversation Changes Our Minds."

24. 西弗斯明确指出,这项研究并没有关注社区领导力的议题。因此,尽管"研究提供了一些相关的解释,但并不属于科学研究的范畴……有些人之所以在其社交圈中处于核心位置,成为众人渴望接近的对象,可能是出于其他原因,比如他们拥有游艇或其他的财产"。

25. 西弗斯提到,"确定大脑功能的具体定位,即哪些大脑区域负责哪些类型的行为或思考,历来是神经科学领域最有争议的主题之一……尽管如此,大家普遍认为大脑的区域和网络具有多重功能(参见 Suárez 等人 2020 年的研究)。不论是神经网络还是单个神经元,大脑的各个部分似乎都体现了这一点(参见 Rigotti 等人 2013 年的研究)。因此,在本章节讨论的思维模式可能由多个大脑网络共同合作完成。总而言之,大脑的复杂不言而喻,任何试图将特定的行为、思考或心态仅归因于某个特定大脑网络或区域的观点,都不可避免地简化了其中的复杂性"。

26. Piercarlo Valdesolo and David DeSteno, "Synchrony and the Social Tuning of Compassion," *Emotion* 11, no. 2 (2011): 262.

27. Matthew D. Lieberman, *Social: Why Our Brains Are Wired to Connect* (Oxford: Oxford University Press, 2013)。默认的大脑模式网络包括内侧额顶叶网络（MFPN）。西弗斯写道："虽然一些科学家在理论上认为，内侧额顶叶网络专门响应社会刺激（例如，2008 年 Schilbach 等人的研究），但也有充分的证据显示，该网络的功能可能更多样、更广泛。内侧额顶叶网络可能参与记忆提取（参见 2019 年 Buckner 和 DiNicola 的研究）和创造力发展（参见 2016 年和 2021 年 Beaty 等人的研究）。这表明，内侧额顶叶网络可能在生成与直接感官输入无关的内部信息时发挥作用，尤其是当这些信息与直接的感官输入脱节时（参见 2019 年 Buckner 和 DiNicola 的研究），或者在将这些信息与感官信息整合时（参见 2021 年 Yeshurun, Nguyen 和 Hasson 的研究）。此外，大脑中的其他部分可能也在社会认知方面发挥了作用，但它们不属于内侧额顶叶网络，例如梭状回在面部识别中的作用，以及杏仁核在面部表情中情感识别的作用。因此，尽管多种社会任务确实能激活内侧额顶叶网络，但内侧额顶叶网络的激活并不总代表着社会认知的进行。

28. 这种描述实际上简化了我们大脑的运作机制，但这样的简化有助于我们说明问题。实际上，我们大脑中许多不同的区域通常会同时活跃，而这些区域之间的界限并不总是那么清晰。

29. 正如博·西弗斯所述："有充分的证据显示，即使人们使用相同的大脑网络，也不意味着他们拥有相同的心态，反之亦然。"西弗斯指出，与其依赖特定神经网络的活动，还不如"考虑一种思维模式，这种模式并不依赖于持续激活某个单一的大脑网络。这种思维模式可能仅仅反映出在面对特定类型信息时，大脑以特定的方式作出整体响应的倾向。从这个角度来看，大脑处于某种思维模式，就像是交响乐团演奏一部交响乐一样；虽然乐团可以演奏多种不同的交响乐，但每次只能演奏一部"。

30. Adela C. Timmons, Gayla Margolin, and Darby E. Saxbe, "Physiological Linkage in Couples and Its Implications for Individual and Interpersonal Functioning: A Literature Review," *Journal of Family Psychology* 29, no. 5 (2015): 720.

31. John M. Gottman, "Emotional Responsiveness in Marital Conversations," *Journal of Communication* 32, no. 3 (1982): 108–20. 造成夫妻之间爆发冲突和关系紧张的原因多种多样，解决这些问题的方法也十分丰富。本章及本书的第 5 章介绍了一些具体的缓解策略。值得注意的是，应对婚姻挑战的方法各不相同。戈特曼本人详细讨论了 4 个可能损害关系的沟通问题：批评、轻蔑、防御和冷漠。在回答有关事实核查的询问时，戈特曼提到："关于关系中的'高手'，我们发现了几个关键点：在冲突中保持信任和承诺，保持积极与消极情绪的比率等于或大于 5 比 1，避免 4 大沟通问题（即批评、轻蔑、防御和冷漠），至少在 86% 的时间里积极响应伴侣的需求，了解并关心伴侣的内心世界，表达赞赏和钦佩，以温和的方式开启对话，在冲突中有效地修复关系，实施心理安抚措施，以及能够处理持续存在的复杂冲突。"

32. Adela C. Timmons, Gayla Margolin, and Darby E. Saxbe, "Physiological Linkage in Couples and Its Implications for Individual and Interpersonal Functioning: A Literature Review," *Journal of Family Psychology* 29, no. 5 (2015): 720.

33. 劳勒告诉我，当那位女士打电话时，他决定陪她的儿子玩耍。他认为自己的这个决定有助于他与对方建立关系。"我觉得，我的这个举动真正打动了她。"他对我说，"我那么做仅仅因为我觉得那是对的，而不是为了推销钢材。我认为这只是一个人应该做的、正确的事情。"

34. Randy Burkett, "An Alternative Framework for Agent Recruitment: From MICE to RASCLS," *Studies in Intelligence* 57, no. 1 (2013): 7–17.

运用指南 I　建立有意义对话的四大原则

35. 参与者在遵循保密条约的前提下向我描述了这个研究项目。

第 2 章　每一次对话都是一次协商谈判：勒罗伊·里德的审判

36. 电视制作人拍摄记录了威斯康星州勒罗伊·里德案陪审团的审议过程，并用部分的录音内容制作了《前线》节目的一集，名为《庭审室内》（"Inside the Jury Room"）。我要特别感谢道格拉斯·梅纳德，他不仅提供了有关这次审判和审议的详细信息，还慷慨地与我分享了完整的审议记录（《前线》节目只包含了审议记录的部分内容）。同时，我还要感谢《前线》节目该集内容的制作团队。后文中出现的录音文字几乎是逐字引用，尽管其中不少的交流、旁白和对话并未完全包含在内。此外，我还查阅了以下资料："But Did He Know It Was a Gun?," International Pragmatics Association Meeting, Mexico City, July 5, 1996; "Truth, But Not the Whole Truth," *The Wall Street Journal*, April 14, 1986; Douglas W. Maynard and John F. Manzo, "On the Sociology of Justice: Theoretical Notes from an Actual Jury Deliberation," *Sociological Theory* (1993): 171-93.

37. 摘自《威斯康星刑事陪审团指令手册》，指令编号 460。

38. 欲了解埃达伊博士和马尔霍特拉博士发表的文章的更多信息，请参阅"Negotiation Strategies for Doctors and Hospitals," *Harvard Business Review*, October 21, 2013; "Bargaining Over How to Treat Cancer," *The Wall Street Journal*, September 2, 2017; Behfar Ehdaie et al., "A Systematic Approach to Discussing Active Surveillance with Patients with Low-Risk Prostate Cancer," *European Urology* 71, no. 6 (2017): 866-71; Deepak Malhotra, *Negotiating the Impossible: How to Break Deadlocks and Resolve Ugly Conflicts (Without Money or Muscle)* (Oakland, Calif.: Berrett-Koehler, 2016). 埃达伊博士在回应事实核查时表示，他本以为患者能理解并接受自己的建议，但实际上他并没有有效地与患者讨论前列腺癌的风险。

39. Laurence Klotz, "Active Surveillance for Prostate Cancer: For Whom?" *Journal of Clinical Oncology* 23, no. 32 (2005): 8165-69; Marc A. Dall'Era et al., "Active Surveillance for Prostate Cancer: A Systematic Review of the Literature," *European Urology* 62, no. 6 (2012): 976-83.

40. 埃达伊解释道："主动监测的目的是密切跟踪癌症的进展，并在合适的时机进行干预，从而治愈前列腺癌。这种策略对于年纪较大且健康状况不佳的男性而言，可能意味着他们最终会因其他原因去世……我们也将年轻的前列腺癌患者纳入了主动监测的范围。研究表明，这些患者的长期治疗效果与那些一开始就接受手术或放疗的患者相比，治疗效果相差不大。这是因为我们持续密切监控病情的发展，能够在治疗的最佳时机进行干预，或者这些患者的癌症可能终其一生都维持在低风险的状态，因此无须接受治疗。"

41. 埃达伊博士强调，主动监测所涉及的风险并不意味着死亡率为 3%。事实上，"研究表明，对于低风险的疾病，立即进行治疗与主动监测在生存率上并无显著差异"。

42. 根据美国癌症协会最新的统计数据，每年大约会确诊 268 000 例前列腺癌。如果其中大约一半属于低风险，并且根据埃达伊博士的估计，大约 60% 的患者选择了进行主动监测，这就意味着每年大约有 53 000 名男性可能选择了非必需的手术治疗。

43. R. Cooperberg, William Meeks, Raymond Fang, Franklin D. Gaylis, William J. Catalona, and Danil V. Makarov, "Time Trends and Variation in the Use of Active Surveillance for Management of Low- Risk Prostate Cancer in the US," *JAMA network open* 6, no. 3 (2023): e231439- e231439.

44. 哈佛法学院的《哥伦比亚谈判倡议》(The Colombia Negotiations Initiatives)。

45. Deepak Malhotra and M.A.L.Y. Hout, "Negotiating on Thin Ice: The 2004-2005 NHL Dispute (A)," *Harvard Business School Cases* 1 (2006).

46. 马尔霍特拉回答有关事实核查的询问时表示："我长期从事的谈判工作种类繁多，不仅限于你所提到的'正式谈判'。"他还补充说："处理埃达伊博士这样的情况，对我来说，并不陌生。对大多数人来说，这类情况可能不会立刻被认为是在进行谈判协商。"

47. "Ask Better Negotiation Questions: Use Negotiation Questions to Gather Information That Will Expand the Possibilities," *Harvard Law School*, August 8, 2022; Edward W. Miles, "Developing Strategies for Asking Questions in Negotiation," *Negotiation Journal* 29, no. 4 (2013): 383-41.

48. 为了保护患者隐私，这里仅提供了对病例的概括性描述，并调整、修改了部分细节。

49. 除了本章提及的干预措施之外，埃达伊和马尔霍特拉还设计、开发了一些额外的方法来促进有效沟通。欲了解更多信息，请参见"Negotiation Strategies for Doctors and Hospitals"; "Bargaining Over How to Treat Cancer"; and Malhotra's *Negotiating the Impossible*。

50. 埃达伊博士在描述自己的工作时写道："我们与马尔霍特拉博士共同研发了一整套系统化的方法，其中运用了源自谈判理论的各种沟通工具。当我们的建议与人们的固有偏见相悖时，这些建议往往会显得更加可信。在这种情况下，我希望患者能够理解，我的角色不仅仅是一名负责持续监测的医生，也是一名外科医生，我坚信对于适合的患者应当进行手术。然而，对于低风险的前列腺癌的患者，我认为主动监测是更好的选择……我们因此减少了 30% 的手术。我们相信，这种系统化的方法能够帮助我们更有效地向患者传达风险，增强患者在决策过程中的自主性，并帮助人们做出跨学科的医疗决策。"

51. 2018 年，即我们在写作本书时能获得的有可靠统计数据的最近一年，在选择陪审团审判的联邦犯罪被告中，只有 14% 被判无罪。勒罗伊·里德虽然是在州法院而非联邦法院受审，但情况类似。约翰·格拉姆利奇在 2019 年 6 月 11 日的皮尤研究中心的报告中指出，"只有 2% 的联邦刑事被告选择出庭受审，而其中大多数都被判有罪"。

52. 无论是在此处还是本书的其他地方，为了确保表达清晰，审议记录都经过了编辑或精简处理。
53. 哈佛法学院的"哈佛谈判项目的历史"（"History of the Harvard Negotiation Project"）。
54. 罗杰·费希尔（1922—2012），哈佛法学院，2012年8月27日。
55. 在回复一封关于事实核查的电子邮件时，与费希尔合作的哈佛法学院教授希拉·赫恩写道："费希尔提到，所有参与方实际上都需要满足自己的利益才能对任何协议表示同意。这意味着，为了找到应对共同挑战的解决方案，我们每个人都应该关心如何理解和满足他人以及自身的利益。"
56. "成本-收益逻辑"和"相似性逻辑"也可以被称为"后果逻辑"和"适宜性逻辑"。欲了解更多相关信息，请参阅 Long Wang, Chen-Bo Zhong, and J. Keith Murnighan, "The Social and Ethical Consequences of a Calculative Mindset," *Organizational Behavior and Human Decision Processes* 125, no. 1 (2014): 39-49; J. Mark Weber, Shirli Kopelman, and David M. Messick, "A Conceptual Review of Decision Making in Social Dilemmas: Applying a Logic of Appropriateness," *Personality and Social Psychology Review* 8, no. 3 (2004): 281-307; Johan P. Olsen and James G. March, *The Logic of Appropriateness* (Norway: ARENA, 2004); Daniel A. Newark and Markus C. Becker, "Bringing the Logic of Appropriateness into the Lab: An Experimental Study of Behavior and Cognition," in *Carnegie Goes to California: Advancing and Celebrating the Work of James G. March* (United Kingdom: Emerald Publishing, 2021); Jason C. Coronel et al., "Evaluating Didactic and Exemplar Information: Noninvasive Brain Stimulation Reveals Message-Processing Mechanisms," *Communication Research* 49, no. 2 (2022): 268-95; Tim Althoff, Cristian Danescu-Niculescu-Mizil, and Dan Jurafsky, "How to Ask for a Favor: A Case Study on the Success of Altruistic Requests," *Proceedings of the International AAAI Conference on Web and Social Media* 8, no. 1 (2014): 12–21。
57. 有关这次投票的记录并不清晰：有1张选票未被公开宣读。但是，从随后的对话中可以推断，似乎是3票判定有罪，9票支持无罪。
58. 这些话来自对陪审员詹姆斯·佩珀的采访，而非审议记录。

运用指南 II　提出问题 留意线索

59. Michael Yeomans and Alison Wood Brooks, "Topic Preference Detection: A Novel Approach to Understand Perspective Taking in Conversation," *Harvard Business School Working Paper* No. 20-077, February 2020.
60. Ibid.; Anna Goldfarb, "Have an Upbeat Conversation," *New York Times*, May 19, 2020.

第 3 章 倾听的疗愈：情感丰富的对冲基金经理们

61. 有关尼古拉斯·艾普利精彩研究的更多信息，请参阅他的著作 *Mindwise: Why We Misunderstand What Others Think, Believe, Feel, and Want* (New York: Vintage, 2015)。
62. 欲深入了解与如何提问相关的研究信息，我建议阅读以下文献：Alison Wood Brooks and Leslie K. John, "The Surprising Power of Questions," *Harvard Business Review* 96, no. 3 (2018): 60-67; Karen Huang et al., "It Doesn't Hurt to Ask: Question-Asking Increases Liking," *Journal of Personality and Social Psychology* 113, no. 3 (2017): 430; Einav Hart, Eric M. VanEpps, and Maurice E. Schweitzer, "The (Better Than Expected) Consequences of Asking Sensitive Questions," *Organizational Behavior and Human Decision Processes* 162 (2021): 136-54。
63. 艾普利在给我写的信中提到，第二次酒驾后，他与父母之间进行了一次意义深远的对话。"那时，我猛然意识到我完全有可能毁掉自己的生活。我立即戒了酒……从那之后，包括在大学期间……我再也没有喝醉过。"
64. Rachel A. Ryskin et al., "Perspective-Taking in Comprehension, Production, and Memory: An Individual Differences Approach," *Journal of Experimental Psychology: General* 144, no. 5 (2015): 898.
65. Roderick M. Kramer and Todd L. Pittinsky, eds., *Restoring Trust in Organizations and Leaders: Enduring Challenges and Emerging Answers* (New York: Oxford University Press, 2012).
66. Sandra Pineda De Forsberg and Roland Reichenbach, *Conflict, Negotiation and Perspective Taking* (United Kingdom: Cambridge Scholars Publishing, 2021).
67. 艾普利写道："我认为'换位思考'（perspective getting）对我们中的任何人来说都不太有启发性。这种做法似乎很荒谬。"
68. Tal Eyal, Mary Steffel, and Nicholas Epley, "Perspective Mistaking: Accurately Understanding the Mind of Another Requires Getting Perspective, Not Taking Perspective," *Journal of Personality and Social Psychology* 114, no. 4 (2018): 547; Haotian Zhou, Elizabeth A. Majka, and Nicholas Epley, "Inferring Perspective Versus Getting Perspective: Underestimating the Value of Being in Another Person's Shoes," *Psychological Science* 28, no. 4 (2017): 482-93. 艾普利解释道："换位思考，是指你尝试想象另一个人的想法，试图感同身受，从对方的视角审视问题。而观点采择（perspective taking），则是你询问对方真实的想法和观点，并认真倾听他们的表达。当我用科学的态度谈论'换位思考'这个术语时，它通常指的是心理学家在实验中让人们尝试从他人的角度来看待问题。这是一种心理上的思维操作。而'观点采择'则是主动询问他人对某些事物有什么看法，倾听他们的观点和想法。你会因此而获得他人的视角。因此，这两者有着本质的不同。"
69. Arthur Aron et al., "The Experimental Generation of Interpersonal Closeness: A Procedure and Some Preliminary Findings," *Personality and Social Psychology Bulletin* 23, no. 4 (1997): 363-77. 正如亚瑟·阿伦在回应事实核查时所指出的，学

生帮助他们收集了该实验中的数据。
70. 这段话的完整引述是："在配对过程中，我们非常小心谨慎。根据以往的研究经验，我们预期你和你的配对伙伴会相互喜欢。换句话说，我们为你选择的配对对象是那些我们认为你会喜欢的人，同时这些人也会喜欢你。"
71. 为了让表述更简洁，"快速交友程序"中的部分问题已经被编辑。这 36 个问题是：（1）如果可以选择世界上的任何人，你想邀请谁共进晚餐？（2）你想要成名吗？如果想，你希望以什么方式成名？（3）打电话前，你会预先排练要说的话吗？为什么？（4）对你来说，完美的一天是怎样的？（5）你最后一次对自己唱歌是什么时候？对别人呢？（6）如果你能活到 90 岁，并在 30 岁之后一直保持 30 岁的心智或身体，你会选择哪一个？（7）你是否对自己的死亡方式有预感？（8）说出你与对面这个人的 3 个共同点。（9）在你的生活中，你最感激的是什么？（10）如果你能改变自己成长过程中的任何一个方面，你会改变什么？（11）请在 4 分钟内尽可能详细地向你的伙伴讲述你的生活故事。（12）如果明天醒来，你能获得任何一种品质或能力，那会是什么？（13）如果一颗水晶球能告诉你关于你自己、你的生活、未来或其他任何事情的真相，你想知道什么？（14）有没有你长期以来梦想要做的事情？为什么没有去做？（15）你一生中最大的成就是什么？（16）在友情中，你最看重的是什么？（17）你最珍贵的回忆是什么？（18）你最糟糕的回忆是什么？（19）如果你知道自己将在一年之内去世，你会改变当前的生活方式吗？为什么？（20）友谊对你意味着什么？（21）爱和情感在你的生活中扮演着什么样的角色？（22）与对面的人分享你认为一个好的恋爱对象应该具备的 5 个品质。（23）你的家庭关系亲密且温暖吗？你的童年是否比大多数人幸福？（24）你觉得你和母亲的关系如何？（25）每人做 3 个以"我们"开头的真实陈述。例如，"我们都在这个房间里感到……"（26）完成这句话："我希望有人能和我分享……"。（27）如果你与对面的人成为亲密朋友，请和对方分享你认为重要的事情。（28）告诉对面的人你喜欢他/她哪一点（请务必诚实，说出你可能不会对刚认识的人说的话）。（29）与你对面的人分享一件让你感到尴尬的事情。（30）你最后一次在别人面前哭泣是什么时候？独自一人的时候呢？（31）告诉你对面的人你喜欢他们身上的什么特点（已经提过）。（32）有没有什么事情是严肃到不能开玩笑的？（33）如果你今晚将要去世且没有机会与任何人联系，你最遗憾没有告诉谁什么事？为什么你还没告诉他们？（34）如果你的房子着火了，里面有你所有的东西。在确保救出你所爱的人和宠物之后，如果你还有时间安全地返回一次，你会想救出什么？为什么？（35）在你的家庭成员中，谁的去世让你最为悲痛？为什么？（36）分享一个你的个人问题，并询问你对面的人会如何处理这个问题。同时，让对方告诉你，他/她对你提出的这个问题有什么感受。
72. 这些问题来自"人际亲密关系的实验性生成：一种程序及一些初步发现"的第一项研究，该研究旨在探索人与人展开闲聊的条件。
73. 值得注意的是，展露脆弱性虽然可以增进人际关系，但也不无风险。正如耶鲁大学的心理学教授玛格丽特·克拉克所说："通常情况下，除非你显示出某种脆弱性，表达你的需求和感受，否则你很难获得他人的同情和支持，因为人们通常会根据这些信息来给予支持。在真正关心自己的朋友面前表现脆弱是可行的。然而，在某些情况下，这么做可能并不明智，尤其是当对方并不真正关心你时，他们可能会利用这些信息来操纵而非支持你。因此，判断对方是否真正关心你便至关重要。在一段关系的初期，展现脆弱性没有问题，但是过早或过快地透露过多的信息可能会带来风险。这就涉及如何把握展示个人信息的节奏。在与他人发展关系时，你的确可以表现出某种脆弱性，但同时也需要适度的自我保护。"

74. Kavadi Teja Sree,"Emotional Contagion in Teenagers and Women", *International Journal of Scientific Research and Engineering Trends* 7, no. 2 (2021): 917-24.
75. Elaine Hatfield, John T. Cacioppo, and Richard L. Rapson,"Primitive Emotional Contagion" in *Emotion and Social Behavior*, ed. M. S. Clark (Newbury Park, Calif.: Sage, 1992), 151-77.
76. 这里提及的研究并非由阿伦夫妇负责。在一次关于事实核查的讨论中，亚瑟·阿伦指出，后续实验揭示了两件事。首先，一个人是否相信对方真心喜欢自己是影响人际关系亲密度的主要因素之一。其次，建立亲密感不仅仅依赖于自我表露，有回应和互惠也起着关键作用。阿伦向我解释说："感觉到伙伴的回应是增强关系亲密度的一个重要因素。"
77. 亚瑟·阿伦写道："根据我们目前的理解，关键之处在于，这些问题为双方提供了一个给出有意义的反馈的机会。"
78. 耶鲁大学的克拉克教授阐述道："当我的丈夫遇到医疗问题时，我的一位表亲提供了很多帮助，但他并没有谈及他个人的困扰。几年后，当他的妻子生病时，他打电话给我，告诉我正在发生的情况以及他的担忧。因此，我在两年后，当他需要支持时，为他提供了帮助。因此，互惠的原则并非立即回应，而是针对彼此的需求进行回馈。这种反馈是双向的。"
79. Jacqueline S. Smith, Victoria L. Brescoll, and Erin L. Thomas,"Constrained by Emotion: Women, Leadership, and Expressing Emotion in the Workplace," in *Handbook on Well-Being of Working Women* (Netherlands: Springer, 2016), 209-24.
80. Huang et al.,"It Doesn't Hurt to Ask,"430. 在回应事实核查时，该研究的一位研究员，迈克尔·约曼斯指出，"这篇论文关注的是后续问题，这些问题涉及更深入的话题。"如想了解更多有关话题引导的信息，请参阅 Hart, VanEpps, and Schweitzer,"(Better Than Expected) Consequences of Asking Sensitive Questions,"136-54。
81. 需要注意的是，尽管深入的问题可以削弱一些刻板印象，但要消除职场中的双重标准则需要持续的努力并对导致偏见的结构性原因进行深入审视。海尔曼强调，仅仅教导人们提出某种类型的问题是不够的。欲了解更多关于削弱偏见和刻板印象的方法，请参阅本书第 6 章和第 7 章。
82. 迈克尔·约曼斯目前在伦敦帝国理工学院工作。
83. 为了行文简洁，这些问题均已经过编辑。完整的问题列表请参见 Michael Kardas, Amit Kumar, and Nicholas Epley,"Overly Shallow?: Miscalibrated Expectations Create a Barrier to Deeper Conversation," *Journal of Personality and Social Psychology* 122, no. 3 (2022): 367。在本次实验中，问题包括：（1）在你的生活中，你最感激的是什么？请与另一位参与者描述分享。（2）如果有一颗水晶球告诉你关于你自己、你的生活、你的未来或任何其他事情的真相，你想知道什么呢？

（3）你能描述一次自己在别人面前哭泣的经历吗？

84. 艾普利解释道："我认为我们的数据表明，通往更有意义的问题的路径可能比你想象的要更为艰难……将某人视为亲密的朋友，这是我从工作中得到的重要启发。"

85. 艾普利强调："我们设计实验的目的是为了检验假设，而不是展示或证明任何事情。用实验来展示结果或证明某种信念，看上去更像是在做宣传。因此，我的意图是利用数据来检验我们的理论，即深入对话带来的积极效果超出人们的预期。"他还补充道，虽然情绪传染是让深度对话更有力的机制之一，但还存在其他可能更具影响力的因素，比如"相互的信任，这种信任会随着时间的推移而逐步建立。还有通过对话的内容来有意识地了解对方等。这些都是建立连接的要素。"

86. Kardas, Kumar, and Epley, "Overly Shallow？", 367.

87. Huang et al., "It Doesn't Hurt to Ask," 430; Nora Cate Schaeffer and Stanley Presser, "The Science of Asking Questions," *Annual Review of Sociology* 29, no. 1 (2003): 65-88; Norbert Schwarz et al., "The Psychology of Asking Questions," *International Handbook of Survey Methodology* (2012): 18-34; Edward L. Baker and Roderick Gilkey, "Asking Better Questions—A Core Leadership Skill," *Journal of Public Health Management and Practice* 26, no. 6 (2020): 632-33; Patti Williams, Gavan J. Fitzsimons, and Lauren G. Block, "When Con- sumers Do Not Recognize 'Benign' Intention Questions as Persuasion Attempts," *Journal of Consumer Research* 31, no. 3 (2004): 540-50; Richard E. Petty, John T. Cacioppo, and Martin Heesacker, "Effects of Rhetorical Questions on Persuasion: A Cognitive Response Analysis," *Journal of Personality and Social Psychology* 40, no. 3 (1981): 432.

88. "The Case for Asking Sensitive Questions," *Harvard Business Review*, November 24, 2020.

第 4 章　如何听到他人未言明的情感：《生活大爆炸》

89. 在一封回应事实核查的电子邮件中，普拉迪详细说明了情况："具体而言，尽管他在数学上很有天赋，例如能够不借助纸笔在大脑中将十进制转换为十六进制，但他无法理解'服务质量'这个概念。小费通常是根据'服务质量'来决定的，一般是消费总额的 15%~20%。然而，虽然他数学才能出众，却难以评估'服务质量'中的人为因素。事实上，我们曾建议他统一给出 17.5% 的小费，但他表示我们几乎不可能获得处于完全中间水平的服务，所以支付 17.5% 的小费在他看来不是在多付就是在少付。"

90. 在回应一项事实核查时，普拉迪解释道："不将剧中角色设计为计算机程序员有两个原因。首先，自从我踏足软件行业以来，这个行业的企业已经从车库创业的小公司发展为微软这样的大公司。我们不希望角色涉及商业活动。其次，编程的日常主要是盯着屏幕不停打字，这在电视上很难呈现，也很容易让观众感到乏味。"不过，普拉迪也一再强调，编程这个职业本身并不乏味，相反，他认为"编程是相当令人兴奋的"。

91. 我从下面这些资料中获得了《生活大爆炸》的背景知识，我非常感谢它们的作者提供的帮助。Jessica Radloff, *The Big Bang Theory: The Definitive, Inside Story of the Epic Hit Series* (New York: Grand Central Publishing, 2022); "There's a Science to CBS' Big Bang Theory," *USA Today*, April 11, 2007; "Why the Big Bang Theory Stars Took Surprising Pay Cuts," *Hollywood Reporter*, March 29, 2017; "TV Fact-Checker: Dropping Science on The Big Bang Theory," *Wired*, September 22, 2011; Dave Goetsch, "Collaboration—Lessons from The Big Bang Theory," True WELLth, podcast, June 4, 2019; "The Big Bang Theory: 'We Didn't Appreciate How Protective the Audience Would Feel About Our Guys,'" *Variety*, May 5, 2009; "Yes, It's a Big Bang," *Deseret Morning News*, September 22, 2007.

92. The Big Bang Theory, season 3, episode 1, "The Electric Can Opener Fluctuation," aired September 21, 2009.
93. Daniel Goleman, "Emotional Intelligence: Why It Can Matter More than IQ," *Learning* 24, no. 6 (1996): 49-50.
94. "The Big Bang Theory Creators Bill Prady and Chuck Lorre Discuss the Series—And the Pilot You Didn't See," *Entertainment Weekly*, September 23, 2022.
95. 普拉迪表示："我认为观众对谢尔顿和莱纳德充满了保护欲，他们认为其他角色，尤其是凯蒂，对他们构成了威胁。这一反应让我们感到意外。"
96. Judith A. Hall, Terrence G. Horgan, and Nora A. Murphy, "Nonverbal Communication," *Annual Review of Psychology* 70 (2019): 271-94; Albert Mehrabian, *Nonverbal Communication* (United Kingdom: Routledge, 2017); Robert G. Harper, Arthur N. Wiens, and Joseph D. Matarazzo, *Nonverbal Communication: The State of the Art* (New York: John Wiley and Sons, 1978); Starkey Duncan, Jr., "Nonverbal Communication," *Psychological Bulletin* 72, no. 2 (1969): 118; Michael Eaves and Dale G. Leathers, *Successful Nonverbal Communication: Principles and Applications* (United Kingdom: Routledge, 2017); Martin S. Remland, *Nonverbal Communication in Everyday Life* (Los Angeles: Sage, 2016); Jessica L. Tracy, Daniel Randles, and Conor M. Steckler, "The Nonverbal Communication of Emotions," *Current Opinion in Behavioral Sciences* 3 (2015): 25-30.
97. 在回答事实核查的问题时，美国东北大学的朱迪斯·霍尔教授指出，"忽略"非言语信号的过程非常复杂，"因为很多非言语的信号和泄露信息的举动实际上已经被我们的大脑无意识地捕捉到了。我们可能会选择性地忽视某些信息，尽管这些线索在非意识层面已经被识别。当然，有时我们也确实会完全错过一些线索"。
98. 我在2017年采访了特伦斯·麦圭尔医生。他于2022年去世，因此无法参与本章的事实核查工作。为了核实事实，我们已就本章涉及NASA和麦圭尔的部分与NASA进行了沟通确认。NASA证实了部分细节，但拒绝就候选人面试的具体情况发表评论。此外，我联系了麦圭尔的女儿贝瑟尼·塞克斯顿，她确认了本章的详细内容，包括麦圭尔在分析候选人时所使用的方法。我还与多位曾与麦圭尔合作的人员及参加NASA航天员筛选的人员进行了交流。同时，我还参考了以下资料："This Is How NASA Used to Hire Its Astronauts 20 Years Ago—And It Still Works Today," *Quartz*, August 27, 2015; "The History of the Process Communication

Model in Astronaut Selection," *SSCA*, December, 2000; T. F. McGuire, *Astronauts: Reflections on Current Selection Methodology, Astronaut Personality, and the Space Statio*n (Houston: NASA, 1987); Terence McGuire, "PCM Under Cover," Kahler Communications Oceania.

99. 苏联航天员执行过更长时间的太空任务。
100. "History and Timeline of the ISS," ISS National Laboratory.
101. McGuire, Astronauts.
102. Peter Salovey and John D. Mayer, "Emotional Intelligence," *Imagination, Cognition and Personality* 9, no. 3 (1990): 185-211.
103. "It's Not Rocket Science: The Importance of Psychology in Space Travel," *The Independent*, February 17, 2021.
104. 在执行此次任务之前，施艾拉曾表示他计划退休。在回应事实核查时，研究太空旅行的历史学家安德鲁·查金指出："一个基本的事实是，施艾拉在执行任务期间坚持认为作为任务指挥官的自己，而非地面任务控制中心，拥有最终的指挥权。"
105. Robert R. Provine, *Laughter: A Scientific Investigatio*n (New York: Penguin, 2001); Chiara Mazzocconi, Ye Tian, and Jonathan Ginzburg, "What's Your Laughter Doing There? A Taxonomy of the Pragmatic Functions of Laughter," *IEEE Transactions on Affective Computing* 13, no. 3 (2020): 1302-21; Robert R. Provine, "Laughing, Tickling, and the Evolution of Speech and Self," *Current Directions in Psychological Science* 13, no. 6 (2004): 215-18; Christopher Oveis et al., "Laughter Conveys Status," *Journal of Experimental Social Psychology* 65 (2016): 109-15; Michael J.Owren and Jo-Anne Bachorowski, "Reconsidering the Evolution of Nonlinguistic Communication: The Case of Laughter," *Journal of Nonverbal Behavior* 27 (2003): 183-200; Jo-Anne Bachorowski and Michael J. Owren, "Not All Laughs Are Alike: Voiced but Not Unvoiced Laughter Readily Elicits Positive Affect," *Psychological Science* 12, no. 3 (2001): 252-57; Robert R. Provine and Kenneth R. Fischer, "Laughing, Smiling, and Talking: Relation to Sleeping and Social Context in Humans," *Ethology* 83, no. 4 (1989): 295-305.
106. Robert R. Provine, "Laughter: A Scientific Investigation", *American Scientist* 84, no. 1 (1996): 38-45.
107. Ibid.
108. Gregory A. Bryant, "Evolution, Structure, and Functions of Human Laughter," in The *Handbook of Communication Science and Biology* (United Kingdom: Routledge, 2020), 63-77. 布莱恩特在回应有关事实核查的询问时表示："聆听者能够区分朋友间的笑声和陌生人间的笑声……我认为合理的推断是，人们在一定程度上是在感知彼此的一致性。从技术层面来说，聆听者的任务仅仅是区分朋友和陌生人。我们普遍认为，朋友在交谈中更加兴奋，这会反映在他们更自然的笑声中。相比之下，陌生人之间的笑声通常是低兴奋度且更有意识的。聆听者对这些差异非常敏感。人们实际上是在寻找建立联系的连接点，我很喜欢这个观点。"
109. 尽管"情绪"和"能量"这两个词在词典中的定义符合这个语境，但是它们在心理学领域应用时的定义与其常规含义并不完全相同。美国东北大学的心理学教授丽莎·费尔德曼·巴雷特解释说："从心理学角度看，'情绪'通常被定义为一个包含效价和唤醒的复合状态，并非仅仅指效价。我们在描述意识属性时，不管个体有没有显露出明显的情绪反应，我们通常都会使用'情感'这个术语。我们会把'情感'当作'情绪'的同义词。有时，研究者用'情绪'来描述与外部事件不直接相关的短暂的情感体验，但我认为这种定义并不十分准确，因为大脑始终在处理来自内部的感觉信息，这些内部感觉与外部感官数据结合，共同构成了我们的情感体验。"若要深入了解这些概念，请参阅相关文献。James A. Russell, "A Circumplex Model of Affect," *Journal of Personality and Social Psychology* 39, no. 6 (1980): 1161; James A. Russell and Lisa Feldman Barrett, "Core Affect, Prototypical Emotional Episodes, and Other Things Called Emotion: Dissecting the Elephant," *Journal of Personality and Social Psychology* 76, no. 5 (1999): 805; Elizabeth A. Kensinger, "Remembering Emotional Experiences: The Contribution of Valence and Arousal," *Reviews in the Neurosciences* 15, no. 4 (2004): 241-52; Elizabeth A. Kensinger and Suzanne Corkin, "Two Routes to Emotional Memory: Distinct Neural Processes for Valence and Arousal," *Proceedings of the National Academy of Sciences* 101, no. 9 (2004): 3310-15.

110. 在心理学领域，虽然一些心理学家在这种情境下会使用"正面的"或"负面的"这样的词汇，但巴雷特教授认为："'愉悦-不愉悦'是更恰当的表述方式……'正面的'或'负面的'这样的词汇可能既是描述性的（例如我感觉很好），也可以是评价性的（例如我觉得这样是好的）……因此，这其实是在指'愉悦'或'不愉悦'。"

111. Dacher Keltner et al., "Emotional Expression: Advances in Basic Emotion Theory," *Journal of Nonverbal Behavior* 43 (2019): 133-60; Alan S. Cowen et al., "Mapping 24 Emotions Conveyed by Brief Human Vocalization," *American Psychologist* 74, no. 6 (2019): 698; Emiliana R. Simon-Thomas et al., "The Voice Conveys Specific Emotions: Evidence from Vocal Burst Displays," *Emotion* 9, no. 6 (2009): 838; Ursula Hess and Agneta Fischer, "Emotional Mim- icry as Social Regulation," *Personality and Social Psychology Review* 17, no. 2 (2013): 142-57; Jean-Julien Aucouturier et al., "Covert Digital Manipulation of Vocal Emotion Alter Speakers' Emotional States in a Congruent Direction," *Proceedings of the National Academy of Sciences* 113, no. 4 (2016): 948-53.

112. 巴雷特解释说，如果对方需要的是实质性的支持，那么仅仅响应对方的情绪可能会适得其反，他说："我很早之前接受过疗愈师的训练。一个有效的沟通者会判断对方是需要同情还是实质性的支持。如果对方需要同情，那么你应当回应他们的感受。如果他们需要的是实质性的支持，那么你应该帮助对方应对当前的情况……比如，如果我试图安抚我的女儿，而她实际上需要的是情感上的回应，那效果肯定不佳；同样，如果我给予情感上的回应，而她需要的是实质性的帮助，那可能会让情况更糟……所以，一个良好的沟通者会努力弄清楚，对方是需要同情还是实质性的支持……用我们的术语来说，就是'配合'和'引导'。在做疗愈师时，我会先与对方同步，比如调整到相同的呼吸节奏，然后放慢呼吸，对方也会跟着放慢呼吸。因此，第一步是同步，接着我会控制自己发送的信号，他们也会跟着控制他们的。"

113. 值得注意的是，麦圭尔的方法受到了他对"过程沟通模型"兴趣的影响。这个模型试图通过分析个人的沟通方式来判定他们的性格类型。麦圭尔的女儿贝瑟尼·塞克斯顿在回应事实核查时指出，麦圭尔不仅在航天员评估中应用了这种方法，而且在数十年的职业生涯中他一直在使用这种方法。"此外，他与同事塔比·卡勒博士建立了密切的合作关系。卡勒博士当时正在研究交易分析理论，并发展了一套被称为'过程沟通'的心理行为模型。当麦圭尔了解到卡勒博士的研究后，他们很快成了好友。麦圭尔在对航天员的分析中采用了卡勒的模型……麦圭尔认为这个模型非常有效，能够让他仅凭候选人的用词、举止和表达方式在几分钟内就对航天员做出评估。"同时，还应当指出的是，麦圭尔在面试候选人时使用的一些方法并不完全符合他的个人生活经历，例如他实际上并没有姐妹。

114. "90-006: 1990 Astronaut Candidates Selected," NASA News; "Astronaut's Right Stuff Is Different Now," Associated Press, October 13, 1991.
115. Radloff, *Big Bang Theory*.
116. 为了让内容更简洁、恰当，一些对话已被删减。
117. Radloff, *Big Bang Theory*.
118. "Emmy Watch: Critics' Picks," Associated Press, June 22, 2009.

第 5 章　在冲突中建立连接：同反对者谈论枪支

119. 杰夫科特告诉我，封锁是由校园附近而非校园内发生的一场冲突引起的。
120. 当年早些时候，在科罗拉多州奥罗拉市，一名枪手在一家电影院开枪，造成 12 人死亡。
121. 杰夫科特更倾向于使用"枪支安全"这一表述，而非"枪支管控"。
122. 如果你感兴趣的话，《迷失》最后一季实际上非常出色。
123. Charles Duhigg, "The Real Roots of American Rage," *The Atlantic*, January/February 2019; "Political Polarization," Pew Research Center, 2014.
124. "Political Polarization and Media Habits," Pew Research Center, October 21, 2014.
125. Jeff Hayes, "Workplace Conflict and How Businesses Can Harness It to Thrive," CPP Global Human Capital Report, 2008.
126. 这句话通常被认为出自甘地。然而，与许多经常被引用的名言一样，它的确切来源并不明确。
127. 该项目的组织者包括 Spaceship Media、Advance Local、亚拉巴马媒体集团（Alabama Media Group）、Essential Partners 以及多家媒体的记者。
128. 在回应事实核查的询问时，Essential Partners 的约翰·萨鲁夫写道："我认为当前的问题是，我们是否能够在为期两天的对话体验和技能培训中足够深入地引导参与者，让他们在面对面的线下讨论结束后，继续在线上进行为期一个月的交流，并保持那种在面对面交流中形成的开放和融洽的沟通方式。"
129. "The Vast Majority of Americans Support Universal Background Checks. Why Doesn't Congress?", Harvard Kennedy School, 2016.
130. "Polling Is Clear: Americans Want Gun Control," Vox, June 1, 2022.
131. 萨鲁夫明确表示，他认为"人与人之间存在信任缺失，而且……我们用来讨论这一问题的语言反而加深了人们之间的分歧"。他希望能够展示出,"结构化且有目的的沟通可修复信任,在相互理解的基础上帮人们建立关系,并培养应对两极化问题所需要的坚韧性,从而促进集体行动"。
132. 赫恩是我非常喜欢的一本有关沟通的书《困难对话》[*Difficult Conversations: How to Discuss What Matters Most* (New York: Penguin, 2010)]的合著者。
133. 赫恩深入分析了这个问题,她指出:"更深层的问题在于人际关系,这种问题是由我们相互对待彼此的方式引发的。虽然情感确实参与其中,但情感更多的是表象,而非问题的核心……但更深层的问题在于我们对于对方对待我们的方式有何感受。这种感受会引发我们的挫败感、孤独感或让我们感觉被误解、被忽视……我觉得,对于那些会说出'你不应该有情绪'这样的话的人来说,他们并没有意识到问题及其潜在的解决方案实际上就在于你如何对待他人。"
134. 赫恩补充说,在冲突中,除了是否承认自己的情绪,人们表达情绪的方式也存在问题。"也许双方都表示自己很生气,并互相指责。他们未能达到一个阶段,即停下来说,'好的,我现在会倾听并试图理解你为什么这么生气'。"
135. 萨鲁夫描述自己的目标时说:"我希望创造一个空间,在这个空间中,人们可以进行深度倾听,表现出自己的好奇心、理解他人与被他人理解的愿望,并体验一种不同的对话方式。同时,我们也会在这个空间中教授参与者一些沟通技巧。"他还强调,在活动正式开始之前,这些目标均已明确向参与者说明。
136. Dotan R. Castro et al., "Mere Listening Effect on Creativity and the Mediating Role of Psychological Safety," *Psychology of Aesthetics, Creativity, and the Arts* 12, no. 4 (2018): 489.
137. 萨鲁夫解释说:"虽然情感是对话的一部分,但我的目标是引导参与者谈论背后的原因。我想听他们的故事,了解那些支撑他们信仰的价值观。我希望他们能够探讨自己观点的复杂性。情感只是人们在讨论这些问题时自然表现出来的一部分。我不希望任何人展示他们不愿意展示的情感。我希望,他们能亲自讲述自己的故事,而不是让别人代替他们讲述,这正是我们在冲突中常见的情况。每个人都对别人有某种看法,但这些看法通常并不准确。这是一个重新讲述自己故事的机会。"
138. 我首次接触"理解循环"这个概念是在阅读记者阿曼达·里普利撰写的精彩著作《高度冲突》时。在华盛顿特区的一个交流会上,组织者使用了一个不同的术语,即"全频倾听"(full spectrum listening)来描述这种沟通技巧。萨鲁夫解释说,他之所以将这种方法称为"全频倾听",是因为它通常应用于"四人参与的训练中……一人讲述故事,其他三个人倾听。第一个倾听者专注于倾听故事内容,即发生的事情。第二个倾听者主要倾听讲述者表达的价值观,即他最在乎的是什么……第三个倾听者则倾听讲述者流露的情感……而后,这三个人回述他们听到的内容,这不仅是为了验证他们听到的内容是否准确(虽然不会完全准确),更是为了通过他们的倾听帮助讲述者了解自己。在这个过程中,讲述者可能会发现一些自己未曾意识到的真相,因为倾听者会从不同的角度深入理解讲述者的故事,可能会对故事有一些全新的解读……如果你能学会在倾听时捕捉到人们表达的多层次信息,那么你实际上不仅能了解对方生活中发生了什么,还能感知到对他们来说重要的人和事,他们的情感历程,他们投身的事业和面临的困境。"
139. G. Itzchakov, H. T. Reis, and N. Weinstein, "How to Foster Perceived Partner

Responsiveness: High-Quality Listening Is Key," *Social and Personality Psychology Compass* 16, no. 1 (2021); Brant R. Burleson, "What Counts as Effective Emotional Support," *Studies in Applied Interpersonal Communication* (2008): 207-27.

140. 该论文的研究者们关注对话的接受度，类似理解循环这样的技巧是他们研究方法的一部分，但并非全部。论文中的完整引述如下："通过分析冲突管理如何深刻影响生产力，并在实际场景中收集数据，我们发现，对话初期所展现的接受度能有效防止对话末尾的冲突升级。具体来说，那些在撰写条目时表现出更高包容性的维基百科编辑，在面对持不同观点的编辑时，对他们进行人身攻击的可能性更小。"Michael Yeomans et al., "Conversational Receptiveness: Improving Engagement with Opposing Views," *Organizational Behavior and Human Decision Processes* 160 (2020): 131-48.

141. 赫恩写道，"我认为理解循环（或熟练的积极倾听）实际上有三个目的。第一，帮助讲述者更好地了解自己。在复杂的冲突中，我可能向你阐述我的观点，但当你回顾并总结给我听时，我通常会想：'对，但实际情况更复杂……还涉及……'因此，作为讲述者，我的听众帮助我澄清了为什么这一点对我如此重要，以及我关注的是什么，我的感受是怎样的。第二，帮助倾听者更全面、更深入地理解对方。我有时会问双方：'你认为对方没有理解到你观点的哪一部分？'一旦解释清楚，倾听者往往会说：'哦，天哪，我之前确实没有完全理解这一点。'第三，让讲述者知道倾听者有更全面的理解——这也向讲述者表明，倾听者非常关心这个问题及相关的人际关系，并愿意努力去理解对方最看重的事情。这就是理解循环的工作原理，这也是为什么当它被真诚地实施并得到回应时，能够戏剧性地改变互动的状态。"

142. 萨鲁夫写道："这里描述的是在对话体验中使用的三个主要问题中的第一个。第一个问题是：你能讲述一个影响了你对枪支的观点或信念的人生经历吗？第二个问题是：当你思考枪支在美国的作用时，你认为最核心的问题是什么？第三个问题是：在这个问题上，你有哪些复杂的感受？（你会感到自己被拉向不同的方向吗？）在思考这个问题时，你发现自己的哪些价值观与其他价值观存在冲突？我们让参与者围成一圈依次回答这些问题，然后开启对话，鼓励他们基于真正的好奇心向他人提问。这种出于真正好奇心的提问旨在加深理解，激发更多的好奇心，引入更多的细节和复杂性，而不仅仅是为了得到明确的答案。"

143. "How and Why Do American Couples Argue?", YouGov America, June 1, 2022.

144. 在回应有关事实核查的问题时，本杰明·卡尼表示："我们在实验室中观察到，婚姻冲突与同期的婚姻满意度、婚姻满意度的变化及离婚之间确实存在着显著但并不强烈的关联。这表明，平均而言，经历较多冲突的夫妻更可能面临较差的婚姻结果，但也存在许多经常争吵却能长期维持良好关系的夫妻。为何会这样呢？因为夫妻冲突的质量并不是影响他们对关系感受的唯一因素。它只是众多影响因素中的一个，包括个性特征、家庭背景、外部压力、经济状况等，这些因素共同作用影响着婚姻的成败。"

145. 尽管通常夫妻争论的主题具有一定的普遍性，但研究显示，贫困夫妻会更频繁地争论与经济压力相关的问题，而那些面临特定挑战（如健康或成瘾问题）的夫妻则会更多地围绕着这些具体的问题发生争执。卡尼特别指出："大部分早期的研究都集中在相对富裕的白人夫妻身上。当我们将研究范围扩展至低收入社区的夫妻时，我们对冲突的理解变得更加深入。我们发现，夫妻处理冲突的方式极大地受到他们无法控制的因素的影响。夫妻通常无法选择引发争论的原因或冲突的严重程度。能选择冲突的时机并有时间去处理冲突本身就是一种特权。我们还发现，教导夫妻更好地处理冲突非常困难，并且即使能够改善他们处理冲突的方式，也不总能改善夫妻的关系，尤其是当这些关系还面临着其他未被干预触及的挑战时。整合行为夫妻治疗（Integrative Behavioral Couples Therapy）的价值不仅在于教授人们自我控制的技能，更在于鼓励人们接受伴侣作为一个有着各自历史和局限的完整个体。"

146. 卡尼在其著作中指出："根据我对相关文献的理解，幸福与不幸福的夫妻在处理分歧时的行为表现有着明显的不同。一方面，不幸福的夫妻在互动中会展现出更多的负面行为。另一方面，一些采用'谈话桌'（talk table）方法（这种方法区分了伴侣行为的意图和影响）的研究显示，无论是幸福还是不幸福的夫妻，在行为意图上都没有显著差别，但在行为的实际影响上则存在很大的不同。换句话说，在关系和谐的夫妻中，行为的意图与其结果通常是一致的；而在关系紧张的夫妻中，意图并不总是能够和结果保持一致。"

147. 需要指出的是，控制只是影响夫妻冲突的众多因素之一。卡尼在著作中写道："在夫妻的冲突中，情况复杂，争夺控制权只是其中一部分……当夫妻之间出现分歧时，通常并不只有一件事情在起作用……冲突通常源于每个伴侣对不同事物的需求，所以每当有冲突发生时，每个伴侣都会尝试让对方做出改变或妥协。你可以称之为控制，也可以把这当作是试图得到自己想要的东西。"

148. 这些访谈记录提供给我的前提条件是，不通透露参与者的身份及其他可能泄露其身份的细节，包括对话地点等信息。

149. 斯坦利写道："如果我能让一对夫妻稍有规划，放慢交流的节奏，比如在轮流发言和倾听时表现得更为沉着，避免恶语相向，那么他们会很快平静下来，展开良好的交流。这样，夫妻之间就能实现更和谐的互动。"

150. 本章节引用的脸书讨论内容，既包括这个小组专门设立的私密群组页面上的帖子，也包括参与者直接与我分享的信息。

151. 萨鲁夫指出："我们在设计上的一个缺陷是，引入了比原来多出 6 倍的人数，而这些新增人员并没有真正接受过我们的培训或指导……我认为，当这些没有经验的人加入时，情况变得更加复杂了。接受过我们培训的人员确实使用了他们的技能来帮助他人，但效果并未达到预期。"

152. "Dialogue Journalism: The Method," Spaceship Media; "Dialogue Journalism Toolkit," Spaceship Media.

153. 萨鲁夫提到，主持人还致力于"重申参与这个活动的目的，这对我们至关重要。我们经常提醒人们，活动的核心目的是理解对方，从彼此身上学习，而不是努力去说服对方。这是我们工作的关键要素，因此我们会通过适时的介入来强调这一点。我们还会重申一些之前设定的沟通原则，这些原则也是为了帮助人们实现他们的目标。此外，我们会介绍一些技巧，例如如何通过倾听来理解他人，如何表达自己以便被他人理解，以及如何提出真正出于好奇的问题。我们需要记住，提出的问题应该基于真正的好奇心，不应为了嘲讽对方而提问，也不应为了表达自己的看法而反问对方"。

154. 如本章所述，除了对控制权的争夺之外，还有多种因素影响线上对话的效果。萨鲁夫在回应事实核查时提到，这些因素包括边缘化某些参与者，参与者有时没有遵守小组达成的沟通协议，以及其他阻碍开放和多样化对话的模式。他写道："我们的目标是创建一个每个人都有平等发言机会的环境，鼓励人们针对话题进行发言，并帮助倾听者保持专注。"
155. 赫恩补充说，这个过程可能会持续很长时间，因为"我们自己的观点可能会随着时间的推移发生变化。当我们开始融入对方的视角时，我们也会对自己的观点进行相应地调整"。
156. 这里对这位成员的发言进行了编辑、删减，原文如下："我开始对这个小组失去兴趣。似乎已经没有什么值得讨论的了。似乎没有人愿意改变自己的想法。你要么支持基本的人权，保护自己、家人、社区和国家的权利，要么支持否认这一基本权利，主张将武器和暴力的控制权交给政治精英及其追随者。我知道我在这个问题上的立场已经非常坚定，你的立场可能也是如此。这是可以接受的。我赞赏这里的文明讨论，但我想，最终我们还是会在投票箱前见分晓。"
157. 这些引述源自 Essential Partners 进行的多项民意调查。
158. 萨鲁夫写道："我认为需要明确的是，关键不在于个人是否能超越自我，而在于培养一种趋势和习惯，让人们更愿意开放地倾听并提出真诚的问题……我相信，我们已经拥有了工具和体系来帮助人们讨论极其困难的话题……我们发现，人们在接受了一些基本培训，有意识地提升线上讨论的质量，遵循有效的沟通协议，并有优秀的主持人、能做出公正的报道的支持型记者，以及像梅兰妮和乔恩这样真正投入的人在场时，就能进行更高质量的对话。"

运用指南 III　线上线下的情感对话

159. Tim Althoff, Cristian Danescu-Niculescu-Mizil, and Dan Jurafsky, "How to Ask for a Favor: A Case Study on the Success of Altruistic Requests," *Proceedings of the International AAAI Conference on Web and Social Media* 8, no. 1 (2014): 12-21; Cristian Danescu-Niculescu-Mizil et al., "How Opinions Are Received by Online Communities: A Case Study on Amazon.com Helpfulness Votes," Proceedings of the 18th International Conference on World Wide Web, April 2009, 141-50; Justine Zhang et al., "Conversations Gone Awry: Detecting Early Signs of Conversational Failure," *Proceedings of the 56th Annual Meeting of the Association for Computational Linguistics* 1 (July 2018): 1350-61.
160. Zhang et al., "Conversations Gone Awry"; Justin Cheng, Cristian Danescu-Niculescu-Mizil, and Jure Leskovec, "Antisocial Behavior in Online Discussion Communities," *Proceedings of the International AAAI Conference on Web and Social Media* 9, no. 1 (2015): 61-70; Justin Cheng, Cristian Danescu-Niculescu-Mizil, and Jure Leskovec, "How Community Feedback Shapes User Behavior," *Proceedings of the International AAAI Conference on Web and Social Media* 8, no. 1 (2014): 41-50.

第 6 章 我们的社会身份塑造了我们的世界：说服反疫苗者接种疫苗

161. Dewesh Kumar et al., "Understanding the Phases of Vaccine Hesitancy During the COVID-19 Pandemic," *Israel Journal of Health Policy Research* 11, no. 1 (2022): 1-5; Robert M. Jacobson, Jennifer L. St. Sauver, and Lila J. Finney Rutten, "Vaccine Hesitancy," *Mayo Clinic Proceedings* 90, no. 11 (2015): 1562-68. Charles Shey Wiysonge et al., "Vaccine Hesitancy in the Era of COVID-19: Could Lessons from the Past Help in Divining the Future?" *Human Vaccines and Immunotherapeutics* 18, no. 1 (2022): 1-3; Pru Hobson-West, "Understanding Vaccination Resistance: Moving Beyond Risk," *Health, Risk and Society* 5, no. 3 (2003): 273-83; Jacquelyn H. Flaskerud, "Vaccine Hesitancy and Intransigence," *Issues in Mental Health Nursing* 42, no. 12 (2021): 1147-50; Daniel L. Rosenfeld and A. Janet Tomiyama, "Jab My Arm, Not My Morality: Perceived Moral Reproach as a Barrier to COVID-19 Vaccine Uptake," *Social Science and Medicine* 294 (2022): 114699.

162. 在讨论作为一个统一的概念的社会身份时，我们有时会忽略不同身份可能产生的不同影响。例如，对某些人来说，种族对其生活的影响可能比性别更大。因此，我们需要认识到，"社会身份"虽然是一个有用的术语，但它本身可能不足以涵盖所有的层面。此外，交叉性的概念，或者说种族、阶级、性别等社会分类在特定个体或群体上的相互作用，形成了重叠且相互依存的歧视系统，是理解社会身份的重要组成部分。在理解这些复杂概念的过程中，我特别感谢卡利·D. 赛勒斯医学博士的贡献。作为美国精神病学和神经学委员会认证的精神科医生及约翰·霍普金斯医学院的助理教授，她审阅了这些章节，并提出了宝贵的建议，使内容更加全面、有力。

163. Joshua L. Miller and Ann Marie Garran, *Racism in the United States: Implications for the Helping Professions* (New York: Springer Publishing, 2017).

164. Michael Kalin and Nicholas Sambanis, "How to Think About Social Identity," *Annual Review of Political Science* 21 (2018): 239-57; Russell Spears, "Social Influence and Group Identity," *Annual Review of Psychology* 72 (2021): 367-90.

165. Jim A. C. Everett, Nadira S. Faber, and Molly Crockett, "Preferences and Beliefs in Ingroup Favoritism," *Frontiers in Behavioral Neuroscience* 9 (2015): 15; Matthew D. Lieberman, "Birds of a Feather Synchronize Together," *Trends in Cognitive Sciences* 22, no. 5 (2018): 371-72; Mina Cikara and Jay J. Van Bavel, "The Neuroscience of Intergroup Relations: An Integrative Review," *Perspectives on Psychological Science* 9, no. 3 (2014): 245-74; Thomas Mussweiler and Galen V. Bodenhausen, "I Know You Are, but What Am I? Self-Evaluative Consequences of Judging In-Group and Out-Group Members," *Journal of Personality and Social Psychology* 82, no. 1 (2002): 19.

166. Muzafer Sherif, University of Oklahoma, and Institute of Group Relations, Intergroup Conflict and Cooperation: *The Robbers Cave Experiment*, vol. 10

(Norman, Okla.: University Book Exchange, 1961).

167. Jellie Sierksma, Mandy Spaltman, and Tessa A. M. Lansu, "Children Tell More Prosocial Lies in Favor of In-Group Than Out-Group Peers," *Developmental Psychology* 55, no. 7 (2019): 1428; Sima Jannati et al., "In-Group Bias in Financial Markets" (2023), available at https:// ssrn.com/abstract=2884218; David M. Bersoff, "Why Good People Sometimes Do Bad Things: Motivated Reasoning and Unethical Behavior," *Personality and Social Psychology Bulletin* 25, no. 1 (1999): 28-39; Alexis C. Carpenter and Anne C. Krendl, "Are Eyewitness Accounts Biased? Evaluating False Memories for Crimes Involving In-Group or Out-Group Conflict," *Social Neuroscience* 13, no. 1 (2018): 74-93; Torun Lindholm and Sven-Åke Christianson, "Intergroup Biases and Eye-witness Testimony," *The Journal of Social Psychology* 138, no. 6 (1998): 710-23.

168. 值得强调的是，交叉性（一个人如何被多种超越传统二元对立的身份所影响，以及这些交叉身份如何增加个人面临的歧视和劣势）是深入理解社会身份力量的关键要素。欲了解更多关于这一主题的信息，请参阅以下相关研究和作品：Kimberlé Williams Crenshaw, Patricia Hill Collins, Sirma Bilge, Arica L. Coleman, Lisa Bowleg, Nira Yuval-Davis, Devon Carbado, and other scholars. 我特别推荐以下我觉得有帮助的作品：Sumi Cho, Kimberlé Williams Crenshaw, and Leslie McCall, "Toward a Field of Intersectionality Studies: Theory, Applications, and Praxis," *Signs: Journal of Women in Culture and Society* 38, no. 4 (2013): 785-810; Ange-Marie Hancock, *Intersectionality: An Intellectual History* (New York: Oxford University Press, 2016); Edna A. Viruell-Fuentes, Patricia Y. Miranda, and Sawsan Abdulrahim, "More Than Culture: Structural Racism, Intersectionality Theory, and Immigrant Health," *Social Science and Medicine* 75, no. 12 (2012): 2099-106; Devon W. Carbado et al., "Intersectionality: Mapping the Movements of a Theory," *Du Bois Review: Social Science Research on Race* 10, no. 2 (2013): 303-12.

169. Saul Mcleod, "Social Identity Theory: Definition, History, Examples, and Facts," *Simply Psychology*, April 14, 2023.

170. Matthew D. Lieberman, "Social Cognitive Neuroscience: A Review of Core Processes," *Annual Review of Psychology* 58 (2007): 259-89; Carolyn Parkinson and Thalia Wheatley, "The Repurposed Social Brain," *Trends in Cognitive Sciences* 19, no. 3 (2015): 133-41; William Hirst and Gerald Echterhoff, "Remembering in Conversations: The Social Sharing and Reshaping of Memories," *Annual Review of Psychology* 63 (2012): 55-79; Katherine D. Kinzler, "Language as a Social Cue," *Annual Review of Psychology* 72 (2021): 241-64; Gregory M. Walton et al., "Mere Belonging: the Power of Social Connections," *Journal of Personality and Social Psychology* 102, no. 3 (2012): 513.

171. 值得注意的是，社会赋予某些身份的权力，有时被称为特权，可能会极大地影响人们的生活。欲了解有关这个话题的更多信息，请参阅：Allan G. Johnson,

Privilege, Power, and Difference (Boston: McGraw-Hill, 2006); Devon W. Carbado, "Privilege," in *Everyday Women's and Gender Studies* by Ann Braithwaite and Catherine Orr (New York: Routledge, 2016), 141-46; Linda L. Black and David Stone, "Expanding the Definition of Privilege: the Concept of Social Privilege," *Journal of Multicultural Counseling and Development* 33, no. 4 (2005): 243-55; and Kim Case, *Deconstructing Privilege* (New York: Routledge, 2013)。

172. Matt Motta et al., "Identifying the Prevalence, Correlates, and Policy Consequences of Anti-Vaccine Social Identity," *Politics, Groups, and Identities* (2021): 1-15.
173. "CDC Museum COVID-19 Timeline," Centers for Disease Control and Prevention, https://www.cdc.gov/museum/timeline/covid19.html.
174. James E. K. Hildreth and Donald J. Alcendor, "Targeting COVID-19 Vaccine Hesitancy in Minority Populations in the US: Implications for Herd Immunity," *Vaccines* 9, no. 5 (2021): 489; Lea Skak Filtenborg Frederiksen et al., "The Long Road Toward COVID-19 Herd Immunity: Vaccine Platform Technologies and Mass Immunization Strategies," *Frontiers in Immunology* 11 (2020): 1817.
175. Claude M. Steele, *Whistling Vivaldi: How Stereotypes Affect Us and What We Can Do* (New York: W. W. Norton, 2011).
176. Ibid.
177. 在回应一封关于事实核查的电子邮件时，斯蒂尔解释道，他最终确定这种差异并非源于内隐偏见，原因如下："（1）在我们的实验室研究中，参与者独自在实验室的房间内参加考试，这种情况下不存在内隐偏见的可能性，但我们依然观察到了表现不佳的情况；（2）当我们消除了刻板印象的威胁，正如我们在这些实验的关键条件中所做的那样，表现不佳现象也就完全消失了。这清楚地说明，至少在这些实验中，唯一可能导致表现不佳的因素是刻板印象的威胁。一旦消除了这种威胁，所有的表现不佳也随之消失。"
178. 斯蒂尔写道："他们并不太担忧自己的实际能力，而是担心自己将如何被评判和看待，以及这对他们的未来意味着什么。"
179. Steven J. Spencer, Claude M. Steele, and Diane M. Quinn, "Stereotype Threat and Women's Math Performance," *Journal of Experimental Social Psychology* 35, no. 1 (1999): 4-28
180. 斯蒂尔写道："我们现在明白，她们表现不佳并不是因为不堪重负，而是因为她们努力过度，在执行多项任务，非常努力地想要做好，同时还不断监控自己的表现，担心这些因素将如何影响她们的成绩和与这些成绩相关的结果。"
181. Claude M. Steele and Joshua Aronson, "Stereotype Threat and the Intellectual Test Performance of African Americans," *Journal of Personality and Social Psychology* 69, no. 5 (1995): 797.
182. 在回答一项事实核查的询问时，这项研究的合著者阿伦森指出："当黑人学生不知道自己在接受能力评估时，他们的表现通常会更好，而这一点对白人学生来说似乎并不明显，可能是因为他们不受相关刻板印象的影响。"阿伦森还提醒说，不应简单地比较黑人和白人考生的成绩，而应重点强调，"黑人学生更容易受刻板印象情境的影响，特别是当他们以某种方式被提醒有刻板印象的存在，或者他们认为考试是在评估他们的能力时，他们的表现往往就会下降"。

183. Charlotte R. Pennington et al., "Twenty Years of Stereotype Threat Research: A Review of Psychological Mediators," *PLOS One* 11, no. 1 (2016): e0146487. 如今，斯蒂尔是斯坦福大学社会科学系露西·斯特恩斯名誉教授。此前，他曾在哥伦比亚大学和加州大学伯克利分校担任教务长。
184. 斯蒂尔写道："并不是女性或黑人认为他们被其他人归入了自己所在的群体中。就像男性或白人一样，他们只是知道那是他们的群体。他们没有假设有偏见的人会把他们归入这个群体。他们只是知道，在更广泛的社会中存在着对他们群体的刻板印象。仅仅这一点就足以让他们感受到威胁，担心在某些特定情境下或在经历与刻板印象相符的事情时，人们会依照那些刻板印象来评判或对待他们。"
185. 已有大量研究探讨了如何对抗刻板印象威胁，提出并测试了多种解决方案。欲了解更多细节，我推荐阅读克劳德·斯蒂尔撰写的《韦瓦第效应》的第九章。
186. Dana M. Gresky, "Effects of Salient Multiple Identities on Women's Performance Under Mathematics Stereotype Threat," *Sex Roles* 53 (2005).
187. Salma Mousa, "Building Social Cohesion Between Christians and Muslims Through Soccer in Post-ISIS Iraq," *Science* 369, no. 6505 (2020): 866-70.
188. Richard Hall, "Iraqi Christians Are Slowly Returning to Their Homes, Wary of Their Neighbors," Public Radio International (2017).
189. For Persecuted Christian Women, Violence Is Compounded by 'Shaming,'" World Watch Monitor, March 8, 2019.
190. 在回复一封事实核查的电子邮件时，穆萨澄清说，尽管确实有3名额外球员是穆斯林，但在会议上，大家只是被告知"为了确保所有社区成员都能参与联赛，我们将随机向各参赛队伍增补球员，这些球员有可能是也有可能不是基督徒"。然而，与会者意识到这很可能意味着额外的球员会是穆斯林。
191. 穆萨在进行这项工作时得到了卡拉科什的社区领导和研究经理拉比·扎卡里亚的帮助。穆萨当时是一名在读博士生，如今已是耶鲁大学政治学的助理教授。
192. Thomas F. Pettigrew and Linda R. Tropp, "Allport's Inter- group Contact Hypothesis: Its History and Influence," in *On the Nature of Prejudice: Fifty Years After Allport* by John F. Dovidio, Peter Samuel Glick, and Laurie A. Rudman (Malden, Mass.: Blackwell, 2005): 262-77; Marilynn B. Brewer and N. Miller, "Beyond the Contact Hypothesis: Theoretical," in *Groups in Contact: The Psychology of Desegregation* (Orlando, Fla.: Academic Press, 1984): 281; Yehuda Amir, "Contact Hypothesis in Ethnic Relations," *Psychological Bulletin* 71, no. 5 (1969): 319; Elizabeth Levy Paluck, Seth A. Green, and Donald P. Green, "The Contact Hypothesis Re-Evaluated," *Behavioural Public Policy* 3, no.2 (2019): 129-58.
193. "Building Social Cohesion," 866-70.
194. Salma Mousa, "Contact, Conflict, and Social Cohesion" (diss., Stanford

University, 2020).
195. 穆萨补充了一个有助于确保双方地位平等的背景：无论是穆斯林还是基督徒，所有球队成员都受到了 ISIS 武装分子的影响。她指出："研究中的穆斯林成员主要来自沙巴克什叶派社区，而这个社区的人被 ISIS 视为异教徒……因此，这不是简单的'加害者与受害者'的关系，而是一种对逐渐迁移到这座城市，在人们的刻板印象中教育程度较低、更贫穷、更保守的穆斯林的深度不信任和偏见。这两个群体共有的流离失所的经历并未使他们团结一致。ISIS 的袭击和占领强化了不同团体之间的身份认同差异、彼此的不信任，让彼此进一步隔离开来。"
196. "COVID-19 Weekly Epidemiological Update," World Health Organization, February 23, 2021.
197. 在回应有关事实核查的询问时，罗森布鲁姆表示："Boost Oregon 的目标不是说服人们接种疫苗，而是帮助他们获取充分的信息，从而做出明智的选择。的确，我们教育公众理解疫苗的好处和安全性，但……我们需要做的是不带有任何目的地解答他们的疑问。否则，我们的工作还未开始就注定会失败。"
198. Jennifer Hettema, Julie Steele, and William R. Miller, "Motivational Interviewing," *Annual Review of Clinical Psychology* 1 (2005): 91-111; William R. Miller and Gary S. Rose, "Toward a Theory of Motivational Interviewing," *American Psychologist* 64, no. 6 (2009): 527; William R. Miller, "Motivational Interviewing: Research, Practice, and Puzzles," *Addictive Behaviors* 21, no. 6 (1996): 835-42; W. R. Miller and S. Rollnick, *Motivational Interviewing: Helping People Change* (New York: Guilford Press, 2013).
199. Ken Resnicow and Fiona McMaster, "Motivational Interviewing: Moving from Why to How with Autonomy Support," *International Journal of Behavioral Nutrition and Physical Activity* 9, no. 1 (2012): 1–9.

第 7 章　如何更安全地展开最困难的对话？网飞遇到的问题

200. 在撰写关于种族和民族的文章时，尤其是当作者和我一样，是享受过许多优势和特权的异性恋白人男性时，我们很容易犯一些错误。其中，常见的风险之一是，我们可能会忽视对其他作者来说显而易见的事物。因此，在撰写这一章节时，我与专门研究种族主义、偏见以及种族间沟通的学者进行了交流，他们中的许多人都有过被排斥的经历，他们慷慨地分享了自己的经历。感谢他们提供的见解。我还邀请了其中一些人审阅这一章，他们也分享了自己的想法和建议。他们的贡献有时会在正文或注释中被提及。另外，虽然不同类型的偏见通常具有一些共性，但它们不应该被混为一谈。种族主义、性别歧视和同性恋恐惧症是不同的。每一种偏见和每一种不公正的行为都有其独特性。最后，无论在这一章节还是在其他章节中，当涉及敏感话题，包括特定的民族时，我都会努力遵循《美联社风格手册》（*Associated Press Stylebook*）的标准。
201. At Netflix, Radical Transparency and Blunt Firings Unsettle the Ranks," *The Wall Street Journal*, October 25, 2018.
202. 需要指出的是，可能引起冒犯的言论有时非常直接、明显，例如使用种族歧视性的语言。然而，冒犯的表达有时也可能非常微妙，这种情况被一些学者称为微歧视。若想要深入了解这一话题，请参阅以下相关文献：Derald Wing Sue and Lisa Spanierman, *Microaggressions in Everyday Life* (Hoboken, N.J.: John Wiley and Sons, 2020); Derald Wing Sue et al., "Racial Microaggressions in Everyday Life: Implications for Clinical Practice," *American Psychologist* 62, no. 4 (2007): 271; Derald Wing Sue, "Microaggressions: More Than Just Race," *Psychology Today* 17 (2010); Anthony D. Ong and Anthony L. Burrow, "Microaggressions and Daily Experience: Depicting Life as It Is Lived," *Perspectives on Psychological Science* 12, no. 1 (2017).

203. 里德·哈斯廷斯与马克·伦道夫共同创立了网飞。
204. 我对网飞的了解得益于许多资料，其中包括 Reed Hastings's book, written with Erin Meyer: *No Rules Rules: Netflix and the Culture of Reinvention* (New York: Penguin, 2020); Corinne Grinapol, *Reed Hastings and Netflix* (New York: Rosen, 2013); Patty McCord, "How Netflix Reinvented HR," *Harvard Business Review* 92, no. 1 (2014): 71–76; James Morgan, "Netflix: Reed Hastings," *Media Company Leader Presentations* 12 (2018); Bill Taylor, "How Coca-Cola, Netflix, and Amazon Learn from Failure," *Harvard Business Review* 10 (2017); Kai-Ingo Voigt et al., "Entertainment on De-mand: The Case of Netflix," in *Business Model Pioneers: How Innovators Successfully Implement New Business Models* (Switzerland: Springer International Publishing, 2017): 127–41; Patty McCord, *Powerful: Building a Culture of Freedom and Respon-sibility* (San Francisco: Silicon Guild, 2018).
205. 在回应有关事实核查的问题时，网飞的一位代表指出，随着公司的发展和日益成熟，员工不再需要通过在其他公司求职来寻求更高的薪酬。现在，公司能够根据行业标准更好地设定薪资，这种做法已经变得不那么常见了。
206. 在回答事实核查的问题时，该公司的一位代表表示，如今这种情况发生的频率已经减少。
207. 该奖项颁发于 2010 年。
208. Evelyn R. Carter, Ivuoma N. Onyeador, and Neil A. Lewis, Jr., "Developing and Delivering Effective Anti-bias Training: Challenges and Recommendations," *Behavioral Science and Policy* 6, no. 1 (2020): 57-70; Joanne Lipman, "How Diversity Training Infuriates Men and Fails Women," *Time* 191, no. 4 (2018): 17-19; Peter Bregman, "Diversity Training Doesn't Work," *Harvard Business Review* 12 (2012); Frank Dobbin and Alexandra Kalev, "Why Doesn't Diversity Training Work? The Challenge for Industry and Academia," *Anthropology Now* 10, no. 2 (2018): 48-55; Hussain Alhejji et al., "Diversity Training Programme Outcomes: A Systematic Review," *Human Resource Development Quarterly* 27, no. 1 (2016): 95-149; Gwendolyn M. Combs and Fred Luthans, "Diversity Training: Analysis of the Impact of Self-Efficacy," *Human Resource Development Quarterly* 18, no. 1 (2007): 91-120; J. Belluz, "Companies Like Starbucks Love Anti-bias Training but It Doesn't Work-and May Backfire," *Vox* (2018); Dobin and Kalev, "Why Doesn't

Diversity Training Work?," 48-55; Edward H. Chang et al., "The Mixed Effects of Online Diversity Training," *Proceedings of the National Academy of Sciences* 116, no. 16 (2019): 7778-83.

209. Elizabeth Levy Paluck et al., "Prejudice Reduction: Progress and Challenges," *Annual Review of Psychology* 72 (2021): 533-60.

210. Elizabeth Levy Paluck et al., "Prejudice Reduction: Progress and Challenges," *Annual Review of Psychology* 72 (2021): 533-60. 值得注意的是，根据研究人员在2021年《心理学年度评论》中的论述，减少偏见和带有偏见的态度的有效方法之一是"面对面的群体间接触"和鼓励"持续的人际对话"。

211. 在回应事实核查的询问时，网飞表示，并非每位员工都了解这起事件。

212. 众多研究表明，无论是正式的还是非正式的通过员工规范和言论实施的这类标准，往往都会对来自少数群体的工作者产生不成比例的不利影响。欲了解更多的相关信息，请参阅以下资料：James R. Elliott and Ryan A. Smith, "Race, Gender, and Workplace Power," *American Sociological Review* 69, no. 3 (2004): 365-86; Ashleigh Shelby Rosette, Geoffrey J. Leonardelli, and Katherine W. Phillips, "The White Standard: Racial Bias in Leader Categorization," *Journal of Applied Psychology* 93, no. 4 (2008): 758; Victor Ray, "A Theory of Racialized Organizations," *American Sociological Review* 84, no. 1 (2019): 26-53; Alice Hendrickson Eagly and Linda Lorene Carli, *Through the Labyrinth: The Truth About How Women Become Leaders* (Boston: Harvard Business Press, 2007)。

213. Michael L. Slepian and Drew S. Jacoby-Senghor, "Identity Threats in Everyday Life: Distinguishing Belonging from Inclusion," *Social Psychological and Personality Science* 12, no. 3 (2021): 392-406. 在回应事实核查的询问时，斯莱皮安澄清说，有关艰难对话的问题"只是我们讨论过的大约29种情况中的一种"。

214. 斯莱皮安指出，这些结论是基于多项研究和论文得出的。

215. Sarah Townsend et al., "From 'in the Air' to 'Under the Skin': Cortisol Responses to Social Identity Threat," *Personality and Social Psychology Bulletin* 37, no. 2 (2011): 151-64; Todd Lucas et al., "Perceived Discrimination, Racial Identity, and Multisystem Stress Response to Social Evaluative Threat Among African American Men and Women," *Psychosomatic Medicine* 79, no. 3 (2017): 293; Daan Scheepers, Naomi Ellemers, and Nieska Sintemaartensdijk, "Suffering from the Possibility of Status Loss: Physiological Responses to Social Identity Threat in High Status Groups," *European Journal of Social Psychology* 39, no. 6 (2009): 1075-92; Alyssa K. McGonagle and Janet L. Barnes-Farrell, "Chronic Illness in the Workplace: Stigma, Identity Threat and Strain," *Stress and Health* 30, no. 4 (2014): 310-21; Sally S. Dickerson, "Emotional and Physiological Responses to Social-Evaluative Threat," *Social and Personality Psychology Compass* 2, no. 3 (2008): 1362-78.

216. 斯莱皮安指出，在招募这项研究的参与者时，他们特别寻找了那些感觉自己被排除在某个社交群体之外的人，这可能导致样本中有过身份威胁经历的样本数量过多。对于整体人群而言，身份威胁的出现频率可能较低。

217. Nyla R. Branscombe et al., "The Context and Content of Social Identity Threat," *Social Identity: Context, Commitment, Content* (1999): 35-58; Claude M. Steele, Steven J. Spencer, and Joshua Aronson, "Contending with Group Image: The Psychology of Stereotype and Social Identity Threat," in *Advances in Experimental Social Psychology* (Cambridge, Mass.: Academic Press, 2002), 34:379-440; Katherine T. U. Emerson and Mary C. Murphy, "Identity Threat at Work: How Social Identity Threat and Situational Cues Contribute to Racial and Ethnic Disparities in the Workplace," *Cultural Diversity and Ethnic Minority Psychology* 20, no. 4 (2014): 508; Joshua Aronson and Matthew S. McGlone, "Stereotype and Social Identity Threat," in *Handbook of Prejudice, Stereotyping, and Discrimination* (New York: Psychology Press, 2009); Naomi Ellemers, Russell Spears, and Bertjan Doosje, "Self and Social Identity," *Annual Review of Psychology* 53, no. 1 (2002): 161-86.

218. 在回应一项事实核查的询问时，桑切斯补充道，在她的研究中，80%~90% 的参与者也表示，他们期望从这些对话中获得重要的好处。Kiara Lynn Sanchez, "A Threatening Opportunity: Conversations About Race-Related Experiences Between Black and White Friends" (PhD diss., Stanford University, 2022).

219. Robert Livingston, *The Conversation: How Seeking and Speaking the Truth About Racism Can Radically Transform Individuals and Organizations* (New York: Currency, 2021).

220. 由于新冠病毒感染疫情的影响，大部分对话都是通过视频会议的方式进行的。

221. 需要注意的是，在非正式场合，首先让黑人朋友谈论他们与种族主义相关的经历可能会妨碍建立深层的连接。正如卡利·塞勒斯博士在审阅本章时所指出的，有时黑人会被要求分享他们的创伤经历，这导致"他们（作为有色人种）的经历被公开展示，供他人评论、道歉或以某种方式被使用，从而被视为与白人经历不同或被边缘化……（我们需要认识到）黑人或社会地位较低的人群无需为了团结而被迫参与艰难的对话！因为在通常情况下，他们都必须在由白人主导的工作或社会环境中这么做，只有这样，他们才能获得成功。然而，也有一些有色人种（包括我自己）愿意并且有情感能力参与这些对话。"

222. 这里提供的是编辑后的指示，完整版本如下："稍后，你将有机会与你的朋友进行交流。但在此之前，我们希望先分享一些我们了解到的信息。我们询问了其他人关于他们与不同种族群体的朋友就种族话题展开对话的情况。接下来，我们将把这些信息分享给你和你的朋友。"

223. 桑切斯表示，这么做的目标是"为人们提供一个持续参与的框架……其背后的基本理念是不适感可以是有益的。因此，我们的目标不是消除不适感，而是帮助人们认识到，不适感不必成为有意义的对话或关系的障碍"。

224. 桑切斯指出，实验组与对照组"在对话持续时间上并没有显著的统计差异。同时，我们目前也没有证据表明，实验组的对话内容更加深入或敏感。总体而言，两种条件下的对话都进展顺利。两组参与者都说这对他们来说是一次积极的体验，他们在对话中感觉很投入，也感觉双方都很真诚。到目前为止，我们还没有发现在对话内容上两组之间存在重大差异"。

225. 在回应事实核查的询问时，桑切斯写道，这位黑人参与者"讨论了他作为黑人在白人主导的环境中所感受到的内心矛盾。他表示，有时他会忘记自己的种族身份，但在许多情况下，环境会不断提醒他这一点。他在这两种体验之间努力寻求平衡。这种复杂性突显了此类对话和种族关系的本质"。

226. Kiara Lynn Sanchez, "A Threatening Opportunity: Conversations About Race-Related Experiences Between Black and White Friends" (PhD diss., Stanford University, 2022).

227. 桑切斯指出，最明显的成效出现在对话刚结束之后。"与对话前相比，两位朋友都感觉到关系比之前更亲密了。几个月后，黑人朋友在与白人朋友讨论种族问题时感觉更加自在，也能够在两人关系中展现更真实的自我。"在回应更多的有关事实核查的问题时，她补充道："无论是否接受过培训，参与者都立即体验到了成效，但对黑人朋友来说，培训带来了'真诚'和'亲近感'方面的长期好处。无论在哪种情况下，大家都能立即感受到'真诚'和'亲近感'方面的提升。长期来看，接受培训的黑人朋友感受到的'这两方面的提升更为显著。因此，进行对话本身就有益，但要想获得长期效果，培训对黑人朋友尤其有帮助。"

228. 准备好应对不适与过度关注不适并不相同，要明白二者之间的差别。正如卡利·塞勒斯博士所指出的，过度关注可能会引发证实偏差。

229. 在回应关于事实核查的询问时，桑切斯写道："身份威胁往往在没有任何人'做'任何事的情况下就会出现。仅仅是与一个来自不同群体的人交谈，就可能让你担忧对方可能会通过刻板印象来看待你（对方可能还没有开口说一句话！）……分享个人经历和观点确实有其价值，但我不认为避免泛泛而谈就能彻底减少他人的身份威胁。"

230. 在回答有关事实核查的询问时，迈尔斯进一步阐述道："我们必须采取积极的反种族主义的态度，这意味着我们作为个人和公司，首先需要识别并理解自身的潜在偏见，以及这些偏见可能对同事和业务带来的意想不到的影响。"

231. 网飞明确指出，在检察长办公室，迈尔斯的职责包括"提高检察长办公室的人员多样性和员工留任率，开展有关性骚扰和反歧视培训，加强与州中服务不足的社区的交流，以及为检察长及其领导团队提供咨询建议"。

232. culture deck proclaimed: Hastings and Meyer, *No Rules Rules*.

233. 迈尔斯指出，她的团队"致力于建立一套长期的战略性变革流程，这包括与人力资源合作伙伴及各业务部门的领导共同规划和执行这些战略。举办研讨会和对话仅是这些战略中的一部分"。

234. 迈尔斯指出："我们的工作主要是关于认识自我，认识自己的文化和他人的文化，理解个人的身份、经历和文化背景如何影响自己的世界观、人际关系、行为和判断的。此外，我们还需要学会识别和控制自己的偏见，留意在有意或无意中我们可能在某群组中纳入或排除的人，以及我们这么做的原因，以便每个人都能在创建一个包容和尊重的环境中发挥作用。"

235. 值得注意的是，尽管我们都能体会到被排斥的痛苦，但这并不意味着每个人都经历过相同程度的排斥。有些排斥所带来的伤害要比其他的更严重，而且由于社会身份的差异，有些人会比其他人更频繁地以不同的方式经历排斥。

236. 迈尔斯在文中写道："我们需要认识到，不只是有色人种或女性有自己的身份，我们每个人都有，而且每个人都具有多样性，因为我们都拥有多重身份和经历，这使我们每个人都独一无二。然而，在许多公司环境中，由于历史上的排斥、种族主义和性别歧视，某些身份占据了主导地位，塑造了评判的标准……仅仅引入与常态不同的人还不足以解决问题，我们必须创造一个环境，让这些人在我们的团队、工作方式、语言使用、政策制定等方面得到尊重，让他们的存在这些方面所有体现……这项工作是多方面的，旨在四个层面上创造变革：个人层面（思考、信念、感受）、人际层面（行为和关系）、组织层面（政策和实践）和文化层面（被视为正确的、美好的、真实的事物）。

237. 迈尔斯指出，这些对话的目的是引出关于"多个话题（不只是种族）的评论。讨论通常会涵盖各种差异以及人们对这些差异的反应。虽然种族问题常被提及，但讨论也涉及性别、残疾、收入、性取向、口音、语言等多个方面"。

238. 迈尔斯写道："对一些人来说，参与这些对话是困难的，他们可能永远不会感到安全。在某些情况下，我们需要调整内容来解决这些担忧。"她强调指出，并不是每个人都感到安全和舒适。

239. 这类问题可能引起不适，因此公司制定了一些应对策略以处理这种过度的不适。网飞的包容战略总监托尼·哈里斯·奎内利表示："如果有人对讨论与个人或个人身份相关的问题感到不舒服，我们鼓励他们告知同事，他们不想进行此类对话。作为一个致力于包容的团队，我们努力使设定这类界限成为常态，以便人们在表达自己愿意或不愿意讨论某些话题时更加自在，并确保其他人在接受这些信息时能够尊重并遵守这些界限。这包括让人们知道，他们可以通过多种方式了解他们不完全理解的经历，例如查阅相关文章或书籍，向理解该问题或持有不同观点的其他人或盟友寻求见解。"

240. 在回应事实核查时，格雷格·沃尔顿明确指出，类似练习的目的并不是让已处于权力地位的人感到舒适，而是要创造一种环境，让人们能够反思自己和社会，倾听他人的观点。他强调，关键在于找到"能够促进更积极、偏见更少行为的培训。"沃尔顿在一次采访中解释说，"我们必须在文化中为不完美的人留出空间，而不是仅仅培养一种'挑错'的文化。我们的目标是将这些不完美的人转变成盟友，而不是敌人。"

241. Vernā Myers, "Inclusion Takes Root at Netflix: Our First Report," Netflix.com, January 13, 2021.

242. Vernā Myers, "Our Progress on Inclusion: 2021 Update," Netflix.com, February 10, 2022.

243. 这些数字反映的是 2022 年的人口统计数据。

244. Stacy L. Smith et al., "Inclusion in Netflix Original U.S. Scripted Series and Films," *Indicator* 46 (2021): 50–56.

245. 目前尚不清楚有多少员工参加了这些抗议活动。现场记者估计，参与人数不超过 20 人。部分员工在中午时分停止工作，以此来抗议查普尔的特别节目。

246. 在回复一封关于事实核查的邮件时，网飞表示："网飞致力于向全球观众提供娱乐，并相信多元、平等和包容（DEI）是实现这一目标的关键。因此，这不仅关乎社会福祉和学习如何在尊重他人的基础上与他人合作，利用我们之间的差异，更关乎这些做法如何助力我们所有人及企业的繁荣。"迈尔斯补充说："增强代表性并采用更具包容性的视角，有助于激发创新力和创造力。这使我们能够讲述那些真实、以前未被讲述过的新故事，向过去被忽视的人才提供舞台……这不仅对企业有利，对我们的现有成员和潜在成员也极为有益。"

247. 迈尔斯在网飞工作 5 年后，于 2023 年 9 月离职，但她仍然作为顾问为网飞提供服务。她之前的职位由韦德·戴维斯接任。

后记

248. 就我对这项研究的了解而言，我要对以下资料的作者表示感谢：Robert Waldinger and Marc M. D. Schulz, *The Good Life* (New York: Simon and Schuster, 2023); George E. Vaillant, *Triumphs of Experience* (Cambridge, Mass.: Harvard University Press, 2012); George E. Vaillant, *Adaptation to Life* (Cambridge, Mass.: Harvard University Press, 1995); John F. Mitchell, "Aging Well: Surprising Guideposts to a Happier Life from the Landmark Harvard Study of Adult Development," *American Journal of Psychiatry* 161, no. 1 (2004): 178-79; Christopher Peterson, Martin E. Seligman, and George E. Vaillant, "Pessimistic Explanatory Style Is a Risk Factor for Physical Illness: A Thirty-Five-Year Longitudinal Study," *Journal of Personality and Social Psychology* 55, no. 1 (1988): 23; Clark Wright Heath, *What People Are: A Study of Normal Young Men* (Cambridge, Mass.: Harvard University Press, 1945); Robert C. Intrieri, "Through the Lens of Time: Eight Decades of the Harvard Grant Study," *PsycCRITIQUES* 58 (2013); Robert Waldinger, "Harvard Study of Adult Development" (2017).

249. 在这个项目中，研究人员总是用化名来替代参与者的真实姓名，并修改了相关的生活细节以保护参与者的隐私。本书中的信息来自已公开的研究报告，在报告中，研究人员已对参与者的姓名和细节做了修改。为了丰富我的理解并确保信息的准确性，我尽可能地采访了相关的研究人员，并查阅了已发表和未发表的文献资料。

250. 原问题是："如果我们问及了对您来说最重要的事情，请使用最后一页或几页来回答我们应该提出的所有问题。"

251. Julianne Holt-Lunstad, "Why Social Relationships Are Important for Physical Health: A Systems Approach to Understanding and Modifying Risk and Protection," *Annual Review of Psychology* 69 (2018): 437-58.

252. Yang Claire Yang et al., "Social Relationships and Physiological Determinants of Longevity Across the Human Life Span," *Proceedings of the National Academy of Sciences* 113, no. 3 (2016): 578-83.